나는 여태 이것도 모르고 한국인인 척했다

지식에 대해서

⋮

"…네? 정확히 다시 한 번 말씀해 주시겠습니까?"

"…답은 ○○○○입니다"

"○○○○ … 저-엉답 입니다!"

지금은 사라진 퀴즈프로에 출연한 적이 있다. 손에 나는 땀은 물론, 온몸에 전율이 감돈다. 에너지 소비가 장난이 아니다. 한마디로 스릴 만점!

사람은 앎에 늘 목마르다. 항상 뒤처지지 않기 위해 많은 것을 머릿속에 채우려고 한다. 매시간 새롭게 넘쳐나는 정보의 물결 속에 허우적대고 있는 오늘날의 우리는 더욱 그렇다. 하지만 아쉽게도 우리의 뇌는 슈퍼컴퓨터가 아니다. 모든 걸 다저장할 수가 없다. 그렇기에 필요한 지식만 취사선택하여 섭취함이 아주 중요하게되었다. 새로움을 받아들이는 데에 온갖 노력을 쏟는다해도 그것이 출현하는 속도를 따라갈 순 없다. 저만치 앞서가는, 항상 더 멀리 멀어져만 가는 새로 태어나는정보들.

그렇다고 그 녀석들을 힘겹게 뒤쫓을 필요가 있을까? 언젠가는 지쳐 쓰러질 것이다. 이 부분은 그냥 문명의 이기(利器)에 맡겨두자. 필요할 때면 "시리야~ ○○○ 좀 찾아 줘"라고 말만 하면 되지 않는가.

항상 우리 곁에 있어 왔지만 관심받지 못했던 것들. 이젠 눈을 크게 뜨고 여기에 집중해보자. 조그만 것이 커다란 세상으로 다가올 것이다. 우리는 자신을 잘 아는가? 그냥 말고 잘 아는가? 오래 전부터 존재했다고 다 새롭지 않은 건 아니다. 내가 몰랐으니, 이제야 알게 됐으니 완전 '신상'이다. 이것이 내가 21세기 지식검색의 시대에 구닥다리 퀴즈맨으로 살고 있는 이유다.

우리에 대해서

⋮

20세기의 중반을 지나면서 '서세동점'이라고 불렸던 서양 국가들의 헤게모니가 상대적으로 약해지는 현상을 보였다. 중국과 일본의 경제적인 대두, 21세기에 들어오면서 위상이 올라오기 시작한 한국의 사례가 대표적인 예시이다.

우리나라가 각광을 받는 것은 좋은 일이다. 그런데 이것을 본 외국인들이 "그럼 한국은 어떤 나라야?"라고 질문하면 어떻게 대답할 것인가? 검색해서 답하는 것은 직접 알고 답하는 것과 비교했을 때 엄연한 한계가 있다. "반만 년 역사를 가진 민족..."이라고 답변을 시작하기에는 너무 상투적이라고 생각하지 않는가?

대한민국이 국제사회에 널리 알려진 것은 그리 오래된 일은 아니다. 1989년 해외여행 자유화가 이루어지면서 많은 한국인들이 외국에 나가서 한국의 존재를 알렸다. 내가 처음 유럽여행을 갔던 1994년에도 유럽에서 동아시아인들을 보면 우선 일본인이냐고 묻고 또 어떤 이는 다짜고짜 유창한 일본어를 구사하기도 했다.

그 전에는 사람들이 한국이 어디 있는지도 몰랐다. 지금은 한국에서 만든 물건들과 문화들이 세계 곳곳에 진출해 있다. 심지어 몽골 오지 마을에도 한국 상품만 파는 가게를 봤을 정도니…. 이제는 우리의 것과 우리의 문화에 대해서 더욱더 자부심을 가져도 되지 않을까?

바야흐로 K-인문학

⋮

K-팝, K-푸드, K-문화에 이어 2020년 유례없는 코로나19의 유행 이후 K-방역까지, 온통 Korea 열풍이다. 전 세계가 한국-코리아에 대해 이처럼 찬사와 부러움을 보낸 적이 있었던가. 저절로 어깨가 으쓱해진다. 불과 10여 년 이내의 짧은 기간에 일어난 변화다.

우리가 선진국이라 부러워하던 나라들이 별거 아닌 것처럼 보이는 요즘이다. 선진국 대열에 들어서기 위해 앞만 보고 힘겹게 달려온 노력의 결실이 나타나고 있다는 생각이 든다.

그래서 K의 시대에 숟가락 하나를 더 얹으려고 한다. 이른바 'K-인문학'이다. 이름을 붙이고 보니 너무 거창하다. 대단한 철학이나 사상을 논하려는 것은 아니다. 그저 우리가 흔히 보고 듣는, 주변에서 매일 일어나고 있는 이야기들을 가볍게 나열하려고 한다.

목차를 보면 느낄 수 있겠지만 집필 과정에서 한국의 정치, 경제, 사회 등 딱딱한 흐름을 벗어나고 싶었다. 한국-코리아의 이것저것을 자연스럽게 흩어놓았다. 우리말의 재미있는 표현들, 우리가 몰랐던 한국의 구석구석, 먹거리와 일상에서 접하는 문화들이 담겨 있다. 또 역사 속 숨은 이야기들과 한 번쯤 들어봤지만 속속들이 몰랐던 문화유산과 법률상식도 넣었다. 한국인으로 살아가면서 매일 지나치는 일상의 디테일들.

극히 주관적인 기준으로, 극히 일부분의 이야기만을 담을 수밖에 없었다. 하지만 누군가에게는 유용한 지식이, 누군가에게는 우리 것에 대한 앎의 출발점이 될 수 있으리라는 기대로 고치고 또 고치면서 적었다.

남들의 손가락질을 받으면서도 전 재산을 내어 우리 문화재들을 수집하고 그것을 모아 '보화각(葆華閣)'이라 이름 붙인 간송 전형필의 우직함과 멋스러움이 그립다. 거대한 Korea 열풍의 시대에 한 번쯤 우리 것에 대해 돌아보고 생각해보는 시간이 필요할 때다. K-인문학의 시대가 왔다.

Contents

차례

Contents

차례

한국, 얼마나 알고 있니?

나는 한국에 대해 얼마나 알고 있을까?
책을 읽기 전 가볍게 평가해보자!

◀ 지금 바로 스마트폰을 통해 접속!

당신의 퀴즈 모의고사 점수는?

80점 이상 ➡ 책을 덮어도 되겠죠? 한국인 마스터!
60점 이상 ➡ 아는 게 넘치는 당신은 코어 한국인!
40점 이상 ➡ 한국에 관심 많군요, 리스펙!
20점 이상 ➡ 어서오세요! 한국에 대해 배워볼까요?

- 나는 여태 이것도 모르고 한국인인 척했다 -

1부

문화유산

다히!

김치!

< 삼국시대 이전 > 부터 < 21세기 현재 > 까지
옛날이나 지금이나 모두가 즐겨먹는 김치!

- 글 안해병 -

01 __
전하!
종묘사직을 보존하소서!

"전하! 종묘사직을 보존하소서!"

사극을 좋아하는 분이라면 한 번쯤은 들어봤을 대사입니다. 왜 사극 속 신하들은 시도 때도 없이 저런 대사를 날리는 걸까 생각해 본 적 없나요? 보통 저 대사가 나오는 상황은 국가에 큰 우환이 있거나 다급한 일이 발생했을 때입니다. 왕은 어떤 위급한 상황에서도 흔들림 없이 의연한 모습을 보여야 하는 존재인데, 그렇지 못할 때 신하들이 바로 저 대사를 날리는 거죠.

요즘 표현으로 하면 "당신마저 흔들리면 안 되니 정신 바짝 차리십시오", 뭐 이런 정도인 겁니다. 그런데 왜 하필 종묘사직일까요? 또 종묘는 뭐고, 사직은 뭘까요?

태조 이성계는 조선을 건국하고 경복궁을 세우면서 좌우에 종묘와 사직단을 만들었습니다. 지도를 보면 경복궁을 중심으로 종묘와 사직공원(공원 안에 사직단이 있습니다)이 보이죠? 궁궐과 종묘 사직을 이렇게 배

▲ 경복궁 좌우에 위치해 있는 사직과 종묘

치한 이유는 종묘와 사직이 왕과 궁궐을 지켜준다고 믿었기 때문입니다.

유교·농경국가의 근본

'종묘(宗廟)'는 역대 왕과 왕실의 신주를 모시고 제사를 지내는 왕실의 '사당(祠堂)'입니다. '사직(社稷)'은 토지와 곡식의 신을 가리키는 말이자 그 신들에게 나라의 안녕과 풍년을 기원하는 제사를 지내는 곳이죠. 유교를 통치이념으로 삼은 조선에 있어 종묘와 사직은 그 자체로 국가의 근본과 사상의 뿌리를 보여주었습니다.

따라서 종묘와 사직을 보존하고 제사를 지내는 것은 조선에 있어 국가의 근본과 기강을 바로잡는 행위이며, 왕이 지켜야 할 가장 기본적인 도리였습니다. 왕이 조금이라도 '정신줄을 놓았다' 싶으면 신하들은 수시로 저 멘트를 날려 왕을 정신 차리게 한 겁니다.

조선왕조 500년의 뿌리라고 할 수 있는 종묘는 1995년 해인사 장경판전, 석굴암, 불국사와 함께 우리나라 최초의 유네스코 세계유산으로 등재되었습니다. 그리고 종묘에서 행하는 제사의식인 '종묘제례(宗廟祭禮)'와 종묘제례 때 연주되는 음악인 '종묘제례악(宗廟祭禮樂)'은 2001년 우리나라 최초의 유네스코 인류무형문화유산으로 등재되었죠.

종묘와 연관된 세 가지가 우리나라 최초로 유네스코 유산으로 등재되었다는 것은 그만큼 그 가치와 중요도가 크다는 점을 시사한다 하겠습니다.

02 __

조선에서 왔다 하면
일본 열도가 들썩들썩!

조선이 일본과 정식 외교관계를 시작한 건 언제일까요? 태종 때인 1404년으로 이때 일본과의 공식 외교관계가 수립되었습니다. 양국은 상호 간에 외교사절을 파견했죠. 각자 외교사절을 부르는 이름도 달랐는데, 일본에서 조선으로 파견되는 사절은 '국왕사(國王使)'라고 불렀습니다. 반면 조선에서 일본으로 파견하는 사절은 '회례사', '경차관', '통신관' 등 여러 이름으로 불리다가 1413년 '통신사(通信使)' 하나로 통일되었습니다.

통신사 이름으로 처음 활동을 한 것은 1429년(세종 11년) 박서생을 중심으로 파견된 사절단입니다. 이때부터 1811년(순조 11년)까지 약 400년에 걸쳐 총 19차례나 통신사가 파견되었습니다. 평균 20년에 한 번 꼴이었던 셈이죠.

통신사의 규모는 대개 300~500명 정도로 구성되었습니다. 또 서울을 출발해 부산과 대마도를 거쳐 교토 혹은 에도(도쿄)까지 가는 장거리 여정으로 대개 6개월에서 1년 정도가 소요되었습니다. 일본에 무로마치 막부가 집권하던 시절에는 '교토'를 목적지로 했고, 에도 막부가 집권하던 시절에는 '에도'를 목적지로 했죠.

또 일본은 '쇼군(將軍 : 막부의 최고권력자)'이 바뀔 때마다 통신사를 요청했습니다. 그럴 때 조선은 축하사절을 일본에 보냈습니다. 하지만 조선에게는 축하 외에도 시대상황에 따른 일본 국정의 탐색, 왜구의 노략질 금지 요청, 임진왜란 포로 송환, 명·청 교체기의 외교 대응, 무역 교섭 등 다양한 목적이 있었습니다. 이는 조선, 중국, 일본으로 대표되는 동아시아 3국의 외교적 균형을 유지하고 평화와 공존관계를 유지하고자 하는 분명한 목적이 있었다는 증거라 할 수 있습니다.

통신사 사절단의 인기

한편 통신사가 오면 일본에서는 이들을 무척 환대했습니다. 17~18세기에는 통신사 일행을 접대하는 데 엄청난 예산을 소비했는데, 한때는 그 비용이 막부의 1년 수입 전체를 넘어서는 경우도 있었다네요. 당시 일본의 1년 쌀 수확량 중 10% 이상을 통신사 접대비용에 사용했다는 기록도 있을 정도니…. 수개월에 걸친 이러한 지출은 일본 국가재정에 영향을 미치고 이에 반발하는 세력까지 생겨났는데, 그 규모나 관심도가 지금의 한류열풍 이상이었으리라 생각됩니다.

▲ 1624년 통신사 행렬도

그뿐 아니었습니다. 통신사 일행의 시문과 그림을 받거나, 시조
나 민요를 들을 수 있는 행사가 있을 때마다 찾아온 일본인들로 인
해 인산인해를 이루었다고 합니다. 심지어 통신사의 하인들에게조
차 글자 하나만 써달라고 요구하기도 했죠. 그 때문일까요? 통신사
가 준 사소한 물건들이 오늘날 일본의 문화재로 지정되어 있기도
하다네요.

그러나 19세기 중반으로 접어들면서 동아시아 전체가 서구세력
의 영향을 받게 되고 조선과 일본은 각기 다른 외교 인식과 정책을
펼쳐나가면서 통신사 파견 역시 중단되고 말았습니다.

유네스코 세계기록유산에는 우리나라의 '통신사 관련 기록물'이
등재되어 있습니다. 1607년부터 1811년까지 12회에 걸쳐 파견된
자료와 기록들로 우리나라 63건 124점, 일본 48건 209점 등 총
111건 333점이 남아 있습니다.

▲ 18세기 초반 일본 화가가 그린 조선통신사 내조도

　이런 기록들은 외교, 여정, 문화교류의 기록을 종합한 문화유산입니다. 조선과 일본이 상호이해를 바탕으로 외교, 학술, 산업, 문화 전반에 걸쳐 교류한 흔적을 확인하는 중요한 자료이기 때문이죠. 아울러 이 자료에는 교류와 전쟁을 경험한 양국이 어떻게 평화를 유지하고 동아시아 전체의 안정과 교역을 이어나가고자 노력했는지에 대한 고민이 나타나 있습니다. 오늘날의 우리 또한 이 기록을 통해 그 지혜를 배워야 하지 않을까 싶습니다.

03 __
삼천 궁녀의 비밀

백마강의 고요한 달밤아
고란사의 종소리가 들리어 오면
구곡간장 찢어지는 백제 꿈이 그립구나
아~ 달빛 어린 낙화암의 그늘 속에서
불러보자 삼천 궁녀를

오래된 대중가요 가사입니다. 적어도 40대 이상 되신 분들이나 알 만한 노래죠. 어쩌면 아버지나 할아버지가 약주 한잔 하신 후에 부르시는 걸 들어본 젊은 분도 있을 겁니다. 노래에 등장하는 '백마강'은 우리나라 4대 강 중 하나인 금강의 본류(즉, 백마강 = 금강)로 부여군 일대를 지나는 지역에 한정해 붙여진 별칭입니다.

삼천 궁녀?

백마강과 관련된 내용은 〈한국을 빛낸 100명의 위인들〉이라는 노래에도 나옵니다. 이 노래 역시 최신곡은 아니지만 위 노래보다는 좀 더 대중적으로 알려진 노래죠. 가사 중에 '삼천 궁녀 의자왕'이라는 구절이 나옵니다. 어릴 때 이 노래들을 들으면 항상 든 생각이 있습니다. "왜 하필 삼천 궁녀일까? 이천, 사천도 아닌 삼천이냐?"고 말이죠.

〈삼국유사〉 1권 〈백제고기〉에는 이런 기록이 있습니다.

부여성 북쪽 기슭에 큰 바위가 강물에 닿아 있는데, 의자왕과 후궁들이 적의 손에 죽지 않겠다 하며 강에 몸을 던져 죽으니 사람들이 타사암(墮死巖)이라고 한다.

관련된 기록은 〈신증동국여지승람〉 18권에도 나옵니다.

의자왕이 당나라에 패하자 궁녀들이 이 바위에서 스스로 강물에 몸을 던지니 낙화암(落花巖)이라 하였다.

바위의 이름이 타사암이나 낙화암 등으로 불린 기록은 있지만, 후궁 혹은 궁녀의 숫자에 대한 기록은 없군요.

백제 멸망 당시 수도이던 사비성(부여군 일대)의 인구는 대략 5만명 정도로 추산됩니다. 그렇다면 궁녀가 될 정도의 젊은 여성은 많아야 4~5,000명 정도가 될 겁니다. 훨씬 인구가

▲ 낙화암

많았던 조선도 궁녀가 가장 많았을 때 500명을 넘지 않았는데, 수도에 사는 젊은 여성 인구의 60~70%를 궁녀로 쓰는 국가라니 상식적으로 말이 되지 않죠?

그렇다면 '삼천 궁녀'가 처음 등장한 것은 언제부터일까요? 조선 초기의 문신 김흔과 민제인의 한시에서 그 실마리를 찾을 수 있습니다.

三千歌舞委沙塵(삼천가무위사진)
삼천의 노래와 춤이 모래먼지가 되었네

望三千其如雲(망삼천기여운)
삼천 궁녀를 바라보니 구름과 같네

과거부터 '삼천'이라는 숫자는 많은 대상을 상징하는 관용어처럼 쓰였습니다. 장수의 상징으로 흔히 불리는 '삼천갑자동방삭(三千甲

▲ 낙화암에서 뛰어내리는 삼천 궁녀

子東方朔)'이나, 불교에서 모든 만물을 통틀어 부를 때 '삼천제법
(三千諸法)'이라고 하는 표현들이 그 예죠.

　결국 실제 궁녀의 수가 삼천이었다는 의미보다는 많은 궁녀가 떨
어져 죽었음을 문학적으로 표현한 것이 차츰 사람들의 입에 오르
내리면서 삼천이라는 숫자가 기정사실처럼 받아들여지게 된 것입
니다.

04 _

세계에서 고인돌이
가장 많은 나라는?

죽음이 너무나 가벼워서

날아가지 않게 하려고 돌로 눌러 두었다

그의 귀가 너무 밝아

들억새 서걱이는 소리까지

뼈에 사무칠 것이므로

편안한 잠이 들도록

돌 이불을 덮어주었다

그렇지 않다면

어찌 그대 기다리며

천년을 견딜 수 있겠는가

이 시의 제목은 무엇일까요? 추측했겠지만 '고인돌'입니다ㅎ. 쉽게 떠올리기 어려운 표현, '돌 이불'에서 "역시 시인은 다르구나" 하는 생각이 듭니다. 고인돌 하면 어떤 그림이 연상되나요? 두 개의 돌기둥 위에 넓적한 돌이 얹은 모습이 그려지지 않나요? 그리고 혹시 어릴 적 만화 속에서 본 원시인도 같이 떠오르나요? 박수동 화백의 만화 〈고인돌〉이 떠오른다면 당신은 '옛날 사람, 옛날 사람~~~'.

고인돌

고인돌이 단순한 돌덩이가 아니라 옛 사람들의 무덤이었다는 것을 모르는 분들은 안 계실 겁니다. 그렇다면 이 지구상에 남아 있는 고인돌은 몇 개나 될까요? 현재까지 확인된 전 세계의 고인돌은 약 8만개 정도라고 합니다. 그렇다면 고인돌이 가장 많은 나라는 어디일까요? 놀랍게도 바로 우리나라입니다. 우리나라에서는 약 4만개 이상의 고인돌이 발견되어 전 세계 고인돌의 절반이 넘으며, 이 중 한반도 남쪽에 약 75% 정도의 고인돌이 있습니다. 세계의 수많은 고인돌 유적 중 한국의 고인돌 유적인 전라북도 고창, 전라남도 화순, 인천광역시 강화도의 유적이 유네스코 세계유산으로 등재된 것도 다 이유가 있었던 겁니다.

고인돌은 청동기 시대의 무덤으로 말 그대로 큰 돌을 '고여 놓았다'는 의미를 갖고 있습니다. 한자로는 '지석묘(支石墓)', 영어로는 'dolmen'이라고 하죠. 이처럼 큰 돌을 사용한 문화유적을 '거석문화(巨石文化)'라고 하는데, 고인돌은 한국을 대표하는 거석문화유산으로 이집트의 피라미드, 영국의 스톤헨지 등과 견주어도 손색이 없습니다.

고인돌은 크게 두 가지 형태로 구분합니다. 무덤 위에 높게 '고임 돌(기둥이 되는 돌)'을 세우고 그 위에 넓적한 상석을 얹은 형태를 북방식 고인돌(탁자식 고인돌)이라고 합니다. 그리고 무덤 위에 여러 개의 작은 돌을 깔고 그 위에 상석을 얹는 형태를 남방식 고인돌(기반식, 바둑판식 고인돌)이라고 하죠. 물론 고임돌을 전혀 사용하지 않고 상석을 덮는 형태의 개석식 고인돌도 있습니다. 여러분들이 흔히 떠올리는 형태의 고인돌은 북방식 고인돌입니다.

고창 유적

　그럼 유네스코 세계유산으로 등재된 우리나라의 고인돌들을 살펴볼까요? 우리나라에서 고인돌이 가장 많이 밀집된 지역은 전라북도 고창입니다. 고창에는 대략 1,700기 이상의 고인돌이 있으며, 그중 죽림리 일원의 500여 기 정도가 유네스코 세계유산으로 지정되어 있습니다.

▲ 고창 고인돌 유적

　숫자도 많지만 다양한 형태의 고인돌이 모두 남아 있어 고창은 가히 '고인돌의 박물관'이라 불릴 만합니다. 고창 고인돌박물관은 실제 세계적인 여행안내서인 프랑스의 '미슐랭그린가이드 – 한국편'에서 최고 점수인 별 세 개를 받기도 했습니다.

화순 유적

다음으로 고인돌이 많은 곳은 전라남도 화순입니다. 화순의 도곡면 효산리와 춘양면 대산리 일대로 약 600여 기가 밀집되어 있습니다. 화순 고인돌의 가장 큰 특징은 주변에 돌을 캔 채석장이 4개나 남아 있어 고인돌이 만들어지는 과정을 잘 보여주고 있다는 점입니다.

▲ 화순 고인돌 유적

강화도 유적

강화도에는 약 120여 기의 고인돌이 남아 있습니다. 그중에서 가장 대표적인 것은 하점면 부근리에 있는 고인돌입니다. 이 고인돌은 우리나라 역사책이나 지리책에 단골로 실리는 것으로서 여러분들이 사진으로 본 멋있는 북방식 고인돌이 바로 이 고인돌일 가능성이 높습니다. 고임돌의 높이가 2.6m, 얹힌 상석의 길이가 7.1m, 무게는 약 50t에 달하는 우리나라 최대의 고인돌입니다.

▲ 강화 부근리 고인돌

05 _

식탁 위의 유네스코 유산, 알아?

제목을 보고 '식탁과 유네스코 유산이 무슨 상관이지?'라고 생각하시는 분도 있을 겁니다. 하지만 유네스코 유산 중에는 건축물이나 기념물, 기록물 이외에도 '눈에 보이지 않는 무형의 전통자산'을 의미하는 '인류무형문화유산'이 있습니다.

그렇습니다. 우리가 매일 식탁에 올리는 김치, 이것을 담그는 전통, '김장문화'가 바로 2013년 등재된 우리의 유네스코 인류무형문화유산 중 하나입니다. 우리가 매일 먹는 김치와 그것을 만드는 전통이 유네스코가 인정하는 '길이 보전해야 할 인류의 유산'으로 인정받은 것이 정말 대단하고도 자랑스럽습니다.

건강식품 김치

김치는 미국의 건강전문지 〈헬스〉에서 2006년 선정한 세계 5대

건강식품의 하나로 꼽힌 바 있으며, 지난 2008년에는 우주정거장에서 먹는 우주식품으로 선정되기도 했습니다.

▲ 양념을 버무린 배추김치

단순한 반찬에 불과한 줄 알았던 김치에 전 세계인이 열광하고 인류의 유산으로까지 선정된 이유는 무엇일까요? 김치(김장)의 위대함을 한마디로 표현하자면 겨울철에도 채소를 싱싱한 상태로 보관 및 저장하는 가장 뛰어난 방법이라는 것입니다. 냉장고가 없던 과거에는 겨울에 채소를 어떻게 먹었을까를 떠올려보면 상상이 될 겁니다. 거기에 김장문화에는 한민족 특유의 협동문화와 공동체 의식이 복합적으로 녹아 있죠.

김치의 기원

우리 조상들은 언제부터 김치를 담가 먹었을까요? 현대에 가장 흔히 먹는 배추김치는 사실 150년 전만 해도 없던 음식입니다. 왜냐하면 지금 형태의 배추는 약 100여 년 전 중국에서 들어왔기 때문입니다. 또 김치에 고춧가루를 사용한 것 역시 250년 정도밖에 되지 않았습니다. 고추가 임진왜란 이후 우리나라에 들어왔다는 이야기는 많이 들어봤을 겁니다.

그럼 이전의 김치가 어떤 모습이었는지에 대해 살펴봅시다. 8세기 중엽에 기록된 신라시대의 토지문서인 〈신라민정문서〉에 따르면 우리 조상들은 삼국시대 이전부터 김치를 담가 먹었을 것으로 추정됩니다. 물론 지금의 김치와는 재료나 맛이 많이 달랐겠지만 여러 가지 채소를 소금이나 식초, 장에 절여 겨울철 먹거리로 준비하는 김장의 기본개념은 크게 다르지 않았을 것입니다.

고려시대에는 미나리, 오이, 부추, 갓 등이 김치의 재료로 쓰이기 시작했으며, 파와 마늘, 생강 등을 넣는 지금의 형태와 유사한 양념문화도 형성되었습니다. 1241년경 쓰인 이규보의 〈동국이상국집〉

▲ 김치 담그는 모습

에는 "무를 장에 담그면 여름에 먹기 좋고, 소금에 절이면 겨울에 먹기 좋다"는 구절도 있습니다. 임진왜란 이후부터는 고추가 사용되고, 젓갈과 해산물이 함께 들어가 다양하면서도 독특한 우리만의 김장문화가 점점 발달하게 되었습니다.

김치의 어원

　'김치'라는 단어의 어원을 살펴볼까요? 조선시대 이전에는 김치라는 말이 없었고, '디히'라고 불렸을 것으로 추정됩니다. 표준국어대사전에 김치의 옛말로 '디히'가 기록되어 있습니다. 15세기에 중국 시인 두보의 시를 한글 풀이한 〈두시언해〉에 따르면 '디히'에서 '지히'로, 다시 '지'로 바뀐 걸 볼 수 있습니다. 지히의 '지'는 오늘날 오이지, 섞박지, 짠지 등 채소를 발효시킨 음식에 그 사용 흔적이 많이 남아 있습니다. 하지만 이 '지히'의 발음이 점차 바뀌어 '김치'가 된 것은 아니죠. 단순히 옛날에는 이렇게 불렀다 정도로만 이해하시면 됩니다.

< 삼국시대 이전 > 부터 < 21세기 현재 > 까지
옛날이나 지금이나 모두가 즐겨먹는 김치 !

'김치'의 원형으로는 두 가지 단어를 꼽을 수 있습니다. 첫 번째는 채소를 물에 담근다는 의미의 한자어 '침채(沈菜)'입니다. '침채 → 팀채 → 딤채 → 짐채 → 김채 → 김치'로 바뀌었다는 설이 있습니다. 두 번째는 소금에 절인 채소를 의미하는 '함채(鹹菜)'입니다. '함채 → 감채 → 김채 → 김치'로 바뀌었다는 설이 있습니다.

즉, 오늘날 쓰는 '김치'라는 단어는 조선시대 이후 한자어에서 변화된 귀화어로 볼 수 있다는 것이죠. 그런데 변화되는 단어 중에 익숙한 것이 보이지 않나요? 모 회사의 유명한 김치냉장고 이름이 김치의 어원 중 한 단어에서 따왔다는 것을 아실 수 있을 겁니다.

'김장' 역시 김치를 담그는 일을 뜻하는 '침장(沈藏)'에서 유래하여 '침장 → 팀장 → 딤장 → 김장'으로 바뀌었다고 합니다.

06 _

팔만대장경에 새겨진 글자는 8만자?

경상남도 합천 해인사에는 귀중한 문화재가 보관되어 있습니다. 바로 '팔만대장경(八萬大藏經)'입니다. 이것이 고려시대에 만들어 지고, 불교 경전을 인쇄하기 위해 새긴 목판이라는 것쯤은 누구나 알고 있을 겁니다.

그렇다면 팔만대장경에서 '팔만'이라는 숫자는 무엇을 의미할까 요? 목판에 새겨진 글자가 8만자라서 팔만대장경이라고 부르는 것 일까요? 사실 글자가 8만자가 아니라 글자를 새긴 경판의 수가 8 만개라는 뜻입니다. 그것도 정확히는 8만개가 아니라 8만 1,258개 이며, 경판 하나당 앞뒤로 평균 640자 정도가 새겨져 있어 전체 글 자 수는 무려 52,300,000자에 이르죠.

불교국가였던 고려는 거란의 침입 때 부처의 힘으로 이를 물리치 기 위해 현종 때 처음 대장경을 만들었는데, 이것은 '초조대장경'이라고 부릅니다. 처음 만들었다는 의미로 '처음 초(初)'자에 '조각할 조(雕)'자를 써서 초조대장경이죠.

하지만 완성된 지 약 150년 만인 1232년 몽골의 침입 때 초조대장경은 소실되었습니다. 이에 당시 권력자였던 최우가 교장도감을 설치하고 16년 만에 완성한 것이 우리가 흔히 아는 팔만대장경입니다. 고려대장경 또는 다시 만들었다는 의미로 '거듭 재(再)'자를 써서 재조대장경이라고도 하죠.

장경판전? 대장경판? 제경판?

그렇다면 팔만대장경을 논할 때 흔히 들리는 장경판전(藏經版殿)은 뭐고, 대장경판(大藏經板)은 뭐며, 제경판(諸經板)은 뭘까요?

해인사에는 두 개의 유네스코 세계유산이 있습니다. 1995년 세계문화유산으로 등재된 해인사 장경판전과 2007년 세계기록유산으로 등재된 해인사 대장경판 및 제경판이 그것입니다.

▲ 해인사 전경

▲ 해인사 장경판전

먼저 해인사 '장경판전(국보 제52호)'은 쉽게 말해 팔만대장경을 보관하는 건물을 말합니다. 팔만대장경 제작시기보다 늦은 조선 초기 1488년에 건립되었지만, 현재 해인사에 있는 건물 중에서 가장 오래된 건물이죠. 세계에서 유일하게 대장경을 보관하는 용도로 만들어진 건물입니다. 해인사 전경 속 맨 뒤쪽 가로로 길쭉한 두 개의 건물이 장경판전입니다.

장경판전은 길이 약 60m, 폭 약 9m인 두 채의 건물과 그 건물 사이의 작은 건물 두 채 등 총 네 채로 이루어져 있으며, 앞의 긴 건물은 수다라장, 뒤의 긴 건물은 법보전이라 부릅니다. 장경판전은 화재를 피하기 위해 다른 건물들보다 높은 곳에 담장으로 분리되어 있고 통풍을 위해 특수 제작된 창문, 습도 유지를 위해 숯과

횟가루 등이 다져진 바
닥 등의 설비를 갖추고
있습니다. 과학적 원리
와 조상들의 지혜가 함
축된 최고의 문화유산
이라 할 수 있죠.

▲ 장경판전에 보관되어 있는 대장경판

'대장경판(국보 제32호)'은 앞서 말한 8만 1,258개의 경판을 말
하며, '제경판(국보 제206호)'은 대장경판 이외에 해인사에서 제작
되어 보관하고 있는 28종 2,725개의 경판을 말합니다. 제경판(諸
經版)의 '제'자는 '모두'라는 의미로서 결국 제경판은 해인사의 모든
경판이라는 뜻입니다.

놀라운 점은 이 경판들이 제작된 지 700년이 훨씬 지난 지금에
도 완벽하게 판본을 찍어낼 수 있다는 것입니다. 당대 최고의 인쇄
및 간행 기술을 간직하고 있는 세계적인 문화유산답죠?

▲ 해인사 대장경판

07 _

줄다리기가 올림픽 종목이었다구?

  푸른 가을하늘 아래 운동회가 열리면 두툼한 밧줄을 부여잡은 고사리손들이 청군과 백군으로 나뉘어 열심히 줄을 당깁니다.

  "청군 이겨라~, 백군 이겨라~"

  어린 시절 가을운동회를 회상하면 가장 먼저 떠오르는 익숙한 풍경입니다. 그런데 이 단순하고 평범한 줄 놀이가 유네스코 유산에 등재되었다는 사실을 알고 계셨나요? '줄다리기'가 유네스코 인류무형문화유산으로 등재된 것은 2015년입니다. 벼농사 문화권 국가인 우리나라와 캄보디아, 필리핀, 베트남 등 4개국의 줄다리기가 함께 그 가치를 인정받아 공동 등재되었죠. 각국의 줄다리기는 형태는 조금씩 다르지만, 그 원형은 크게 다르지 않습니다.

    공통적으로 나타나는 줄다리기의 특징은 경쟁과 승부보다는 풍년을 바라는 기원의식이라는 점, 풍흉을 점치는 주술의식이라는 점, 마을 공동체의 단합을 도모하는 단결의식이라는 점 등입니다. 간단해 보이는 이 놀이는 수천년간 농경사회의 놀이문화로서 문화 형성에 빼놓을 수 없는 중요한 역할을 해왔고, 이런 점에서 줄다리기는 보존할 만한 가치를 지닌 인류의 문화유산으로 인정을 받았습니다.

    우리나라의 줄다리기에는 충남 당진의 기지시 줄다리기, 강원 삼척의기 줄다리기, 경남 창녕의 영산 줄다리기, 경남 밀양의 감내 게줄당기기, 경남 의령의 큰줄땡기기, 경남 남해의 선구 줄끗기 6개 등이 있습니다.

▲ 밀양 감내 게줄당기기

▲ 의령 큰줄땡기기

올림픽 종목이었던 줄다리기?

그런데 농경사회의 유산으로 알던 줄다리기가 한때는 올림픽의 정식종목이었습니다. 놀랍게도 줄다리기는 근대올림픽 초창기인 1900년 제2회 프랑스 파리올림픽부터 1920년 제7회 벨기에 안트베르펜올림픽까지 정식종목으로 행해졌습니다. 남자경기에 1개의 금메달이 걸려 있었고, 영국, 미국, 스웨덴 등이 우승을 차지했습니다. 그러나 1924년 제8회 대회 때부터 종목에서 제외되었죠.

아쉬운 점은 당시에 아시아권의 국가들은 거의 참가를 하지 않던 시절이었다는 겁니다. 지금 다시 줄다리기가 올림픽 종목이 된다면 우리나라와 아시아의 농경 국가들이 금메달을 차지하지 않을까, 그런 기대를 해봅니다.

08 __

조선,
타고난 '기록꾼'들

언젠가 우리 조상들은 '기록 마니아'라는 글을 읽은 적이 있습니다. 그도 그럴 것이 현재 우리나라는 16개의 유네스코 세계기록유산을 보유하고 있으며, 이는 아시아 국가 중 가장 많은 숫자입니다. 조선시대의 기록유산만 생각해봐도 〈조선왕조실록〉을 비롯해서 〈승정원일기〉, 〈일성록〉, 〈조선왕실어보〉와 〈어책〉 등 왕실 기록물이 있고, 그 외에 한국의 유교책판, 조선통신사 기록물, 〈난중일기〉 등의 개인 기록물이 있습니다.

세계기록유산은 기록이기 때문에 당연히 문자 혹은 그림으로 남겨진 '읽을 수 있는 것'입니다. 그렇다면 우리나라 세계기록유산 중 하나인 〈조선왕조의궤〉는 어떻게 생긴 물건일까요? '조선왕조의궤'라고 읽는다면 그 실물은 '궤짝'처럼 생긴 무언가일까요? 조선왕조의궤는 한자로는 '朝鮮王朝儀軌'라 합니다. '의'자가 한자인 걸로 봐서는 '조선왕조의 궤'는 아니라는 것을 알 수 있죠.

▲ 조선왕실의궤 <명성황후 국장도감>

'의궤(儀軌)'는 의례(儀禮)와 궤범(軌範)을 합친 말로 국가적 중대사가 있을 때에 후세에 참고가 되도록 그 일의 경과를 글과 그림으로 기록한 책입니다. 따라서 〈조선왕조의궤〉는 조선시대에 기록된 의궤를 가리키며, 줄여서 그냥 〈의궤〉라고도 부르죠.

왕실과 국가의 행사를 문서 형식으로 기록한 나라는 조선이 유일합니다. 행사나 의례의 규칙·양식을 전달하기 위해 만드는 것이 아닌, 단지 개별 행사의 기록보관 용도로만 책을 만드는 것은 전 세계적으로도 유례를 찾기 힘들죠. 유네스코 세계기록유산으로 등재된 〈조선왕조의궤〉는 서울대 규장각에 소장되어 있는 546종 2,940책과 한국학 중앙연구원에 소장된 287종 490책으로 그 양 또한 방대합니다.

의궤가 되는 행사

의궤는 왕비나 세자 등의 책봉, 왕실의 결혼, 각종 장례와 연회, 궁궐의 건설, 종묘 행사, 외국 사신의 접대 등 다양한 행사에 대해 작성되었습니다. 행사가 끝난 후 의궤를 편찬하는 기관인 '도감'을 설치하고 행사 당 평균 5~8책의 의궤를 제작했지요. 조선 전기의 의궤는 임진왜란으로 거의 소실되었으며 현재 남아 있는 가장 오래된 것은 1601년에 제작된 의인왕후 장례에 관한 의궤입니다.

의궤의 내용은 행사의 준비와 진행 과정, 담당자별 업무 분장, 동원된 인원과 물자의 조달, 경비의 수입과 지출내역, 건물 등의 설계 및 제작, 행사 공로자에 대한 포상 등 관련 내용 전부를 수록하는 게 원칙이었습니다. 또한 문자 외에 다수의 그림을 그려 이해하기 쉽게 기록되었고, 특히 의례와 관련한 행렬을 그린 반차도(班次圖)는 위에서 내려다보는 조감도 형식으로 그려 전체 모습을 파악하기 쉽게 되어 있습니다.

▼ <숙종인경왕후가례도감의궤(肅宗仁敬王后嘉禮都監儀軌)>

현종 12년인 1671년에 왕세자(후에 숙종)가 광성부원군 김만기의 딸을
빈(후에 인경왕후)으로 맞는 과정을 기록한 의궤의 내용 중 반차도

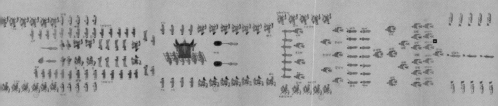

09 __
불국사는 현생의 부모를 위하여,
석굴암은 전생의 부모를 위하여

지난 1995년 우리나라 최초로 유네스코 세계유산으로 등재된 석굴암과 불국사에 대해 이야기해보려고 합니다. 해인사 장경판전, 종묘와 함께이긴 하지만 최초로 등재되었다는 것은 그만큼 그 명성이나 가치를 인정받았다는 의미이겠죠?

경주에 있는 유네스코 세계유산은 두 가지입니다. 1995년에 등재된 석굴암과 불국사가 있고 2000년에 등재된 경주 지역의 왕릉, 탑, 조각, 궁궐지, 산성 등을 아우른 '경주역사지구'가 있죠. '경주역사지구'는 남산, 월성, 대릉원, 황룡사, 산성지구 등 5개의 지구로 이루어져 있으며, 현재의 경주 시내 쪽에 해당하죠. 반면 불국사와 석굴암은 시내에서 약 10km 떨어진 외곽에 위치하고 있습니다.

불국사

　'불국사(佛國寺)'는 모든 초등학교(한때 국민학교)의 필수 수학여행지였습니다. 연세가 좀 있으신 분들도 칠보교와 연화교를 배경으로 찍은 사진 한 장 정도는 앨범 속에 있을걸요? 그런데 칠보교와 연화교가 뭔지를 모르시겠다구요? 지금부터 사진을 보면서 불국사에 대해 자세히 설명해보겠습니다.

　불국사 전경입니다. 건물의 지붕을 기준으로 ① 안양문, ② 자하문, ③ 극락전, ④ 대웅전, ⑤ 무설전, ⑥ 비로전, ⑦ 관음전이 가지런하게 자리하고 있죠. ④ 대웅전 앞마당 왼쪽에는 석가탑, 오른쪽에는 다보탑이 보입니다. 그리고 ① 안양문 앞에 올라가는 다리가 칠보교와 연화교이고, ② 자하문 앞에 올라가는 다리가 청운교와 백운교입니다.

▲ 불국사 전경

　다음 페이지 사진 앞쪽에 비스듬히 놓인 다리가 칠보교(위)와 연화교(아래), 뒤쪽에 보이는 다리가 청운교(위)와 백운교(아래)입니다. 바로 이 자리에서 단체사진을 찍었던 기억이 새록새록 되살아나지 않나요? ㅎ～.

▲ 칠보교와 연화교, 청운교와 백운교

불국사에는 모두 6개의 국보와 6개의 지정 보물이 있습니다. 순서대로 볼까요? 먼저 국보로는 제20호 다보탑, 제21호 불국사 삼층석탑(석가탑), 제22호 연화교와 칠보교, 제23호 청운교와 백운교, 비로전에 모셔져 있는 제26호 금동비로자나불좌상, 극락전에 모셔져 있는 제27호 금동아미타여래좌상이 있습니다. 보물로는 제61호 불국사 사리탑, 제1,523호 불국사 석조, 제1,744호 불국사 대웅전, 제1,745호 불국사 가구식 석축, 제1,797호 불국사 영산회상도 및 사천왕 벽화, 제1,933호 불국사 삼장보살도가 있습니다.

제23호와 제26호 사이에 비어 있는 국보 제24, 제25호는 불국사 경내에 없는 것들입니다. 토함산의 석굴암 석불이 국보 제24호이고, 경주북서쪽 무열왕릉의 태종무열왕릉비가 제25호랍니다.

석굴암

〈삼국유사〉에는 경덕왕 10년(751년) 당시 신라의 재상이자 건축가였던 김대성이 전생의 부모를 위해 '석굴암(石窟庵)'을, 현생의 부모를 위해 불국사를 창건했다는 기록이 있습니다. 하지만 실제로 불국사는 5세기(눌지왕) 또는 6세기(법흥왕)에 지어진 사찰이라고 합니다. 작은 사찰이었던 불국사를 김대성이 크게 중건했다는 게 일반적 견해입니다.

반면 석굴암은 기록대로 751년에 지어지기 시작해 774년에 완성되었다고 합니다. 석굴암 본존불은 그것이 풍기는 고요하고 자비로운 모습의 신비함으로 지금까지도 신라 불교예술의 최고 걸작으로 꼽히고 있습니다.

▼ 석굴암과 본존불

10 ___
아리랑이 3,000가지가 넘는다구?

2012년 유네스코 세계유산위원회는 우리나라의 '아리랑'을 인류 무형문화유산으로 등재했습니다. 인류무형문화유산으로서의 정식 명칭은 정확하게 '아리랑, 한국의 서정민요'입니다. 어느 특정지역의 아리랑이 아닌 '아리랑 아리랑 아라리요'라는 후렴이 들어가는 모든 아리랑이 대상이라는 의미입니다.

아리랑의 기원에 대해서는 명확한 확인이 어렵네요. 하지만 시기적으로는 삼국시대, 지역적으로는 태백산맥을 중심으로 불리기 시작했다는 설이 가장 유력해 보입니다. 그리고 아리랑을 연구하는 사람들의 말에 의하면 아리랑이라는 제목으로 전해오는 것만 약 60종 이상, 3,600곡에 이른다고 합니다. 그만큼 단순하고 쉬운 곡조로 이루어져 즉흥적인 모방과 편곡이 가능하며, 한민족의 정서에 맞는 노래라는 것이죠.

아리랑에 대한 기록

흥선대원군 때 경복궁을 중수(重修)하던 노동자들이 노동요로 불렀다는 기록이 있으며, 황현의 구한말 역사서 〈매천야록〉에도 고종이 아리랑을 즐겨 들었다는 기록이 있습니다. 또 구한말의 미국인 선교사 호머 헐버트는 "아리랑은 1883년부터 대중적인 사랑을 받았고, 내용은 각각 다르지만 후렴은 변하지 않고 똑같이 쓰이는 노래로 조선 사람에게 쌀과 같은 존재"라고 기록하기도 했죠.

하지만 이때까지도 아리랑은 민요 중하나였습니다. 그런데 민족의 상징으로 보편화되는 데 큰 기여를 한 것이 있었습니다. 바로 1926년 제작된 나운규의 영화 〈아리랑〉입니다.

▲ 나운규 감독 〈아리랑〉(1926)

영화 〈아리랑〉에서 연주된 아리랑은 지금 우리가 가장 잘 알고 있는 바로 그 아리랑으로 영화는 일제강점기 속 민족의 아픔을 아리랑으로 녹여내어 이를 한 민족의 상징으로 승화시켰습니다. 또 만주, 중국, 중앙아시아 등으로 떠난 조선 사람들에게 서러움과 아픔을 달래주는 어머니와도 같은 노래가 되었습니다.

아리랑의 종류

아리랑 중에서도 정선아리랑, 밀양아리랑, 진도아리랑을 흔히 3대 아리랑이라고 부릅니다. 우선 '정선아리랑'의 가사를 봅시다.

눈이 올라나 비가 올라나 억수 장마 질라나
만수산 검은 구름이 막 모여든다
아리랑 아리랑 아라리요
아리랑 고개 고개로 나를 넘겨주게

아우라지 뱃사공아 배 좀 건네주게
싸릿골 올동백이 다 떨어진다
아리랑 아리랑 아라리요
아리랑 고개 고개로 나를 넘겨주게

다음은 '밀양아리랑'입니다.

날 좀 보소 날 좀 보소 날 좀 보소
동지섣달 꽃 본 듯이 날 좀 보소
아리 아리랑 쓰리 쓰리랑 아라리가 났네
아리랑 고개로 날 넘겨주소

정든 님이 오셨는데 인사를 못해
행주치마 입에 물고 입만 방긋
아리 아리랑 쓰리 쓰리랑 아라리가 났네
아리랑 고개로 날 넘겨주소

다음은 '진도아리랑'입니다.

서산에 지는 해는 지고 싶어 지느냐
날 두고 가신 임은 가고 싶어 가느냐
아리 아리랑 쓰리 쓰리랑 아라리가 났네
아리랑 응응응 아라리가 났네

오다가 가다가 만나는 님은
풀목(팔목)이 끊어져도 나는 못 놓것네
아리 아리랑 쓰리 쓰리랑 아라리가 났네
아리랑 응응응 아라리가 났네

언젠가 아리랑을 국가(國歌)로 해야 한다고 주장한 사람이 있었습니다. 그만큼 아리랑은 우리나라를 대표하는 가장 잘 알려진 문화상징 중 하나입니다. 특히 외국에서 생활하는 한민족 사람들에겐 이미 국가(國歌) 이상의 의미를 지니는 삶의 일부분이기도 합니다.

　지금도 아리랑은 올림픽, 월드컵 등 국제행사에서 항상 빠지지 않는 노래가 되어 한민족을 하나로 묶는 구심체 역할을 하고 있습니다. 또 한류가 세계적으로 각광받는 이 시대에 한국을 대표하는 상징으로 전 세계인에게 알려지고도 있답니다.

법 률

- 글 안해병 -

11 _
남의 땅에 20년간 농사를 지으면
내 땅?

누군가 내 땅이 아닌 남의 땅에 농사를 짓거나, 집을 지어 사는 경우가 있을 수 있습니다. 이런 경우에 20년이 지나면 남의 땅이 내 땅이 될 수도 있다는 이야기를 들어보셨나요?

우리나라 민법에는 점유취득시효라는 제도가 규정되어 있습니다. 좀 어려운 말이긴 하지만 내용을 아시면 아주 흥미로운 주제이기에 여기서 다루어보도록 하겠습니다.

〈민법 제245조〉
① 20년간 소유의 의사로 평온, 공연하게 부동산을 점유하는
   자는 등기함으로써 그 소유권을 취득한다(점유취득시효).

조항은 아주 간단한데 현실에서는 심심치 않게 이와 관련한 소송이나 분쟁이 일어나고 있습니다. 예를 들어 은퇴 후 농사를 짓기

위해 시골에 땅을 사두었는데, 어느 날 그 땅에서 농사를 짓거나 건물을 지은 사람으로부터 자기 땅이니 소유권을 이전하라는 소송을 당하는 경우가 있습니다. 당하는 입장에서는 아주 황당한 일일 수밖에 없겠죠.

민법 245조는 20년간 내 땅이라 생각하고 점유(농사를 짓거나 건물을 짓는 등 그 땅을 실제 사용하는 것)를 하고 있다면 아무런 권리 주장을 하지 않는 실제 소유자보다 점유하는 사람을 그 땅의 주인으로 보는 것이 타당하다는 법의 이론을 담고 있습니다.

취득시효의 조건

이러한 취득시효가 인정되려면 세 가지 요건이 필요합니다. 첫째 내 땅이라는 생각으로 점유하고 있을 것, 둘째 그 점유가 평온하게 행하여졌을 것, 셋째 부동산의 경우 20년 이상 계속해서 점유하고 있을 것 등입니다.

물론 세 가지 요건이 충족된다고 바로 소유권을 취득하는 것은 아니고, 요건이 충족되었음을 이유로 등기부상 소유자에게 소유권 이전등기를 청구할 수 있게 되는 것입니다. 이런 요건에 해당하는 사람이라면 당연히 소유권 이전등기를 청구할 것이고, 그때부터 등기부상 소유자와 점유자 사이에서는 소송을 통한 공방이 시작됩니다.

점유취득시효를 다툴 때 가장 중요한 것은 '점유가 자주점유에 해당하는가?'입니다. 자주점유란 소유의 의사를 가지고 하는 점유를 말합니다. 민법은 '자주점유인지 아닌지 판단할 수 없는 경우에는 자주점유로 추정한다'고 규정하고 있어 자주점유가 아님을 주장하는 등기부상 소유자가 이러한 사실을 증명해야 합니다.

예를 들어, 그 땅에 지상권, 전세권, 질권 등을 설정한 사람이나 임차계약을 하고 땅을 사용하는 사람이라면 소유자가 따로 있다는 것을 전제로 한 점유임이 명백하기 때문에 자주점유의 반대인 타주점유에 해당합니다.

점유취득시효와 관련해서 또 하나 알아두어야 할 것은 국가나 지방자치단체가 소유권을 가지고 있는 땅인 경우에는 시효취득을 주장하기 어렵다는 점입니다.

〈국유재산법 제7조〉 ② 행정재산은 「민법」 제245조에도 불구하고 시효취득의 대상이 되지 아니한다.

〈공유재산 및 물품관리법 제6조〉 ② 행정재산은 「민법」 제245조에도 불구하고 시효취득의 대상이 되지 아니한다.

국유재산이나 공유재산은 용도에 따라 행정재산과 일반재산으로 나뉘는데, 이 중에서 행정재산은 점유취득시효의 대상이 되지 않는다는 규정입니다. 물론 일반재산은 대상이 됩니다.

그렇다면 어디 놀고 있는 땅이 있는지 찾아보시겠다구요? 글쎄요. 20년간 주인이 전혀 모르게 그 땅에서 농사를 지으실 자신이 있으시다면 말리진 않겠습니다ㅎㅎ.

점유취득은 나와 아무 관계도 없는 곳에 가서 대뜸 건물을 짓거나 농사를 짓는다고 이루어지는 것이 아닙니다. 보통 내가 가지고 있는 땅 옆에서 나도 모르게 경계를 넘어 건물을 짓거나 농사를 짓다가 서로가 모르는 사이에 세월이 흘러 우연히 알게 되어 발생하는 것이죠. 아무 연고가 없는 땅을 내 땅이라고 생각할 충분한 근거를 댈 수 있어야겠죠?

12 __

길에 떨어진 만원짜리 … 흠흠;

누구나 한 번쯤 길에 떨어진 동전이나 지폐를 주워보신 적이 있을 겁니다. 살다가 흔히 벌어지는 일은 아니지만, 일단은 발견한 것만으로도 묘하게 기분이 좋아지는 법이죠. 물론 평생에 재물운이 없어서 그런 일 자체가 없다는 분들도 있을 겁니다ㅎㅎ.

하지만 돈을 주워 쓰는 것이 단순히 횡재가 아니라 죄가 될 수도 있다는 사실을 아시나요?

우리나라 형법에는 다음과 같은 조항이 있습니다.

유실물, 표류물 또는 타인의 점유를 이탈한 재물을 횡령한 자는 1년 이하의 징역이나 300만원 이하의 벌금 또는 과료에 처한다. 매장물을 횡령한 자도 전항의 형과 같다.

이 규정을 어려운 말로 '점유이탈물횡령죄'라고 합니다. 말이 너무 어려운데 일단 알기 쉽게 풀어봅시다.

물건에 대한 권리를 가지고 있는 것을 소유, 그 물건을 단순히 가지고만 있는 것을 점유라고 합니다. 즉, 물건의 주인은 소유자, 물건을 가지고 있는 사람은 점유자입니다. 소유자 = 점유자일수도 있고, 소유자 ≠ 점유자일수도 있습니다.

점유이탈물은 누군가의 손을 떠났으나 아직 아무의 점유도 아닌 상태의 물건을 의미하며 횡령은 남의 물건을 불법으로 차지하거나 가지는 것을 말합니다. 정리하면 누군가가 잃어버렸거나 손에서 벗어난 물건을 불법으로 가지는 죄를 '점유이탈물횡령죄'라고 하는 거죠. 길에 떨어진 돈은 가장 대표적인 점유이탈물에 해당하는데, 이외에도 점유이탈물에 해당되는 것이 생각보다 많습니다.

다음의 경우는 모두 점유이탈물횡령죄에 해당될 수 있는 행위들입니다.

- 잘못 배달된 택배물을 가져가는 경우
- 택시나 버스 등에 누군가 놓고 내린 휴대폰을 가져가는 경우
- 도망친 가축을 잡아가는 경우
- 바람에 날려와 마당에 떨어진 물건을 가져가는 경우

- 길가에 방치되어 있는 석재나 목재를 가져가는 경우
- 호텔의 욕실 등에서 앞선 손님이 두고 간 물건을 가져가는 경우

그리고 고분 속에 있는 보석이나 거울, 칼 등의 매장물도 점유이탈물에 준해서 봅니다. 그나마 다행인 것은 다른 사람의 물건을 보관하는 것은 그것을 가로채는 일반 횡령죄나 업무상횡령죄보다는 처벌이 가볍다는 점입니다. 하지만 이제는 길에 떨어진 돈이 보여도 황금을 보기를 돌같이 하라는 최영 장군님 말씀을 받들어 내 것이 아닌가 보다 하시기 바랍니다.

▲ 최영(崔瑩, 1316~1388)

13 _

아버지가 남긴 유언장의 효력

얼마 전 돌아가신 홍길동 씨의 아버지는 전 재산 10억원을 아내에게 주고 아들 홍길동과 딸 홍길순에게는 한 푼도 주지 말라는 유언장을 남겼습니다. 그리고 유언장 말미에 이름을 쓰고 사인을 했는데, 이 유언장은 효력이 있을까요?

결론부터 말하면 이 유언은 무효입니다. 왜 무효인지, 무엇이 잘못되었는지에 대해 하나하나 살펴보도록 하겠습니다.

유언이란 자신이 죽은 뒤의 법률관계를 정하려는 생전의 의사표시로 사망하면 그 효력이 발생합니다. 살아 있는 동안은 자신의 유언에 대해서 얼마든지 바꾸거나 철회할 수 있습니다. 그리고 유언은 의사능력이 있는 만 17세 이상의 사람만이 할 수 있습니다.

유언장의 조건

유언의 방식은 다섯 가지가 있는데 자필증서, 녹음, 공정증서, 비밀증서, 구수증서에 의한 방법이 그것입니다. 여기서는 자필증서에 의한 유언에 대해 자세히 설명하겠습니다.

〈민법 제1066조 제1항〉
자필증서에 의한 유언은 유언자가 그 전문과 연월일, 주소, 성명을 자서하고 날인하여야 한다.

우선 유언장은 본인이 직접 써야 합니다. 어렵게 자서(自書)라고 표현했는데 이것은 직접 쓴다는 말입니다. 다른 사람이 쓴 경우, 컴퓨터나 타자기를 이용해 작성한 경우, 자신이 쓴 것을 복사한 경우 모두 무효입니다.

연월일이 빠지면 안 됩니다. 연월(年月)은 쓰고 일(日)을 쓰지 않은 경우 무효입니다. 단, 음력으로 쓴 경우나 연월일을 쓰지 않더라도 50번째 생일 등 연월일을 정확히 알 수 있는 표현이 있으면 유효합니다.

주소와 성명도 빠지면 안 됩니다. 단, 봉투에 주소를 쓴 경우, 성명 대신 평소에 쓰는 호(號)나 예명 등을 쓴 경우 유효한 것으로 인정될 수 있습니다.

날인(捺印), 즉 도장을 찍어야 유효합니다. 도장은 꼭 인감도장일 필요는 없으며, 도장 대신 무인(拇印)을 찍어도 유효합니다. 무인은 손가락에 인주를 묻혀 지문을 찍는 것으로 흔히 손도장, 지장이라고 부릅니다. 서명이나 사인으로는 안 됩니다.

홍길동 씨 아버지의 유언장이 무효인 것은 바로 이 날인이 빠졌기 때문입니다. 우리나라 민법은 유언의 방식과 효력에 대해 아주 엄격하게 해석하고 있습니다. 유언자 사후에 생길 수 있는 유언에 관한 의문이나 다툼에 대비할 필요가 있기 때문입니다.

그렇다면 홍길동 씨와 홍길순 씨는 얼마를 상속받을 수 있을까요? 아버지의 유언장이 무효이기 때문에 유언이 없는 것과 같은 상황이 됩니다. 유언이 없을 때에는 법정상속분에 따라 상속이 이루어집니다.

〈민법 제1009조〉
① 동순위의 상속인이 수인인 때에는 그 상속분은 균분으로 한다.
② 피상속인의 배우자의 상속분은 직계비속과 공동으로 상속하는 때에는 직계비속의 상속분의 5할을 가산하고, 직계존속과 공동으로 상속하는 때에는 직계존속의 상속분의 5할을 가산한다.

역시 법률 조항은 참 어렵습니다. 쉽게 풀어서 이야기하면 유언자의 배우자는 다른 상속인에 비해 50%를 더 주고, 나머지 상속인은 똑같이 나눠준다는 뜻입니다.

이에 따라 각각의 상속분을 구하는 공식은 다음과 같습니다.

배우자 상속분(%) = 3 ÷ (3 + 2 × 나머지 상속인 수) × 100
배우자가 있을 경우 자녀 혹은 부모의 상속분(%) = 2 ÷ (3 + 2 × 나머지 상속인 수) × 100

공식을 적용해보면 홍길동 씨의 어머니는 10억 원의 3/7에 해당하는 4억 2,857만 1,428원을, 홍길동 씨와 홍길순 씨는 각각 10억 원의 2/7에 해당하는 2억 8,571만 4,286원씩을 상속받게 됩니다.

상속 유류분

만약 아버지가 날인을 정확히 해서 유언장의 효력이 있는 경우라면 어떻게 될까요? 어머니가 10억 원을 다 상속받게 될까요? 유언의 효력이 있다면 유언대로 상속받는 것이 원칙입니다. 다만 모든 상속인은 '최소한의 자기 몫'을 상속받을 수 있다고 민법에서 정하고 있는데, 이를 '유류분'이라고 합니다.

〈민법 제1112조〉

상속인의 유류분은 다음과 같다. 배우자와 직계비속(자녀)은 법정상속분의 2분의 1, 직계존속(부모)과 형제자매는 법정상속분의 3분의 1.

아버지는 비록 어머니에게 10억원 전부를 준다고 유언했지만, 홍길동 씨와 홍길순 씨는 법정상속분의 절반인 1억 4,285만 7,143원에 대해서는 아버지의 유언과 관계없이 상속받을 수 있습니다. 다만 유류분의 경우는 직접 상속을 받는 것이 아니고 10억원을 상속받은 어머니에게 유류분 반환청구를 해야 합니다. 물론 반환청구를 하기 전에 어머니께서 알아서 나눠 주시겠지요~~ㅎ.

14 _
가벼운 접촉사고,
내가 뺑소니라니?

A씨는 오늘 아침 경찰서로 출두하라는 전화를 받고 깜짝 놀랐습니다. 경찰의 얘기는 A씨가 뺑소니 운전자로 신고되었다는 것인데요. 이 무슨 자다가 봉창 두드리는 소리도 아니고!

순간 A씨 머리엔 이틀 전 있었던 가벼운 접촉사고가 떠올랐습니다. 퇴근길 밀리는 도로에서 시속 20km나 되려나…, 가다 서다를 반복하다가 아차 하는 순간 앞차를 추돌했던 것입니다. 내려 보

▲ 잠깐 한눈판 사이에 아차!ㅜㅜ

니 눈에 보이는 파손도 없고 앞차 운전자도 괜찮다고 해서 그냥 집으로 귀가했던 것인데요. 알고 보니 그 운전자가 A를 뺑소니로 경찰에 신고한 것입니다. A씨는 황당했지만 경찰에 출두해 자초지종을 설명하고 상대방 운전자를 만나 사정사정하고서야 겨우 합의를

하고 문제를 해결할 수 있었습니다.

이런 경우는 과연 뺑소니에 해당할까요? A씨가 무엇을 잘못한 걸까요? 우선 교통사고 처벌과 관련해서 가장 핵심이 되는 〈교통사고처리특례법〉 제3조에 대해 살펴보겠습니다.

첫째, 교통사고로 사람을 다치거나 죽게 하면 5년 이하의 금고 또는 2천만원 이하의 벌금에 처한다.
둘째, 하지만 사망사고가 아닌 경우는 피해자와 합의하면 형사처벌을 면해준다.
셋째, 형사처벌을 면할 수 있는 사고라도 뺑소니, 음주측정 거부, 12가지 예외사항에 해당하면 형사처벌을 받는다.

12대 중과실

여기서 말하는 12가지 예외사항은 흔히 12대 중과실이라고도 부르는데, 다음과 같습니다.

1. 신호 위반 또는 통행금지, 일시정지 위반
2. 중앙선 침범 또는 횡단, 유턴 위반
3. 제한속도를 시속 20km 이상으로 초과
4. 앞지르기 규정 또는 끼어들기 금지 위반

5. 철길건널목 통과방법 위반

6. 횡단보도에서의 보행자 보호의무 위반

7. 무면허 운전

8. 음주 또는 약물 운전

9. 보도 침범 또는 보도 횡단방법 위반

10. 승객의 추락 방지의무 위반

11. 어린이 보호구역에서의 안전의무 위반

12. 자동차 화물 고정의무 위반

자, 뺑소니가 왜 무서운 건지 아시겠죠? 뺑소니에 해당되면 피해자와 합의를 해도 형사처벌을 받기 때문입니다. 물론 A씨처럼 경미한 사고라면 어떻게든 합의하고 뺑소니 고소취하가 가능하겠지만, 그렇더라도 그 과정에 드는 시간과 돈은 우리에게 엄청난 스트레스를 가져다줍니다. 비슷한 경우를 겪어보신 분이라면 공감하실 듯.

그렇다면 어떻게 해야 선량한 사람이 뺑소니로 몰리는 억울한 경우를 피할 수 있을까요? 사실 그리 어려운 일은 아닙니다.

〈도로교통법〉 제54조(사고발생 시의 조치)에 따르면 교통사고를 낸 사람은 차를 세우고 사상자 구호, 피해자에게 인적사항(이름, 전화번호, 주소 등) 제공, 경찰 신고 등의 조치를 하면 됩니다. 이상의 3가지만 확실히 하면 뺑소니가 될 확률은 제로입니다.

큰 사고라면 당연히 경찰에 신고하거나 구호조치를 하겠지만, 경미한 사고일 때가 사실은 더 위험할 수 있습니다. 사람이 다치지 않고 차만 약간 찌그러진 정도면 피해자가 괜찮다고 그냥 가라고 하는 경우가 있습니다. 이럴 때 조심해야 합니다. 피해자가 마음이 변해 뺑소니로 신고하면 A씨처럼 난감한 상황에 처할 수 있기 때문입니다.

따라서 아무리 작은 사고라도 경찰에 신고하고 피해자에게 인적사항을 제공하고 자리를 뜨는 것이 뺑소니로 몰리는 경우를 예방할 수 있음을 명심하시기 바랍니다.

15 _

전봇대 전단지
함부로 붙이지 마세요

최근 각 지방자치단체는 불법광고물과의 전쟁을 벌이고 있습니다. 도시 미관을 저해하고 시민들에게 불쾌감을 주는 것은 물론 안전사고의 위험까지 도사리고 있기 때문인데요. 반면 일부 소규모 자영업자들이 전단지 한 장이라도 더 돌리기 위해 동분서주하고 있는 모습을 볼 때면 참으로 안타깝다는 생각이 들기도 합니다.

어떤 것이 광고물에 해당하는지, 그리고 어떤 광고물이 불법에 해당하는지를 광고물에 관한 정의와 규제를 목적으로 만들어진 〈옥외광고물 등의 관리와 옥외광고산업 진흥에 관한 법률(이하 옥외광고물법)〉을 통해 살펴보겠습니다.

〈옥외광고물 등의 관리와 옥외광고산업 진흥에 관한 법률 제2조〉
'옥외광고물'이란 공중에게 항상 또는 일정 기간 계속 노출되어 공중이 자유로이 통행하는 장소에서 볼 수 있는 것으로서 간

판 · 디지털광고물 · 입간판 · 현수막 · 벽보 · 전단과 그 밖에 이
와 유사한 것을 말한다.

먼저 옥외광고물법 제2조에서는 광고물의 정의에 대해 설명하
고 있습니다. 주변에서 흔히 볼 수 있는 광고물들이 망라되어 있
습니다.

〈옥외광고물법 제3조〉
도시지역, 문화재 보호구역, 보전산지, 자연공원, 도로, 철도,
공항, 항만, 지하철역, 지하도 등에 광고물 등을 설치하려는 자
는 특별자치시장 · 특별자치도지사 · 시장 · 군수 또는 구청장에
게 허가를 받거나 신고하여야 한다.

옥외광고물법 제3조는 광고물을 설치하려면 허가를 받거나 신고
해야 한다는 내용인데, 자세한 장소와 허가요건 등은 생략하기로
하고, 어쨌든 웬만한 광고물은 허가 없이 설치하면 안 된다는 기본
내용은 이해가 되실 겁니다.

그렇다면 새로 개업한 커피숍을 홍보하기 위해 주택가 골목 전봇
대에 전단지를 붙이는 것은 어떨까요? 이것 역시 허가를 받아야 할
까요? 아니면 이 정도는 괜찮은 걸까요?

〈옥외광고물법 제4조〉

(요약) 대통령령으로 정하는 물건에는 광고물 등을 표시하거나 설치하여서는 아니 된다.

〈옥외광고물법 시행령 제24조〉

법 제4조에서 "대통령령으로 정하는 물건"이란 다음과 같다.

가. 도로표지 · 교통안전표지 · 교통신호기 및 보도분리대

나. 전봇대

다. 가로등 기둥

라. 가로수

마. 동상 및 기념비

바. 발전소 · 변전소 · 송신탑 · 송전탑 · 가스탱크 · 유류탱크 및 수도탱크

사. 우편함 · 소화전 및 화재경보기

아. 전망대 및 전망탑

자. 담장

차. 재배 중인 농작물

보시다시피 전봇대는 허가가 아니라 아예 광고물 설치가 법으로 금지된 물건입니다. 커피숍 홍보를 하시고 싶으신 분은 지정게시판과 지정벽보판을 이용하시거나, 아니면 다른 홍보수단을 찾으셔야 한다는 거죠.

〈옥외광고물법 제18조〉 (요약) 제4조를 위반하여 광고물 등을 표시하거나 설치한 자는 1년 이하의 징역 또는 1천만원 이하의 벌금에 처한다.

설마하고 전봇대에 전단지를 붙이시다가 잘못되면 보시는 바와 같이 처벌을 받을 수 있습니다. 영세한 자영업자들에겐 참으로 무섭고 각박한 세상인 듯합니다.

16 __
자전거는 차다?
차가 아니다?

자전거를 한자로 쓰면 '自轉車'입니다. 세 번째 글자는 우리가 흔히 '수레 거'또는 '수레 차'라고 부르는 글자죠. 그래서 나이 드신 분들이나 일부 지방에서는 자전거를 '자전차'라고도 부릅니다만, 국어사전의 기준으로 보면 '자전차'는 잘못된 표현입니다. '자전거'가 맞습니다.

최근에 건강상의 이유나 출퇴근, 레저 등의 목적으로 자전거를 이용하는 사람들이 늘어나고 있습니다. 이에 따라 자전거와 관련된 사고 또한 증가할 수밖에 없는데요. 자전거 전용도로가 완벽히 갖추어지지 않은 것이 현실이기에 자전거를 타다 보면 도로나 보도를 이용해야 하는 경우가 불가피하게 생기게 됩니다. 이럴 때 지켜야 할 규칙과 규정들을 사전에 알아두는 것은 무엇보다 안전을 위해서 필수적이겠죠.

그렇다면 우리나라 도로교통법상 자전거는 차일까요? 차가 아닐까요? 결론부터 말씀드리면 '차'입니다. 도로교통법 규정을 보실까요?

〈도로교통법 제2조제17호〉
"차"란 다음의 어느 하나에 해당하는 것을 말한다.
1) 자동차
2) 건설기계
3) 원동기장치자전거
4) 자전거
5) 사람 또는 가축의 힘이나 그 밖의 동력(動力)으로 도로에서
   운전되는 것

따라서 자전거 운전자는 사고발생 시 도로교통법의 규정을 적용받으며, 그 규정을 준수해야 할 의무가 있습니다. 자전거 운전자가 준수해야 할 규정들을 하나씩 살펴보겠습니다.

우선 자전거의 통행과 관련된 기본적인 내용입니다.

〈도로교통법 제13조의 2(자전거의 통행방법)〉
① 자전거는 자전거도로가 있는 곳에서는 자전거도로로 통행하
   여야 한다.

② 자전거도로가 없는 곳에서는 도로 우측 가장자리에 붙어서 통행하여야 한다.

③ 자전거는 길가장자리 구역을 통행할 수 있지만 보행자의 통행에 방해가 될 때에는 서행하거나 일시정지하여야 한다.

④ 다음 경우에는 보도로 통행할 수 있다. 단, 보도 중앙으로부터 차도 쪽 또는 안전표지로 지정된 곳으로 서행하여야 하며, 보행자의 통행에 방해가 될 때에는 일시정지하여야 한다.

　1. 어린이, 노인, 신체장애인이 자전거를 운전하는 경우

　2. 안전표지로 자전거 통행이 허용된 경우

　3. 도로의 파손, 도로 공사 등으로 도로를 통행할 수 없는 경우

⑤ 자전거의 운전자가 횡단보도를 이용하여 도로를 횡단할 때에는 자전거에서 내려서 자전거를 끌고 보행하여야 한다.

기본적으로 다 알고 있을 만한 당연한 내용들입니다. 하지만 역시 중요한 것은 아는 것보다 실천하는 것이겠죠.

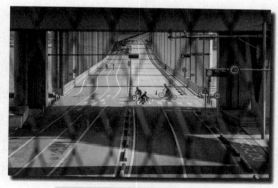

▲ 잘 구분된 자전거 전용도로와 보도, 차도

강화된 자전거 관련 규정

다음으로 2018년부터 개정된 도로교통법 중 자전거와 관련된 내용을 살펴보겠습니다.

〈도로교통법 제44조(음주운전 금지)〉

① 누구든지 술에 취한 상태에서 자동차 또는 자전거를 운전하여서는 아니 된다.

② 경찰은 자동차 또는 자전거 운전자가 술에 취하였는지를 호흡조사로 측정할 수 있다. 이 경우 운전자는 경찰의 측정에 응하여야 한다.

④ 운전이 금지되는 술에 취한 상태의 기준은 혈중알코올농도 0.03퍼센트 이상인 경우로 한다.

〈도로교통법시행령 제93조(범칙금액)〉

술에 취한 상태에서 자전거 운전 : 3만원

경찰의 음주측정에 응하지 않은 자전거 운전자 : 10만원

이전까지는 '자동차 등'이라고 규정되었던 것을 2018년 9월부터 '자동차 또는 자전거'로 바꾸어 명시하였습니다. '제2윤창호법'이라고 불리는 도로교통법 개정에 따라 2019년 6월부터 혈중알코올농도 기준이 0.05%에서 0.03%로 강화되기도 했죠. 자전거 또한 예외는 아닙니다. 그리고 자전거 음주운전과 음주측정 불응에 대한

범칙금액까지 새롭게 명시됨으로써 정부의 처벌의지가 강화되었음을 확인할 수 있습니다.

  자전거와 관련된 다른 규정도 살펴보겠습니다.

〈도로교통법 제50조(특정 운전자의 준수사항)〉
④ 자전거를 운전할 때에는 승차용 안전모(헬멧)를 착용하여야 하며, 동승자에게도 이를 착용하도록 하여야 한다.
⑨ 밤에 자전거를 운전할 때에는 전조등과 미등을 켜거나 야광 띠 등 발광장치를 착용하여야 한다.

  2018년 9월부터 자전거 운전자의 헬멧 착용 역시 의무화되었습니다. 운전자뿐만 아니라 동승자 역시 의무적으로 헬멧을 착용해야 합니다. 이 규정에 대해서는 아직 처벌규정이 없습니다만, 헬멧 미착용 등으로 사고가 발생한다면 조만간 이에 대한 처벌규정도 명시화될 것으로 생각됩니다.

  규정들을 보니 운동의 목적이든 여가의 목적이든 자전거를 타는 것을 너무 가벼이 여겨서는 안 될 것 같습니다. 언제 어디서든 사고에 노출될 수 있음을 명심하시고 오늘 배운 도로교통법을 준수하는 멋진 자전거 라이더가 되시기 바랍니다. 자전거도 '차'입니다.

17 __
녹음과 도청,
합법과 불법 사이

　최근 뉴스를 보면 '상대방과의 대화 녹취록을 증거로 제출하였다'거나 '불법 도청 혐의로 고소하였다' 등의 기사를 흔히 발견할 수 있습니다. 세상이 각박해서 그런 건지, 녹음 기술이 좋아져서 그런 건지 녹음이나 녹취 등에 대한 관심도 많아지고 이로 인한 분쟁도 주변에서 흔히 볼 수 있게 된 것이죠. 하지만 어떤 경우가 합법이고 어떤 경우가 불법인지 헷갈려하시는 분들이 많으신 것 같아 그 기준에 대해 알아보도록 하겠습니다.

　먼저 각각의 단어에 대한 정의부터 살펴보면 다음과 같습니다.

녹음 : 소리를 기록하거나 그렇게 기록한 소리
녹취 : 소리를 녹음하거나 녹음한 것을 글로 옮겨 기록함
도청 : 남의 이야기나 전화 통화 등을 몰래 엿듣거나 녹음하
　　　는 일

감청 : 기밀을 보호하거나 수사에 필요한 자료를 얻기 위해 통
       신 내용을 엿듣는 일

다음은 관련 법령입니다.

〈통신비밀보호법 제3조〉
① 누구든지 법령의 규정에 의하지 아니하고는 공개되지 아니
   한 타인 간의 대화를 녹음 또는 청취하지 못한다.

〈통신비밀보호법 제16조〉
① 제3조를 위반한 자는 1년 이상 10년 이하의 징역과 5년 이
   하의 자격정지에 처한다.

  우선 처벌규정이 1년 이상 징역으로 상당히 무거운 벌을 받게 된
다는 사실을 알 수 있습니다. 그런데 3조 1항을 자세히 보면 녹음
이나 청취를 금지하는 범위는 '공개되지 않은 타인 간의 대화'입니
다. 거꾸로 말하면 타인 간의 대화가 아닌, 대화에 참여하는 사람
은 녹음을 할 수 있다는 이야기가 되겠습니다. 전화통화든 만나서
나누는 대화든 대화에 참여하고 있는 사람은 이해관계가 없더라도
녹음을 할 수 있다는 말입니다. 대신 대화에 참여하고 있지 않은
사람, 즉 제3자는 녹음을 할 수 없다는 이야기도 됩니다. 이와 관
련한 대법원 판결 하나를 살펴보시죠.

통화의 당사자인 송신인과 수신인이 아닌 제3자가 당사자의 동의를 받지 않고 그 내용을 얻어내는 행위가 금지되는 행위이며, 전화통화의 당사자 일방이 상대방과의 통화내용을 녹음하는 것은 불법이 아니다(대법원 2008도1237 판결).

▲ 워터게이트 사건

미국에는 불법 도청을 지시한 책임을 지고 사퇴한 대통령도 있습니다…ㄷㄷ

하지만 스마트폰의 대중화 등으로 무분별한 통화녹음이 발생하고 있는 현 실태를 감안해 헌법상 인정되는 기본권 중 하나인 상대방의 음성권도 보호되어야 한다는 목소리 또한 높은 게 사실입니다. 법원에서도 이 때문에 '대화 당사자도 통화내용을 몰래 녹음하는 것은 헌법상 보장되는 사생활 비밀의 자유를 침해한 것에 해당할 수 있다'고 해 형사처벌은 아니지만 상대방에게 민사상 정신적 배상금인 위자료 300만원을 물어주어야 한다고 판결한 경우도 있습니다.

결론적으로 대화에 참여하는 당사자가 녹음을 하는 것은 형사처벌의 대상은 아니지만 경우에 따라서 민사상 손해배상을 해야 할 경우도 있다는 말입니다.

법적 문제를 막을 수 있는 가장 좋은 방법부터 순서대로 정리하면 다음과 같습니다.

① 불필요한 녹음은 하지 않는다.
② 녹음이 꼭 필요한 상황이라면 상대방에게 허락을 받고 녹음한다(녹음 초기에 '허락을 받고 녹음합니다'라는 말을 하고 시작하면 가장 좋습니다).
③ 어쨌든 당사자는 녹음을 할 수 있으므로, 상대방 허락 없이 하는 경우라면 이 녹음이 꼭 필요한 상황이었음을 추후에 설명한다.

18 __
인터넷에서 상대방을 욕하면
모욕죄?

얼마 전 한 영화 속 대사인 '넌 내게 모욕감을 줬어'라는 말이 유행한 적이 있습니다. 친구들과 혹은 직장에서 흔히 농담처럼 하는 말이었죠.

그런데 현실에서는 남을 심하게 모욕한 경우 형법상 모욕죄로 처벌받을 수도 있음을 알아야 합니다. 이번 장에서는 모욕죄와 명예훼손죄의 차이를 이해하고 최근 연예인들과 관련하여 이슈가 많이 되고 있는 인터넷상에서의 모욕과 명예훼손 등에 대해 아울러 알아보도록 하겠습니다.

먼저 모욕죄와 명예훼손죄에 대해 살펴보겠습니다. 두 죄는 모두 형법에 규정된 죄입니다.

〈형법 제311조(모욕)〉

공연히 사람을 모욕한 자는 1년 이하의 징역이나 금고 또는 200만원 이하의 벌금에 처한다.

〈형법 제307조(명예훼손)〉

① 공연히 사실을 적시하여 사람의 명예를 훼손한 자는 2년 이하의 징역이나 금고 또는 500만원 이하의 벌금에 처한다.
② 공연히 허위의 사실을 적시하여 사람의 명예를 훼손한 자는 5년 이하의 징역, 10년 이하의 자격정지 또는 1천만원 이하의 벌금에 처한다.

모욕죄와 명예훼손죄 뭐가 더 심할까?

우선 두 죄의 형량을 비교하면 모욕죄보다는 명예훼손죄가 더 큰 죄임을 알 수가 있습니다. 그렇다면 두 죄는 어떻게 구분할까요?

구분의 포인트는 '사실의 적시(摘示)'입니다. 적시는 '지적해서 보이게 한다'는 뜻으로 구체적으로 어떤 사실을 나타내서 상대를 비방하면 명예훼손에 해당하고, 그렇지 않고 모멸적인 말이나 욕, 자신의 추상적인 판단 등으로 상대를 비방하면 명예훼손까지는 되지 않고 모욕에 해당한다고 볼 수 있습니다.

예전에는 이렇게만 형법에서 두 죄를 규정하고 있었습니다. 그러나 인터넷의 사용이 급속도로 늘어나고 인터넷상에서 각종 게시글과 댓글 등을 통해 다른 사람을 비방하는 사례가 늘어나자 이를 규제하기 위해 〈정보통신망 이용촉진 및 정보보호 등에 관한 법률(약칭 정보통신망법)〉에 새로운 조항이 추가되었습니다.

〈정보통신망법 제70조〉

① 사람을 비방할 목적으로 정보통신망(인터넷, SNS 등)을 통하여 공공연하게 사실을 드러내어 다른 사람의 명예를 훼손한 자는 3년 이하의 징역 또는 3천만원 이하의 벌금에 처한다.

② 사람을 비방할 목적으로 정보통신망(인터넷, SNS 등)을 통하여 공공연하게 거짓의 사실을 드러내어 다른 사람의 명예를 훼손한 자는 7년 이하의 징역, 10년 이하의 자격정지 또는 5천만원 이하의 벌금에 처한다.

정보통신망법의 규정을 형법의 명예훼손과 비교해보면 똑같은 명예훼손이라도 인터넷에서 이루어지는 경우 처벌이 더 강화되었음을 알 수 있습니다. 또한 거짓의 사실을 드러낸 경우에는 사실을 드러낸 경우보다 처벌이 더 강하다는 것도 알 수 있습니다.

한편, 모욕죄에 대해서는 정보통신망법에 별도의 규정이 없으므로 기존의 형법 규정대로 처벌받는다고 보시면 됩니다.

인터넷상에서는?

다음은 인터넷상에 어떤 정도의 글이나 댓글을 달면 모욕이나 명예훼손에 해당될 수 있는지 예를 들어 살펴보겠습니다.

사례1) 산모 A씨는 본인이 이용한 산후조리원에 대해 '인터넷과 실제가 많이 다르다', 'ㅇㅇ산후조리원의 서비스 엉망이다' 등의 내용을 인터넷 카페에 게시하였고 산후조리원 측으로부터 명예훼손으로 피소되었다. 이에 대해 법원은 ① 인터넷 카페 등에 올린 글은 자신이 실제 이용하면서 겪은 일과 이에 대한 주관적 평가를 담은 이용후기인 점, ② 다소 과장된 표현이 사용되기도 하였으나 주요 내용은 객관적 사실에 부합하는 점, ③ 게시한 글은 인터넷 카페 회원이나 산후조리원 정보를 검색하는 사용자들에 한정되기 때문에 무분별하게 노출되는 것이라고 보기 어려운 점 등을 고려하면 게시글은 임산부의 의사결정에 도움이 되는 정보 및 의견 제공이라는 공공의 이익에 관한 것이라고 볼 수 있고, 상대방을 비방할 목적이 있었다고는 볼 수 없다고 판결하였다(대법원 2012도10392 판결).

사례를 보면 상대방을 비방할 목적이 아닌 공공의 이익을 위한 목적인 경우는 명예훼손에 해당하지 않는다는 것을 알 수 있습니다. 또 다른 사례를 보시죠.

사례2) 피해자 A는 동성애자가 아닌데 피고인 B가 인터넷사이트에 7회에 걸쳐 A가 동성애자라는 내용의 글을 게재했고, A는 B를 명예훼손으로 고소하였다. 법원은 이러한 행위는 피해자의 명예를 훼손한 행위에 해당한다고 판결하였다(대법원 2007도5077 판결).

인터넷상에 워낙 많고 다양한 글과 댓글들이 쏟아지다 보니 개별 사례를 하나하나를 다 설명할 수는 없겠지만, 기본적으로 글을 쓸 때 내가 다른 사람을 비방할 목적으로 쓰는지 아닌지만 스스로 한 번 되짚어본다면 불필요한 명예훼손의 논란에 말려들지는 않겠죠.

역지사지로 내가 누군가에게 악플을 쓰는 것처럼 다른 사람이 내게 악플을 쓴다고 생각해보면 그것이 얼마나 큰 상처가 되는 일인지 알 수 있을 것입니다. 누구나 다 알고 있는 기본적인 네티켓만 잘 지킨다면 좀 더 유용하고 밝은 인터넷 세상이 되지 않을까 생각해봅니다.

19 __

고소~ 하게 고소하는 방법!

현대사회가 어지러워지고 살기가 각박해질수록 고소와 고발도 난무하고 있습니다. 오죽하면 '고소, 고발 한 번 안 하고 사는 게 가장 행복하다'라는 이야기가 있겠습니까. 여러분은 지금까지 고소나 고발을 해보신 적이 있나요? 아니면 당해보신 적은?

고소, 고발이 뭔지도 모르고 살 수 있다면 가장 좋겠지만 살다 보면 뜻밖의 경우를 만날 수도 있습니다. 생각지도 못한 범죄의 피해를 입거나 주변에 그런 상황이 생긴다면 막막하고 어떻게 해야 할지 쉽게 방법이 떠오르지 않을 겁니다. 일단 경찰에 신고를 하겠지만 그것이 고소인지, 고발인지에 따라 법적인 절차나 내용, 결과가 많이 달라집니다.

여기서는 고소와 고발이 무엇인지, 이 둘의 차이점은 무엇인지 간단하면서도 확실하게 짚어보도록 하겠습니다.

〈형사소송법 제223조 ～ 제237조〉

(223조) 범죄로 인한 피해자나 법정대리인은 고소할 수 있다.

(224조) 자기 또는 배우자의 직계존속(부모, 조부모)은 고소하
지 못한다.

(230조) 친고죄의 경우는 범인을 알게 된 날로부터 6개월 이내
에 고소하여야 한다.

(232조) ① 고소는 제1심 판결선고 전까지 취소할 수 있다.

② 고소를 취소하면 다시 고소하지 못한다.

(234조) 누구든지 범죄가 있다고 생각할 때에는 고발할 수
있다.

(235조) 자기 또는 배우자의 직계존속(부모, 조부모)은 고발하
지 못한다.

(237조) 고소, 고발은 글이나 말로 검사 또는 경찰관에게 하여
야 한다.

형사소송법에서 규정하고 있는 고소와 고발에 관한 내용을 최대
한 간략히 요약해보았습니다. 이것을 조금 풀어서 설명해보면, 먼
저 '고소'란 범죄의 피해를 입은 사람이나 그 부모 등이 수사기관에
범죄사실을 신고하여 범인의 처벌을 요구하는 것을 말합니다. 그
범죄가 친고죄에 해당하는 경우에는 6개월 이내에 고소를 해야 합
니다. 친고죄는 피해자의 고소가 있어야만 처벌할 수 있는 죄를 말
하는데 모욕죄, 비밀침해죄, 친족 간 권리행사방해죄 등이 해당됩

니다. 참고로 성범죄는 예전에는 친고죄였으나, 2013년 이후 친고죄에서 폐지되었습니다.

고소는 범죄의 사실을 알리는 것이기 때문에 고소를 할 때 범인을 꼭 지목할 필요는 없습니다. 실제 여러 명 중에 누가 범인인지 정확히 알기 어려운 경우도 있지만 고소를 하는 데는 전혀 문제가 없습니다. 고발은 고소와 달리 피해자나 범인이 아닌 제3자가 범죄 사실을 신고하는 것입니다.

고소와 고발의 가장 큰 차이는 신고를 하는 사람이 누구냐 하는 점입니다. 내가 피해를 입었다면 고소가 되고, 다른 사람이 피해를 입은 것을 보고 신고한다면 고발이 되는 것입니다.

우리나라 고소·고발의 특징

또 하나 차이점은 고소와 고발의 취소에 관한 것으로 고소는 1심 판결이 나기 전까지는 취소를 할 수 있는데, 중요한 것은 한번 취소하면 다시 고소를 할 수 없다는 점입니다. 반면에 고발은 한번 취소를 했더라도 다시 고발할 수 있습니다.

두 제도의 공통점은 둘 다 자기나 배우자의 부모, 조부모를 고소하거나 고발할 수 없다는 것입니다. 이는 예로부터 전해오는 우리나라의 효(孝) 사상이 반영된 것이라 볼 수 있습니다.

고소나 고발을 하려면 사건이 일어난 관할 경찰서를 찾아가면 됩니다. 고소장을 미리 써서 가도 되고, 아니면 가서 말로 설명을 할 수도 있습니다.

살다 보면 예상치 못한 일을 겪을 때가 있습니다. 고소와 고발의 기본적인 차이와 내용을 알아두셨다가 필요한 상황이 오면 활용하시기 바랍니다. 물론 그런 상황을 겪지 않으면 더 좋겠지요ㅎ.

20 —

아르바이트는 퇴직금이 없다?

2019년 5월 통계청 자료에 따르면 전체 실업률은 4%, 청년실업률은 9.9%입니다. 혹자는 이런 현상을 빗대어 청년 실신시대라고도 표현하더군요. 참으로 슬프고도 안타까운 현실이 아닐 수 없습니다. 제대로 된 직장을 찾지 못한 수많은 청년들은 아르바이트를 통해 학비와 생활비를 마련하고 있는 현실 속에서도 미래에 대한 희망의 끈을 놓지 않으려 발버둥치고 있습니다.

흔히 알바라고 부르는 아르바이트는 근로기준법상의 '단시간근로자'에 해당됩니다. 사용자는 단시간근로자를 고용할 때에는 계약기간, 근로일, 근로시간의 시작과 종료시각, 시간급 임금, 근로조건 등을 명확히 적은 근로계약서를 작성해서 근로자에게 주어야 합니다.

국가가 퇴직연금제도를 운영하는 나라도 있습니다.
제도개혁을 할 때면 과격한 시위가 일어나기도 하죠

　알바를 시작할 때 가장 중요한 점이 근로계약서를 작성하는 것인데, 현실에서는 이를 간과하는 경우가 아직도 많은 것 같습니다. 근로계약서는 나중에 퇴직금을 정산할 때도 기준이 되며, 혹시나 모를 사용자와의 분쟁에 대비하는 최소한이자 최고의 증거가 됩니다. 알바를 하실 일이 있다면 당당하게 근로계약서 작성을 요구하시기 바랍니다. 스스로 챙기지 않으면 나중에 후회할 일이 생길 수도 있습니다.

　주제로 돌아가서, 결론부터 이야기하면 당연히 알바도 퇴직금을 받을 수 있습니다. 근로자의 퇴직금에 대해 근로기준법 제34조는 근로자퇴직급여보장법이 정한 기준에 따른다고 규정하고 있습니다. 알바도 근로자인 이상 똑같이 근로자퇴직급여보장법의 기준에 따라 퇴직금을 받을 수 있습니다. 하지만 모든 알바가 퇴직을 하면서 퇴직금을 받는 것은 아닙니다. 지금부터 그 기준을 알아보겠습니다.

퇴직금을 받을 수 있는 조건은 정규직이든 비정규직이든, 계약직이든 알바든 모두 똑같다고 보시면 됩니다. 가장 기본적인 조건은 1년 이상 계속해서 근로를 제공하되, 1주일 평균 15시간(하루 3시간) 이상을 일한 경우입니다. 가끔 이를 악용해 퇴직금을 주지 않기 위해 11개월만 계약하는 사용자를 종종 보기도 합니다. 그리고 퇴직금의 지급은 4대보험 가입여부와는 무관합니다.

퇴직금 계산하기

퇴직금의 계산방법은 다음과 같습니다.

1일 평균임금 × 30 × (재직일수 ÷ 365)

간단히 말해 1년을 근무하면 1달 치 월급을 퇴직금으로 받는다고 생각하면 쉽습니다. 1년 6개월을 근무하면 1.5개월 치, 2년을 근무하면 2개월 치가 되겠죠.

퇴직금의 지급사유가 발생하면 사용자는 14일 이내에 퇴직금을 지급해야 하며, 퇴직금을 지급하지 않으면 3년 이하의 징역이나 2,000만원 이하의 벌금에 처해질 수 있습니다. 만약 퇴직금을 지급받지 못하고 있다면 고용노동부 홈페이지에서 진정민원을 제출해 도움을 받을 수 있습니다.

근로자라면 정규직이든 알바든 최선을 다해 자신이 맡은 일을 해야 할 것입니다. 반대로 사용자 또한 근로자에게 정당한 근로의 대가를 지불해야겠죠. 일부 몰상식은 사용자 때문에 고통받는 알바가 없어지는 그날까지~~ 대한민국의 모든 알바들이여, 파이팅!

- 나는 여태 이것도 모르고 한국인인 척했다 -

3부

우리말

- 글 드미트리 -

21 _
당신은 소인배(小人輩)?
대인배(大人輩)?

    언론이라고 하면 신문과 라디오가 전부였던 시절이 있었습니다. 그러다 TV가 보급되면서 시각정보를 통한 정보전달방식이 빠르게 확산되었죠. 지금은 이것들에 비해 훨씬 빠른 인터넷이 사용되고, 누구라도 뉴스의 진원지가 될 수 있는 '뉴미디어'의 시대입니다. 정보의 확산속도는 이전과도 비교할 수 없을 정도로 빨라서 그야말로 눈 깜짝할 사이 새로운 소식들이 퍼지죠.

    그래서 우스갯소리로 '발 없는 말이 1초 만에 퍼진다'라고도 합니다. 문제는 좋은 정보, 올바른 정보도 있지만 거짓정보나 올바르지 않은 정보도 널리 퍼지게 된다는 점입니다. 이번에는 인터넷을 통해 확산되고 우리말 오용사례 하나를 짚어보겠습니다.

대인배라는 말이 있나요?

요즘 됨됨이가 좋은 사람에게 '대인배'라고 하는 걸 많이 볼 수 있습니다. "그 사람 참으로 통이 큰 대인배야", "역시 ○○선수 대인배입니다"와 같은 말들을 쉽게 들을 수 있죠. 그러나 '대인배(大人輩)'는 표준국어대사전에 없는 말입니다.

보통 무리 '배(輩)'는 좋은 의미로 쓰이지 않습니다. 그 글자가 들어가는 단어로는 '소인배(小人輩)'라는 말이 있죠. '모리배', '간신배', '불량배' 등도 있습니다.

소인배(小人輩) : 마음 씀씀이가 좁고 간사한 사람들이나 그 무리

대인배는 소인배의 상대어 개념으로 사람들이 생각해낸 말이 되겠네요. 그렇다면 소인배의 상대 개념은 무엇일까요? '대인', '성인', '군자' 등이 입니다. 그 유래는 〈논어〉에 나오는 이 문구를 보면 알 수 있습니다.

▲ 공자

공자님께서는 군자란 인(仁)의 체현자라 하셨죠. 인의 체현자란…

君子喩於義　小人喩於利

(군자는 義에 밝고 소인은 利에 밝다)

- 〈논어(論語)〉〈이인(里仁)〉편 中 -

 단어의 설명에서 보면 알겠지만 '배(輩)'는 복수를 지칭하는 개념입니다. 소인배는 한 명을 뜻한다기보다는 그러한 무리에 속하는 사람이라는 의미죠.

 그렇지만 언어라는 것은 본래 시대에 따라 생성·소멸되기도 하고, 의미의 변화가 생기기도 합니다. 현재는 표준어가 아니지만 많은 사람들이 사용하고 있고 의미도 명확한 편이라서 조만간 표준어로 채택될 가능성도 있습니다.

22 __

존댓말은 한국어에만 있다?

예전에 민해경이라는 가수가 불러서 유행했던 〈존댓말을 써야할지 반말로 얘기해야 할지〉라는 노래가 있었어요. 일반적으로 존댓말은 거리가 있는 사이, 반말은 친근한 사이에 주고받는 말투지요. 존댓말은 연장자에게 하는 말이기도 하고, 반말은 아랫사람에게 하는 말이기도 합니다. 나이가 어린 사람에게 무작정 반말을 사용하는 것도 좋은 언어습관은 아니지만 무작정 존댓말로 쓰기도 애매한 상황이 많이 있지요. 과연 존댓말은 한국어에만 있는 걸까요?

우리의 존댓말의 종류

한국어만큼 존댓말이 까다로운 언어도 드물 겁니다. 상대방이 누구인지에 따라서 말의 형식이 달라지는데, 문장의 종결어미에 따라 존대의 정도가 달라집니다. 격식체와 비격식체로 구분되며 격식체에서 존댓말은 '하십시오체'와 '하오체', 반말은 '하게체'와 '해라체'가 있으며 비격식체에서는 존댓말로 '해요체'와 '해체'가 있습니다.

물론 극(極)존댓말로 '하소서체'라는 것도 있지요. 하소서체는 예전 임금에게 상소를 올리거나 성서 등에서 사용된 말투인데, 외국인들이 가장 힘들어하는 표현이라고 해요. 그래서 우리도 외국어를 배울 때처럼 '하십시오체'로 배우는 것 같습니다.

단어 자체가 존대의 의미를 포함하고 있는 것도 많지요. 밥을 뜻하는 단어를 보면 쉽게 알 수 있습니다. 보편적인 존대어는 '식사' 정도이지만, 특별히 웃어른에게는 '진지'라는 말을 쓰고 왕의 '식사'는 수라로 부릅니다. 또한 '먹는다'는 말도 때에 따라 다른데 '밥 − 먹다', '진지 − 드시다/잡숫다', '수라 − 젓수다'로 달라집니다. 또한 죽음과 관련해서도 '서거', '별세', '소천', '타계', '선종' 등 다양한 존대어가 존재합니다.

용언에 존칭을 나타내는 선어말어미 '−시−'를 붙여 상위자의 관점을 나타내기도 합니다.

'동생은 키가 크다 → 선생님은 키가 크시다'

한 문장에 용언이 여러 개일 경우에는 일반적으로 뒤쪽 용언 하나에만 '−시−'를 붙이는 게 원칙입니다.

'선생님은 키가 크시고 잘생겼다(×), 선생님은 키가 크시고 잘 생기셨다(×), 선생님은 키가 크고 잘생기셨다(○)'

나를 낮춤으로써 상대방을 존대하는 '겸양어'도 있죠. 1인칭 대명 사 중에는 '저', '저희'를 들 수 있고, 동사로서는 '묻다'의 대체로 사 용하는 '여쭈다'가 대표적입니다. 겸양어도 존댓말처럼 적절하게 사용하지 않고 남발하게 되면 영~ 이상한 표현이 될 수 있습니다.

다른 나라 말에서의 존댓말

다른 나라 말에도 존댓말이 있을까요? 당연히 있습니다. 우리가 외국어를 처음 배울 때에는 일반적으로 존댓말 형식의 말을 배우게 됩니다. 나중에 그 언어가 익숙해지면 다양한 표현으로 격식 없는 말을 구사할 수 있지요. 어떤 것들이 있는지 알아보겠습니다.

영어에서는 인칭대명사에서 사용되는데, 2인칭 대명사의 경우 'you(주격) / your(소유격) / you(목적격) / yours(소유대명사)'가 'thou / thy / thee / thine'보다 존칭의 의미가 있다고 합니다. 하 지만 후자는 고어체 또는 문어체라서 영어 성서나 셰익스피어 작품 등에서 볼 수 있는 표현이죠. 현대 영어에서는 문장 끝에 'sir' 또는 'ma'am' 등을 붙이는 것으로 존댓말을 구분한다고 합니다. 물론 영국같은 왕조국가의 경우에는 'your majesty' 같은 극존칭도 쓰 이고 있지요.

독일어의 경우 존대를 위해 3인칭 여성이나 복수 대명사인 'sie'를 2인칭 존칭어로 씁니다. 이때는 첫 글자를 대문자로 써서 'Sie'라고 표기합니다.

우리말 어순과 비슷한 일본어의 경우는 겸양어가 발달되어 있는데 존댓말과 같은 의미로 사용되고 있습니다. 대표적인 것이 사람의 호칭 뒤에 붙는 '-상(~さん)', '-사마(~さま)'입니다. 일본에서 욘사마의 인기가 대단했다죠? 동사에서도 '아게루(あげる, 上げる)'나 '모시아게루(もうしあげる, 申し上げる)'라는 말을 쓰면 '드리다', '여쭙다'라는 존경의 표현이 됩니다. 명사의 앞에 '오(お)'나 '고(ご)'를 붙여서 상대방에게 존대를 표하기도 하지만 자체의 단어를 미화시키는 역할도 합니다. '오미즈(お水 : 물)', '오차(お茶 : 차)' 등으로 쓰이는데 실제로 일본에서도 이런 것이 남발되는 경향이 있다고 합니다.

존댓말 또는 존칭의 부적절한 사용

▲ 소파 방정환

소파 방정환 선생이 '어린이'라는 말을 널리 보급시켰다고 알려졌지요. 어린아이를 하나의 인격체로 보고 높임의 의미로 썼다고 합니다. 그전에는 '아해', '아해놈', '어린애' 등으로 쓰였죠. 마찬가지 맥락에서 '젊은이'나 '늙은이'라는 말도 사용되고 있는데, '늙은이'의 경우는 한자어인 '노인(老人)'을 많이 쓰다가 최근에는 '어르신'이라는 단어를 많이 사용하고 있는 것 같습니다. 각종 관청에서 노인 관련 업무는 모두 어르신 부서로 불리고 있습니다. 그런데 과연 어르신이라는 말이 맞을까요? 존경의 의미에서 순우리말이기는 하나 모든 노인을 이렇게 부를 필요까지는 없어 보입니다.

방송에서 출연자들이 '저희나라'라는 용어를 구사하는 경우를 자주 보게 됩니다. 진행자들이 '우리나라'라고 수정해주는 것도 보게 되지요. '저희'는 겸양어로 자기를 낮추어 상대를 높이는 말입니다. 다른 나라와는 동등한 입장에서 말해야지 굳이 우리를 낮출 필요가 없는 거지요. 아마도 겸양어를 많이 쓰다 보니 '저희나라'도 입에 붙어서 그렇게 말하는 모양입니다.

점원들이 고객에게 상품을 설명할 때도 모든 것에 존칭을 붙이는 경우가 최근에 많이 발생합니다. "주문하신 커피 나오셨습니다", "파란 옷은 이만원이세요" 등과 같이 사물존칭을 쓰는 경우입니다. 그런데 존칭은 사람에게 사용하는 것이지 사물에 쓰는 것은 아니죠. 아마도 고객불만을 줄이기 위해 모든 것에 존칭을 붙이게 된 것이 원인인 것 같습니다. 고객을 존대하고 사물을 존대하지 않는다는 안내문구를 보급할 필요가 있어 보입니다.

존댓말의 대안

존댓말 구사 정도에 따라 당사자의 교육수준을 파악할 수 있지만 현대에 들어서 복잡한 존댓말 때문에 사회적 갈등이 생기기도 하고 솔직히 사용하기에 불편한 게 사실입니다. 그래서 범용적으로 존칭을 사용하는 경향이 강한데, 이것은 상대방이 누군지 모르는 인터넷 온라인상에서 주로 이루어지죠.

아이디 뒤에 님이라는 호칭을 일괄적으로 붙이는 거죠. 또한 종결어미를 '-ㅁ'으로 끝내는 일명 '음슴체'를 사용하기도 합니다. "○○ 먹었음", "괜찮음?" 등을 볼 수 있습니다. 사이버 공간은 익명성과 함께 평등성이 존재하기 때문에 나타나는 문체라고 볼 수 있는데, 반말에 가깝기는 하지만 존댓말의 대안이 될 수도 있다는 생각을 해봅니다.

아직은 음슴체가 오프라인상에서는 수평적인 사이에서만 사용되는 것을 보게 됩니다. 오랜 유교적인 전통을 가진 한국 사회에서는 나이나 직급에 따라 상하관계가 분명하기 때문에 이런 사회체계가 유지되는 한 지금과 같은 존댓말이 사라지지는 않겠지만 미래에는 분명히 변화가 있을 겁니다.

23 _
한국 욕에 꼭 '개'가 들어가는 이유

욕이라는 것은 상대방을 얕잡아보고 모욕을 줄 때 쓰는 비도덕적인 언사라 할 수 있습니다. 그런데 실상 욕을 하는 목적은 그것만이 아니더군요. 친구들끼리 친근감으로 하는 욕이 있고 자신의 처지를 생각하며 혼잣말로 내뱉는 욕도 있습니다. 사회적으로는 억눌렸던 집단의 욕구를 표출하기 위해 사용되기도 합니다.

어쨌건 간에 '욕을 입에 달고 다니는' 청소년이나 성인이나 욕이 어떻게 나온 것인지 알고나 사용했으면 하는 마음입니다. 물론 지금 사용하는 욕설의 본래 내용을 안다면 쓸 수 있을지 모르겠습니다.

혹자는 한국어가 너무 험악하고 많은 욕설 표현을 갖고 있다고 하는데, 우리가 외국어를 세세히 잘 몰라서 그렇지 비슷한 욕들은 어느 언어에나 있습니다. 다만, 욕은 사전에 등재가 되지 않습니

다. 표준어의 정의가 '교양 있는 사람들이 두루 쓰는 현대 서울말'
인데 욕설이 교양 있는 사람이 쓰는 말은 아니니까요.

동물에 빗댄 욕

가장 보편적으로 쓰는 욕은 '개새끼'일 겁니다. 개의 새끼니까 강
아지겠지요. 귀여운 강아지 말고요…ㅋ. 여기서 쓰이는 '개'라는 말
이 동물이 아니고 '좋지 않는 것'을 뜻하는 접두사라는 이야기가 있
습니다. 예를 들면 '개살구', '개죽음', '개망나니' 등 별로 좋지 않은
걸 가리킬 때 붙는다는 느낌이 들죠? 그래서 '개새끼'라는 말은 '심
히 좋지 않은 새끼'라는 뜻이라고 주장하는 이들도 있긴 하지만 …,
역시 개는 개입니다.

세계적으로도 개를 집어넣은 욕이 많은 걸 보면 진짜 '멍멍이'를
뜻하는 거 같습니다. 영어의 대표적인 욕인 'son of a bitch'는 '암
캐(bitch)의 새끼'라는 뜻이죠. 또 그냥 'bitch'만 써도 욕이라고 합
니다. 러시아에서도 역시 같은 뜻으로 'сукин сын(암캐의 아
들)'이나 'сука блять(암캐와 섹스)'처럼 개와 연관된 욕설이
있습니다.

왜 욕설에 개가 흔히 사용되었을까요? 아마도 인간과 가장 가까
이 지내는 동물이라는 점이 영향을 미쳤을 겁니다. 개는 성장해 생
식능력을 갖추게 되면 주변에 살고 있는 어미개와 교미를 하여 새

"아니 내가 무슨 죄냐고! 이런 개…"

끼를 낳기도 합니다. 인간으로 치면 패륜의 극치죠. 그래서 '인간 같지 않은 놈'이라는 의미로 개를 활용한 욕을 만들어 낸 것으로 보입니다.

여기서 파생된 욕도 많습니다. 대표적인 '니미', '니기미'는 모두 '너의 어미'라는 뜻인데, 속뜻은 '너의 어미와 성교해라'입니다.

이런 의미와 관련하여 **빼놓을** 수 없는 것이 '씨팔'입니다. '씨발'이라고도 하는데, 이 욕은 '씨팔놈', '씨발년' 등으로 다른 말과 붙여 사용되기도 합니다. 하지만 주로 단독으로 본인의 상황에 대한 욕설로 쓰입니다. 이것의 어원은 '니 애미랑 씹할 놈'에서 유래했다는 게 유력합니다. 이때 '씹'은 여성의 성기를 뜻하기도 하지만, 여기에서는 '성교'라는 의미로 사용된 것으로 볼 수 있습니다.

신체를 빗댄 욕

위에서 개와 연관된 욕을 캐다(?) 보니 자연적으로 신체를 빗댄 욕이 떠오릅니다. 대표적인 게 '좆까'겠네요. 이게 '남성이 포경수술을 한다'는 의미는 분명 아닙니다. 가장 유력한 것은 군대에서 유래한 '까라면 까!'일 겁니다. 풀어서 쓰면 '(밤송이를) (좆으로) 까라면 까!'겠지요. 주로 냉소적인 상황에서 쓰게 되지요. 여기에서 파생된 것으로는 '좆까라마이싱(너의 성기에 성병 걸렸으니 항생제나 먹어라)', 어떤 영화의 대사였던 '좆까고나빌레라(조지훈의 〈승무〉에서 응용함)' 등이 있겠네요.

'좆까'와 비슷하게 쓰이는 표현으로 '엿까'가 있습니다. 이것은 '엿먹어라'에서 유래했죠. '남을 골탕 먹인다'라는 부정적인 의미인데, 남사당패에서 성기의 은어로 '엿'이 쓰였던 것에서 그 유래를 찾을 수 있습니다.

이쯤 되면 정신이 상당히 피폐해지는 걸 느끼실지도 모르겠네요…. 살짝 '마일드'한 이야기를 해보자면 '엿'의 비속어적 사용의 유래에 대해서는 한 가지 설이 더 있습니다. 여기에는 좀 구체적인 사건이 관련되어 있습니다. 과거 1960년대 중학교 입학시험에서 '엿기름 대신에 엿을 만들 수 있는 재료는?'이라는 문제가 출제되었다죠. 정답은 '디아스타제'였고, 보기에 있던 '무즙'을 고른 학생들이 오답처리 되었습니다. 학생들은 자신들의 집에서는 무즙으로 엿을 만들던 기억이 나 정답으로 골랐다고 항변했지만 받아들여지지 않았습니다. 이에 격분한 학부모들이 실제로 무즙으로 만든 엿을 가지고 교육청에 항의하면서 '엿먹어라'라고 했다는 겁니다.

그리고 가장 많이 사용하는 것은 '좆나게'에서 파생한 '존나', '졸라'가 아닐까 생각됩니다. 청소년들이 아무 거리낌 없이 사용하는 대표적인 비속어죠. 뜻이야 물론 성기가 튀어나올 정도로… 겠지만요. '매우', '상당히' 정도의 의미로 너무나 많이 사용되고 있습니다. '열라', '겁나'도 같은 뜻으로 사용되고 있지만 '존나'는 어원 자체가 성기에서 비롯된 말이라서 결코 점잖은 말일 수가 없습니다.

스트레스의 배설구로서의 욕?

욕설이라는 것은 타인 또는 자신을 둘러싼 상황에 대한 감정적 배설입니다. 때문에 정도에 따라 점잖은 욕이 존재하기도 하지만 입에 담기도 힘든 '쌍욕'도 있어서 욕을 하면 그 사람의 인격이 의

심받기도 합니다. 그렇지만 욕 자체는 없어지지 않을 것 같습니다. 욕은 대체적으로 '가진자'가 하는 것이 아니고 '소외된 자'들이 하거든요. 사회의 부조리 등에 대한 외침이기도 하구요.

우리 고전문화 중에서 탈춤, 판소리 등에는 욕을 하는 장면들이 많죠. 이는 위선적인 양반계층에 대한 신랄한 비판이기도 합니다. 또한 방랑시인 김삿갓도 풍자 욕설의 대가였습니다. 국문학자 김열규는 〈욕, 그 카타르시스의 미학〉이라는

▲ 하회탈춤

걸쭉한 입담으로 양반을 놀려먹는 재미가 있쥬?

책에서 욕설의 문화사적 고찰을 담으면서 인간의 희로애락이 욕설에 녹아 있다고 했습니다.

어떤 사람은 욕하면 자기 입만 더러워진다고 감정 자체를 내부에 쌓아놓기만 합니다. 그걸 생각하면 경우에 따라 촌철살인의 날카로운 풍자를 담은 욕을 하는 것도 나쁘지 않을지 모르죠.

어찌됐건 욕을 하더라도 품위가 있어야 할 것 같습니다. 예전에는 '팔도 욕하기 대회'처럼 욕을 하는 대회도 있었죠. 요즘은 '욕 테

라피'라고 해서 욕을 함으로써 분노를 표출하여 정신적 안정을 얻는 심리치료 방법도 사용된다고 합니다.

하지만 한번 뱉은 욕은 도로 주워 담을 수 없습니다. 타인에 대해 무차별 욕설을 퍼붓고 나서 나중에 자기는 뒤끝 없다고, 이걸로 되었다고 말하는 사람은 참으로 무책임한 사람이겠지요? 본인만 뒤끝이 없고 주변 사람들은 이미 초토화된 상태니까요.

24 _
한국어가 한국어가 되기까지

우리가 지금 사용하는 언어를 '한국어'라고 합니다. 하지만 한국어라고 하여 '한국인이 쓰는 언어'라고만 생각한다면 조금 편협한 시각일 수 있습니다. 한국어는 남한과 북한 사람들 외에도 중국 동북삼성 지역의 조선족과 중앙아시아 구소련지역의 고려인들이 쓰는 언어이기 때문입니다.

한국어 사용자

남한과 북한도 하나의 나라에서 분단된 상태이지만, 중국과 구소련 지역의 한국어 사용자들도 슬픈 근현대사를 가지고 있습니다. 먼저 중국 연변조선족자치주 지역을 포함한 동북삼성(지린성과 헤이룽장성, 랴오닝성)의 조선족들은 대부분 조선 말기인 19세기 중반 북간도 지역으로 넘어간 조선인들입니다. 주로 함경도 지역의 조선인들이 새로운 농토를 개척하기 위해 두만강을 넘어가 정착했다가 중화인민공화국의 일부가 된 것이죠.

▲ 고려인 2세 문학가
한진(1965~1989)의 가족사진

이때 많은 조선인들이 북간도 외에도 연해주로 넘어갔습니다. 연해주에 정착한 조선인들은 1860년 베이징조약 이후 연해주 지역이 러시아 영토로 편입되고 소련이 들어서자 소련의 일부가 되었죠. 그런데 1937년 소련의 위정자 스탈린은 '극동지역의 조선인들이 일본과 내통한다'며 이들을 중앙아시아 지역으로 강제이주시켰습니다. 지금도 '고려인'이라는 별칭으로 불리고 있는 중앙아시아의 조선인들은 여전히 한국어를 사용하고 있지요.

또한 한국 땅에 머물고 있는 화교들도 우리 민족은 아니지만 한국어를 사용하는 사람들입니다.

알타이어족에 속하는 언어일까?

언어의 유사성으로 분류하게 되면 한국어는 어느 '어족(語族)'에 속할까요? 예전에는 한국어가 '우랄−알타이어족'에 속한다고 봤지만, 우랄어족과 알타이어족을 분리시켜 연구하는 이론이 득세하면서 단순 알타이어족에 속한다고 보기도 합니다.

알타이어족은 이에 속하는 언어를 사용하는 인종 집단의 근원지를 알타이산맥 부근이라고 추측하면서 붙여진 이름입니다. 알타이어족은 터키어 집단, 몽골어 집단, 퉁구스어 집단으로 크게 나누어지는데 한국어와 일본어를 여기에 포함시키기도 합니다.

▲ 아시아 대륙 우랄산맥과 알타이산맥

알타이어의 특징은 모음조화와 두음법칙이 나타나고 형태론적으로는 교착어(膠着語)에 속한다는 것입니다. 교착어는 어간에 어미(語尾)나 조사(助詞)가 붙어서 문장 안에서 기능을 달리하게 되는 언어를 말합니다. 한국어의 특징과 많이 유사하지요? 하지만 현재까지도 한국어가 알타이어족이라는 명백한 증거는 없습니다.

오히려 그 반증으로 '신체를 나타내는 말'에 유사성이 없다는 것이 있습니다. 언어의 발달과정에서 새로운 문물이 다른 집단으로 넘어갈 때에는 보통 처음 집단에서 쓰던 명칭이 그대로 넘어가는 경우가 많습니다. 반면 사람이면 누구나 가지고 있는 신체의 부분에 대한 명칭은 집단별로 그대로 유지되기 마련이죠. 이 때문에 비슷한 어족일 경우 신체를 나타내는 말에 유사성이 나타날 확률이 큽니다. 한국어와 알타이어는 숫자를 세는 말인 '수사'에 대한 연관성도 부족하다고 합니다.

그래서 한국어를 별개의 어군으로 봐야 한다는 의견이 나오고 있습니다. 아직도 연구가 진행되고 있지만 인도-유럽어족처럼 명확히 구분되지 않고 마치 유럽에 있는 '바스크어'처럼 그 지역에서 동떨어진 언어로 자리 잡고 있는 것 같습니다.

고대국가 이후 한국어의 발전

그렇다면 고대국가가 세워진 뒤 한국어의 발전은 어떻게 이루어졌을까요? 많은 학자들의 연구에 따르면 고대 한반도와 만주 일대에서는 부여계(夫餘系), 숙신계(肅愼系), 한계(韓系) 언어들이 있었다고 하네요. 부여계 언어는 부여, 고구려, 동예, 옥저 등에서 사용했을 것이고 고구려어가 이를 대표합니다. 백제어는 백제의 지배계층이 부여계이기 때문에 부여계 언어를 사용했지만, 피지배계층인 마한 사람들은 한계의 언어를 사용했을 것으로 추측된다고 합니다.

신라어는 한계 언어로서 마한 출신의 백제인들이 사용하던 언어와 유사성을 띤다고 하지요. 이에 대한 우리의 기록은 아쉽게도 남아 있지 않고 중국의 문헌인 〈삼국지 위지동이전〉이나 〈후한서〉 등으로 미루어 짐작할 수 있습니다.

아무튼 660년 백제의 멸망, 668년 고구려의 멸망 이후에 우리나라는 신라어로 통일되었습니다. 그러다가 918년 신라의 변방이었던 개성에 고려왕조가 들어서면서 고구려어의 흔적이 남아 있지만 신라어의 방언으로 여겨지던 개경의 고려어가 지금 사용하는 한국어의 뿌리로 자리 잡게 되었습니다.

한국어와 일본어는 가까운 언어인가?

서로 다른 언어이지만 유사성을 갖는 언어들을 볼 수 있습니다. 영어와 독일어는 뿌리가 같은데, 5세기 경 로마제국에 속해 있던 브리튼섬에 독일의 앵글족과 색슨족이 침입하면서 영어가 형성되었기 때문이죠. 이 때문에 아직도 독일어와 영어에는 유사한 단어들이 많습니다.

스페인어와 이탈리아어도 비슷해서 각자 자기네 말로 말해도 서로 대충은 알아들을 수 있다고 합니다. 또한 발칸반도에 있는 세르비아, 크로아티아, 보스니아는 각각의 언어가 서로 사투리 정도의 차이를 보인다고 합니다.

그렇다면 한국어와 가장 비슷한 언어는 무얼까요? 많은 사람들이 일본어를 꼽을 겁니다. 우리는 오랫동안 중국 문자를 써왔지만, 한국어와 중국어는 어휘만 비슷할 뿐이고 어순이나 어미변화 등에서는 엄청난 차이를 보이는 전혀 다른 언어라고 하네요.

▲ 재러드 다이아몬드

반면 일본어는 어순도 같고 조사의 사용법도 유사합니다. 무엇보다 어휘에서 비슷한 점이 많기에 가장 가까운 언어로 취급할 수 있습니다. 〈총, 균, 쇠〉의 저자 재러드 다이아몬드는 책의 부록에서 한국어와 일본어는 약 2,300여 년 전에 분화되었으며 마치 쌍둥이와 같은 모습을 보이고 있다고 했습니다.

그렇다면 언어의 유사성을 연구할 때 가장 먼저 비교하는 '신체 부위에 대한 명칭'과 '수사'에 대해 살펴볼까요? 먼저 영어와 독일어를 비교해보겠습니다. 영어-독일어 순으로 나열해봅니다. 유사성을 단번에 볼 수 있습니다(독일어에서 명사는 대문자로 씁니다).

눈 : eye – Auge / 코 : nose – Nase / 입 : mouth –
Mund / 귀 : ear – Ohr / 하나 : one – Eins / 둘 : two –
Zwei / 셋 : three – Drei / 넷 : four – Vier / 다섯 : five
– Fünf / 여섯 : six – Sechs / 일곱 : seven – Sieben / 여
덟 : eight – Acht / 아홉 : nine – Neun / 열 : ten – Zehn

한국어와 일본어를 비교해봅니다. 발음에 연관성이 적어 보입
니다.

눈 – め(메) / 코 – はな(하나) / 입 – くち(구치) / 귀 – みみ
(미미) 숫자를 보면 하나 – ひとつ(히토츠) / 둘 – ふたつ(후타
츠) / 셋 – みっつ(밋츠) / 넷 – よっつ(욧츠) / 다섯 – いつつ
(이츠츠) / 여섯 – むっつ(뭇츠) / 일곱 – ななつ(나나츠) / 여
덟 – やっつ(얏츠) / 아홉 – ここのつ(코코노츠) / 열 – とお
(토오)

이 때문에 한국어와 일본어는 많은 어휘를 공유하고 있지만 뿌리
는 다르다는 주장이 설득력을 얻고 있습니다. 주변국으로 문화적
접촉에 따른 어휘의 유사성을 띨 뿐이지 근원적인 연관성을 찾기는
어렵다는 이야기이죠. 다만 일본어가 다른 유럽 언어들에 비해 우
리가 배우기 쉬운 언어인 것만은 사실입니다.

25 _

'다솜', '애뜻하게 사랑한다'는 뜻입니다

각 나라의 언어에는 그 언어 사용자만이 구사할 수 있고 이해할 수 있는 말들이 있습니다. 이런 말들은 다른 언어로 완전한 번역이 불가능하답니다. 비슷한 의미로 담아낼 수는 있지만 그 말이 갖는 운율이나 어감 등을 그대로 살릴 수는 없는 거죠.

라틴어에 뿌리를 둔 유럽 언어는 대부분 의미의 손실 없이 상호 번역이 가능하다고 합니다. 예를 들면 '아프다'라는 의미를 갖는 각 국의 말들이 외형은 달라도 그 용례나 의미 면에서 같은 인식작용을 할 수 있는 거죠. 반대로 한국어를 영어로 그대로 번역할 경우 우리말의 아름다운 표현을 정확하게 번역하는 것이 거의 불가능합니다. 이런 이유로 우리나라 문학가들이 노벨문학상을 받는 것이 어렵다는 이야기도 있죠.

얼마 전에 간단한 문장을 번역할 기회가 있었는데 거의 창작의 과정을 거치게 된다는 느낌이 들었습니다. 그러다 보니 전문 번역가들은 거의 글을 재창조하는 사람들이라는 걸 알게 되었네요~.

이번에는 아름다운 우리말 단어들을 몇 가지 소개해보겠습니다. 우리가 알고 있거나 알지 못하는 말 중에서 극히 일부만 이어서 아쉽지만, 예쁜 우리말 가운데 사전에 등재된 것들을 중심으로 소개하겠습니다.

명사(바람)

바람은 불어오는 방향이나 세기에 따라 다양한 이름을 가지고 있습니다. 한자 투의 'ㅇㅇ풍(風)'보다는 'ㅇㅇ바람'이 훨씬 정감 있게 들리는 건 저뿐인가요? 먼저 방향에 따른 바람은 '하늬바람(서풍), 마파람(남풍), 된바람(북풍), 높새바람(북동풍)'이 있습니다.

바람의 세기에 따라선 '실바람(연기의 이동에 의해 풍향을 알 수 있는 약한 바람), 남실바람(고요한 바람), 산들바람(가볍고 시원하게 부는 바람), 건들바람(초가을에 선들선들 부는 바람), 흔들바람(잎이 무성한 작은 나무가 흔들리는 질풍), 된바람(매섭게 부는 바람, 높바람), 센바람(강풍), 큰바람(작은 나뭇가지가 꺾이는 바람), 큰센바람(기와가 벗겨지고 굴뚝이 넘어지는 대강풍), 노대바람(몹시 강한 바람), 왕바람(폭풍이 이는 바람), 싹쓸바람(피해를 일으키는 몹시 강한 바람)'들이 있습니다. 이 바람의 12단계 구분은 1805년 영국의 보퍼트가 만들었던 '풍력 계급에 따른 바람의 세기'체계와 일치합니다. 그러고 보니 예전부터 있었던 단어들과 함께 최근에 만들어졌을 것 같은 단어도 보이네요.

명사(비)

하늘에서 내리는 물방울을 통틀어서 비라고 하죠. 비 역시 굵기, 내리는 시기에 따라 다양한 이름으로 불리고 있습니다. 우선 비의 굵기에 따라서는 '먼지잼(비가 겨우 먼지나 날리지 않을 정도로 조금 옴), 안개비(내리는 빗줄기가 매우 가늘어서 안개처럼 부옇게 보이는 비), 는개(안개비보다는 조금 굵고 이슬비보다는 가는 비), 이슬비(아주 가늘게 내리는 비), 가랑비(가늘게 내리는 비), 보슬비(바람이 없는 날 가늘고 성기게 조용히 내리는 비), 작달비(장대처럼 굵고 거세게 좍좍내리는 비), 모다깃비(못매를 치듯이 세차게 내리는 비), 달구비(달구로 짓누르듯 내리는 비)' 등이 있습니다.

비가 내리는 시기에 따라서는 봄에는 일이 많아서 비가 와도 일을 해야 한다고 해서 '일비', 여름에는 봄보다 한가해서 비가 내리면 잠은 잔다고 해서 '잠비', 가을에는 가을걷이가 끝나 떡을 해 먹으면서 쉴 수 있다고 해서 '떡비', 겨울에는 농한기라 술을 마시면서 놀기 좋다는 뜻으로 '술비'라고 표현합니다.

또한 해가 떠 있는데 내리는 비는 여우가 시집간다고 해서 '여우비'라고 하고, 장마의 옛말로 '오란비'라는 것도 있네요~.

그 밖의 명사

'미리내'라는 말은 아시나요? '은하수(銀河水)'라는 한자어나 '젖길'이라는 뜻의 영어 'milky way'보다 몇 배 더 아름다운 말로 생각됩니다. 용을 의미하는 순우리말 '미르'와 개천을 의미하는 순우리말 '내'의 합성어죠. 밤하늘에 은하수가 걸쳐 있는 것이 마치 용이 꿈틀거리는 모양의 냇물처럼 보인 모양입니다.

'다솜'도 어감이 좋아서 그런지 사람 이름으로 많이 쓰이고 있습니다. '애틋하게 사랑하다'라는 옛말인 '드오다'의 명사형인 '둣옴'의 현대어 표기이지요. '사랑'이라는 말도 좋은 뜻이지만 다솜은 더 우아한 말 같다는 생각이 듭니다.

'온새미'라는 말은 '가르거나 쪼개지 않은 생긴 그대로의 상태'라는 뜻입니다. 온전하다는 말일까요? 통닭이나 생선이 온새미로 올라왔다는 말은 다른 자르거나 바르는 가공 없이 그 모양 그대로 조리되어 나왔다는 뜻입니다.

대중가요의 제목으로 쓰여서 널리 알려진 순우리말을 몇 개 소개해봅니다. 구창모가 불렀던 노래의 제목 '희나리'라는 말을 아십니까? '마른 장작'이라는 뜻인데 사랑하는 사람과 헤어진 화자의 마음을 희나리에 비유하고 있지요.

또한 나훈아가 작사 작곡했던 노래의 제목 '갈무리'도 순우리말인데, '물건 따위를 잘 정리하거나 간수함'이라는 뜻입니다. 나훈아가 방송에 나와 신곡을 소개하면서 순우리말로 노래 가사를 썼다고 직접 밝힌 바 있었습니다.

비슷하게 나훈아는 순우리말 부사어인 '무시로'를 사용하여 노래를 만들기도 했지요. 무시로는 '특별히 정해진 때가 없이 아무 때나'라는 뜻입니다. 그런데 '부사어'? 우리말에서 부사어라 함은 뭘까요?

부사어

부사어(副詞語)는 동사나 형용사 같은 용언을 꾸며주는 말 중 하나입니다. 문장은 부사어로 인해 좀 더 풍성한 표현이 가능해지죠. 그래서인지 예쁜 부사어들이 좀 있습니다. 가장 먼저 떠오르는 것은 '시나브로'입니다. 마치 외래어처럼 들리는 이 말은 순수한 우리말로 뜻은 '나도 모르는 사이에 조금씩, 조금씩'이라고 해요. 뜻과는 별도로 예쁘게 들려서인지 등산용 버너의 상표명으로 쓰이기도 하고, 한때 판매되었던 담배의 이름이기도 했습니다.

시나브로 다음으로 많이 알려진 말로 '안다미로'라는 것이 있습니다. 한자어 같기도 하고 일본어 같기도 하지만 순우리말이랍니다. 뜻은 '담은 것이 그릇에 넘치도록 많이'인데 먹을 것에 대해 정감이 넘치는 우리의 정서가 느껴지는 것 같습니다.

'괜스레'는 사람의 감성을 나타내는 말인데 예상했듯이 '아무 까닭이나 실속이 없게'라는 뜻을 가진 '괜히'에서 유래했지요. 표준어가 괜스레인데 방언인 '괜시리', '괴나시리', '괘얀시' 등이 이따금 노래 가사로 사용되곤 합니다.

'아령칙이'는 처음 들어보는 분들도 많을 겁니다. '기억이나 형상 따위가 긴가민가하여 또렷하지 아니하게'라는 뜻의 부사죠. 어원이 분명하지는 않지만 '아련히'라는 말이 떠오르기는 합니다.

빼놓을 수 없는 우리말 부사어 중에 '빙그레'가 있지요. 소리 없이 웃는 모습을 말합니다. 영어로는 'smile'에 해당할까요. 이 말을 들으면 왠지 방긋 웃는 사람의 모습이 떠오를 겁니다.

▲ 당시 퍼모스트와 빙그레 로고
헷갈렸을만 하네요…

어감이 좋다 보니 빙과회사가 오랫동안 회사명으로 사용하고 있습니다. 지금 이 회사의 로고는 영문 알파벳으로 바뀌었지만 1994년 이전에는 방긋 웃고 있는 사람 얼굴이었죠. 사족이지만 이 회사의 이전 이름은 미국 빙과회사인 퍼모스트(Foremost : 가장 앞서가는)였습니다. 퍼모스트와 기술제휴를 하여 설립한 뒤 사명을 '빙그레'로 고쳤으나 로고는 퍼모스트의 것을 그대로 사용했죠. 이런 이유로 어떤 학생들은 영어 시험시간에 'foremost'의 뜻을 '빙그레'로 쓰는 일까지 있었다고 하네요.

의성어와 의태어

의성어는 사람이나 사물의 소리를 흉내 낸 말이고, 의태어는 사람의 행동이나 사물의 모양을 묘사한 말입니다. 이들 의성어, 의태어는 우리말의 특징 중 하나인 모음조화로 이루어지는 경우가 많고, 이는 미묘한 어감의 차이를 만들어내어 우리말을 더욱 풍성하게 전달합니다. 특히 동일한 형태소를 반복하는 반복복합어가 많습니다.

의성어와 의태어 중 대표적으로 예쁜 말 몇 개를 예로 들면 '하롱하롱(작고 가벼운 물체가 떨어지면서 잇따라 흔들리는 모양), 도란도란(여럿이 나직한 목소리로 서로 정답게 이야기하는 소리, 또는 그 모양), 도리도리(어린아이가 머리를 좌우로 흔드는 동작), 살랑살랑(조금 사늘한 바람이 가볍게 자꾸 부는 모양), 서리서리(국수, 새끼, 실 따위를 헝클어지지 아니하도록 둥그렇게 포개어 감아놓은 모양)' 등이 있습니다.

모음조화는 가벼운 느낌의 양성모음인 'ㅏ', 'ㅗ', 'ㅐ'와 어둡고 무거운 느낌의 음성모음인 'ㅓ', 'ㅜ', 'ㅔ'가 있는데 한 단어에서 양성모음끼리, 음성모음끼리 이어지는 현상이지요. 예컨대 '달랑달랑'과 '덜렁덜렁'이 비교됩니다. 달랑달랑은 뭔가 가볍고 밝은 느낌이고 덜렁덜렁은 상대적으로 어둡고 무거운 어감을 줍니다. 이처럼 같은 의미의 의성어나 의태어도 모음조화에 있어 양성모음으로 이루어진 것과 음성모음으로 이루어진 것은 미묘한 의미 및 느낌의 차이를 보입니다.

또한 색감을 나타내는 단어에서도 우리말의 특징이 나타납니다. '노랗다'라는 표현은 '누렇다', '노르스름하다', '누르스름하다', '노리끼리하다', '누리끼리하다', '노리께하다', '누리께하다', '샛노랗다', '싯누렇다' 등 많은 파생어를 보이는데요, 모두 각각의 어감이 존재하며 뜻이 똑같지는 않습니다. 이런 말들은 다른 언어로 번역할 때 명확하게 전달하기가 매우 어렵겠죠?

26 __

때밀이 → 세신사, 구두닦이 → 미화원, 한자로 썼을 뿐인데…

우리말 어휘는 크게 세 가지로 나뉩니다. 순우리말, 한자어, 외래어가 그것입니다. 순우리말은 고유어라고도 하며 우리 언어를 사용하는 집단에서 원래부터 쓰던 단어들을 뜻하고, 한자어는 우리 문화에 한자가 유입되면서 사물 혹은 대상을 지칭하는 한자로 이뤄진 단어를 뜻합니다. 우리말의 특성상 한자어와 외래어는 별도로 구분합니다. 외래어는 외국에서 유입된 말로 우리말처럼 쓰이는 말들입니다.

비슷한 것으로 외국어가 있습니다. 외국어는 그것을 대체할 수 있는 고유어, 한자어, 외래어가 있는데 굳이 외국에서 유입된 말을 그대로 쓰는 경우 그 말을 뜻합니다. 예를 들면 많은 사람들이 좋아하는 '빵'은 포르투갈에서 유래한 외래어지만 이것을 굳이 '브래드'나 'bread'로 쓰면 외국어를 사용한 게 되지요.

한자어

한자어는 우리말에서 차지하는 비율이 높습니다. 하지만 어디까지를 우리말로 간주해야 할지 학자들 사이에서 의견이 분분하다고 합니다. 세계적으로 통용되는 언어 중 하나인 영어도 독일어, 라틴어, 노르만어가 유입되어 만들어진 단어의 비율이 꽤 높습니다. 하지만 모두 영어화된 단어들로 인식되고 있죠. 같은 맥락으로 한자어도 우리말로 간주되고 있습니다.

한반도에서 한자는 삼국시대부터 지명이나 인명 등에 널리 쓰이다가 사용량이 폭발적으로 늘어난 고려와 조선시대를 거쳐 지금에 이르게 되었지요. 그 당시의 언어가 지금까지 이어지는 걸 보면 일상생활에서는 고유어를 많이 썼더라도 글로 쓸 때는 한자를 많이 사용해왔음을 짐작할 수 있습니다.

그리고 많은 학문들이 과거에는 중국, 근대에는 일본을 통해 한자로 전해지다 보니 전문용어들은 거의 한자어로 되어 있습니다. 그래서 현대 우리말도 여전히 한자어와 불가분의 관계에 있는 것 같습니다. 그런데 우리 사회에는 교육정책에 따라 한자를 배운 세대와 한자를 배우지 않은 세대가 나뉘어 있어서 한자어를 읽을 수 있는 능력이 세대별로 구분되는 양상을 보입니다. 대체로 나이가 많은 세대일수록 한자를 더 잘 읽을 수 있습니다.

한자 병기

기본적으로 한자는 표의문자(表意文字)입니다. 글자 하나하나가 각각의 뜻을 가지고 있죠. 예를 들면 '붓'을 뜻하는 한자로 '筆'이 있습니다. 이 글자는 '필'로 읽지요. 하지만 한국어를 표기하는 문자인 한글은 영어 알파벳과 마찬가지로 표음문자(表音文字)입니다. 표음문자라는 것은 소리가 나는 것을 문자로 옮겨 적은 것인데, 기본적인 몇 개의 자모를 조합해서 만들어낼 수 있는 단어가 무궁무진합니다. 하지만 한자는 글자마다 독립적인 뜻과 음을 가지고 있기 때문에 엄청나게 많은 문자가 필요합니다. 그래서 한자로 글을 제대로 표현하기 위해서는 꽤 많은 한자를 익혀야 합니다.

반면 우리말에서 한자어를 쓸 때 한글로만 표기하게 되면 뜻을 정확히 알기 어려운 경우도 종종 발생합니다. '감상'이라는 단어를 예로 들어 설명해보겠습니다.

- 감상(感傷) : 하찮은 일에도 쓸쓸하고 슬퍼져서 마음이 상함. 또는 그런 마음
- 감상(感想) : 마음속에서 일어나는 느낌이나 생각
- 감상(感賞) : 마음에 깊이 느끼어 칭찬함
- 감상(鑑賞) : 주로 예술작품을 이해하여 즐기고 평가함

감상이 이렇게나 많은 뜻을 갖고 있군요…, 쩝. 글을 적은 이와 읽는 이가 서로 다른 의미로 파악하게 된다면 어떤 일이 발생할까요? 때문에 같은 발음인데 뜻이 다른 동음이의어(同音異議語)의 경우는 한자병기를 필수로 해야 한다는 의견이 대두됩니다.

필자가 어떤 신문 칼럼에서 본 바에 따르면 수학 같은 학술적인 용어에도 한자병기를 해야 한다는 의견이 있습니다. 가령 수학의 분수에는 여러 종류가 있지요? 분모가 분자보다 큰 분수를 '진분수(眞分數)', 분자가 분모보다 큰 것은 가짜 분수라는 '가분수(假分數)(머리가 큰 사람의 별명이기도 한…)', 그리고 정수와 진분수로 이루어진 '대분수(帶分數)'가 그것입니다. 여기서 대분수가 '큰 분수(大分數)'가 아닌 '정수와 분수가 띠로 묶인 분수(帶分數)'를 의미한다는 걸 혹시 알고 계셨나요? 한자를 병기하지 않아 의미를 오인한 경우로 볼 수 있겠죠.

하지만 한자로 병기해도 한자를 배우지 못한 세대도 있으니 별로 소득이 없어 보입니다. 오히려 한자어의 사용을 줄이고 다른 말로 대체하는 게 낫지 않을까요?

한자어를 쓰면 좀 더 격식 있어 보인다?

한자를 쓰던 시대에는 한자어가 고유어보다 고급스런 느낌이 든다는 생각이 지배적이었습니다. 같은 말이라도 한자어를 쓰면 좀 더 품위가 있고 존대의 의미가 더 강한 것으로 보았지요. 오늘날에도 '고맙습니다'보다는 '감사(感謝)합니다'가 더 격식이 있어 보인다고 생각하고 있지 않나요? 물론 같은 사물이라도 한자어가 실제로 높임의 뜻을 가진 것도 있습니다. '이'나 '이빨'보다는 '치아(齒牙)'가 높임의 뜻이 있지요. 어른들에게 "요즘 이는 안 아프세요?"라는 말과 "요즘 치아는 안 아프세요?"라는 말 중에 어느 것을 사용하는지 생각해보면 명확해집니다.

같은 한자어라도 약간 우회적인 표현을 사용하여 격식을 높인 경우도 있습니다. '청소부(淸掃夫)'라는 명칭의 어감이 좋지 않아 이 직업은 어느새 '환경미화원(環境美化員)'이라는 말로 불린 지 오래입니다. 요즘은 관청에 소속된 청소원뿐 아니라 사설 건물에서 청소를 하는 직업을 가진 분들도 모두 환경미화원으로 불리고 있습니다. 이런 명칭 변경이 직업적 자존감을 높이는 데도 일조를 한다고 하네요.

같은 맥락에서 구두를 닦는 사람인 '구두닦이(shoeshine boy)'도 이제는 '미화원(美靴員)'으로 부릅니다. 예전에는 구두닦이 하면 구두통을 가지고 다니는 꾀죄죄한 사람들이 연상되었지만, 지금의 미화원들은 대부분 작은 가게를 차려 일하고 있습니다. 또한 목욕탕에서 때를 밀어주는 '때밀이'도 '세신사(洗身士)'라는 이름으로 바뀌었죠.

한자어로 바꾸면서 비하적인 어조로 지칭되던 해당 직업이 격식 있게 불리게 되었습니다. 하지만 한자어로 바꿨더니 무슨 말인지 언뜻 잘 와닿지 않는 경우도 있죠. 평소에 쓰이지 않는 한자어로 표현하는 것이니 당연할지 모릅니다. 그러니 차라리 우리말로 쓰면 약간은 낮게 보인다는 인식 자체를 바꾸는 게 낫지 않을까요?

27 __

고쳐도 계속 쓰네,
일본어 잔재

제국주의 일본이 우리나라를 강제 점령한 것은 1910년부터 1945년까지 35년간이었습니다. 한 세대가 나고 자라 자손을 남기는 기간 정도에 해당되겠지요? 학교에서는 우리말을 쓰지 못하게 한 데다 새로운 문물들이 들어오면서 자연스럽게 일본어 어휘가 많이 도입되었습니다.

해방된 지 70년이 지났지만 어린 시절을 일제 치하에서 보낸 분들은 여전히 살아계시고 해방 후에도 각종 사회현장에서 일본어가 말을 통해 전해오다 보니 지금까지도 일본말의 잔재가 곳곳에 남아있습니다. 하지만 이것을 적극적으로 개선하려는 의지는 상대적으로 약했지요. 대체 불가능한 것도 아닌데 습관적으로 사용하는 일본말의 잔재를 분야별로 정리해보겠습니다(배워서 쓰지 말자는 취지입니다! 배워서 쓰라는 의미가 아니에요!).

당구용어

현대 당구의 발상지는 영국과 프랑스입니다. 당구가 우리나라에 처음 소개된 것은 구한말입니다만, 일반인들에게는 일제강점기 때 보급된 것으로 보입니다. 오늘날에는 엄연히 우리말 당구용어가 있음에도 불구하고 많은 분들이 당구를 치면서 일본어 용어를 버리지 못한 채 계속 사용하고 있는 것 같습니다. 특히 제대로 된 일본어도 아닌 정체불명의 발음으로 변형된 당구용어가 난무합니다. 저도 도대체 어원이 무엇인지 궁금해서 사전을 찾아보기도 했답니다.

- 히네리(ひねり, 捻り) : 회전. 원래 뜻은 비틀기. 당구공에 회전을 주는 행위. '시네루'는 잘못된 발음
- 갸쿠히네리(ぎゃくひねり, 逆捻り) : 역회전. 진행방향과 반대로 회전을 주는 행위
- 히키(ひき, 引き) : 당겨치기. 당구공의 아랫부분을 치면 앞의 공을 맞고 뒤로 오게 되는 기술. '시키'는 잘못된 발음
- 오시(おし, 押し) : 밀어치기. 누르다, 밀다라는 뜻의 일본어 押す에서 유래
- 나메(なめ, 舐め) : 얇게치기. 혀로 핥다라는 일본어 나메루(舐める)에서 유래
- 우라마와시(うらまわし, 裏回し) : 뒤돌리기. 안쪽, 뒤쪽을 뜻하는 우라(裏)와 돌린다라는 마와시(回し)가 결합된 단어

- 오마와시(おおまわし, 大回し) : 안쪽 돌리기, 크게 돌리기 정도의 뜻이라 보면 됨
- 하코마와시(はこまわし, 箱回し) : 옆돌리기. 당구대의 짧은 쪽으로 돌리는 행위. 상자모양으로 돌린다는 말에서 유래
- 빠킹(ばっきん, 罰金) : 벌점. 상대방 흰공을 맞췄을 때 벌점이 올라가는 것

'빠킹'에 대해선 어떤 이들은 공에 부딪히는 소리를 나타내는 말에서 유래했다고 하는데, 정상적으로 공을 맞춰도 같은 소리가 나기 마련입니다. 별도로 상대방 공을 맞췄을 때 '히로(しろ, 白)'라는 표현을 쓰기도 합니다.

- 맛세이(マッセ, massé) : 찍어치기

일본어로 '하얗다'는 뜻인데 '흰 공을 맞췄다'는 의미일 겁니다. '맛세이'는 큐대를 세워서 찍는 기술인데 자칫 당구대의 손상을 가져오기 때문에 고수들만 하는 기술이죠. 프랑스어에서 나온 말로 '해머로 맞은'이란 뜻입니다.

- 겜뻬이(げんぺい, 源平) : 복식경기. 편 가르기

일본 헤이안시대에 각 세력들이 겐(源)씨와 헤이(平)씨 둘로 나

뉘어 전쟁을 벌였다는 데서 유래합니다.

• 겐세이(けんせい, 牽制) : 견제. 상대방이 공격을 하기 어렵
  게 자신의 공을 두는 행위

'겐세이'라는 용어는 모 국회의원이 국회 발언 중에 갑자기 쓰면
서 많은 사람들이 어리둥절해했던 적이 있습니다. 원래 '견제하다'
라는 뜻인데 당구용어 외에 '뭔가 뜻하지 않게 중간에 누군가 끼어
드는 행위'를 가리키는 말로도 사용됩니다.

건설공사용어

건설현장에서 각 부분의 기술자들이 써오던 일본말들은 많기도
하지만 좀처럼 고쳐지지 않는 것 같습니다. 오죽했으면 고용노동
부가 〈건설용어자료집〉을 만들어 정리해놓았을까요. 초보자가 흔
히 사수라고 말하는 기술자 밑에서 기술을 배우고, 그 초보자는 기
술자가 되어 아랫사람 받고 또 잡일을 시키다가 기술을 가르쳐 주
고. 이런 도제식의 시스템에서는 남이 알아들을 수 없는 그들만의
언어를 사용하는 경우가 참 많지요. 저 역시 젊은 시절 공사장에서
아르바이트를 하고 군대에서 공병대 생활을 해서 그런지 이런 용어
들이 익숙합니다. 그래서 몇 가지를 소개해봅니다.

- 노가다(どかた，土方) : 공사장 막노동꾼. 원래 일본어 발음은 '도카타'이나 음운변화. 주로 토목에 관련된 일을 하는 막노동을 뜻함
- 데모도(てもと，手もと) : 조수. 미장이나 목수의 조수. 일을 배우는 사람의 경우는 시타(した，下)라는 말을 씀
- 단도리(だんどり，段取り) : 일의 절차. 주로 일을 시작할 때의 준비를 뜻함
- 공구리(コンクリ) : 콘크리트. 일본어 콘크리트(コンクリート)의 줄임말
- 데빵(てっぱん，鉄板) : 철판. 시멘트를 비빌 때 쓰는 철판
- 고데(こて，鏝) : 흙손. 벽돌을 쌓을 때 모르타르를 푸는 기구
- 노깡(どかん，土管) : 토관(콘크리트로 만든 커다란 파이프). 원래의 일본어 발음은 '도칸'
- 네지마와시(ねじまわし，螺子回し) : 나사돌리개. 또는 드라이버
- 미즈나오시(みずなおし，水直し) : 물청소

'미즈나오시'는 군대 갔다오신 분들은 알겠지만 흔히 '미싱하우스'라고 썼던 말입니다. '미즈(물) + 나오시(고치다)'이죠.

- 도끼다시(とぎだし, 研ぎ出し) : 물로 갈기. 주로 바닥에 시멘트와 종석을 바르고 나서 물을 뿌리며 기계로 반들반들하게 갈아내는 것
- 와꾸(わく, 枠) : 테두리. 거푸집이나 문틀, 창문틀을 뜻하는 말
- 아시바(あしば, 足場) : 비계. 건설현장에서 높은 곳의 작업을 위해 파이프로 설치하는 시설
- 뻬빠(ペーパー) : 사포(砂布). 'sandpaper(サンドペーパー)'의 준말
- 빠루(バール) : 쇠지레. 노루발못뽑이. 영어단어 crowbar를 bar로만 표기한 데서 유래. 못 뽑는 용도의 장도리를 빠루망치라고도 함
- 호로(ほろ, 幌) : 천막. 덮개
- 함바(はんば, 飯場) : 현장 밥집. 원래는 토목공사나 광산 등의 현장에 있는 노무자 합숙소

혼란한 국회에서 어떤 국회의원이 '빠루'를 들고 등장했다는 뉴스를 접하신 분들이 있을 겁니다. 빠루란 건설현장에서 주로 해제작업을 할 때 큰 못을 빼는 기구입니다. 누군가 문을 잠그고 농성을 하니 이런 커다란 기구를 들고 나타난 거죠. 국회에 이 같은 빠루가 등장했다는 소식보다 이로 인해 빠루라는 용어가 더 쉽게 설명되어진다는 사실에 안타까웠답니다.

생활에서 쓰는 일본어 잔재

다음은 생활 속에서 쓰는 일본어 잔재를 살펴보겠습니다. 일본어 인지 전혀 몰랐던 것도 있고, 알고도 고치기 어려운 경우도 많습니다. 특히나 조부모, 부모 등 윗세대가 써왔던 어휘들이어서 지금도 자연스럽게 쓰이는 경우가 있습니다. 한번 확인해볼까요~.

• 다마네기(たまねぎ, 玉葱) : 양파. 네기(ねぎ)는 파. 옥파

'파'를 의미하는 '네기'는 잘 안 쓰지만 유독 다마네기는 아직도 많이 쓰는 것 같습니다. 다마(玉)는 둥근 물체를 뜻합니다.

• 돈가스(とんカツ, 豚カツ) : 포크 커틀릿. 돼지고기 커틀릿

우리나라에서도 많이 먹는 돼지고기 요리인 '돈가스'는 얇게 저민 고기에 튀김옷을 입힌 요리인 커틀릿(カツレツ)에서 유래했고, 앞의 두 글자만 따서 가스(カツ)라 불렀습니다. 일본이 수백년 동안 육식을 금하다가 메이지유신 이후에 육식을 허용하니 고기가 충분하지 못해서 적은 양의 고기로 많이 먹을 수 있도록 하기 위해 보급된 게 바로 돈가스입니다. 돈가스의 모양은 서양의 다양한 커틀릿보다는 독일의 '슈니첼'에 가까워 보입니다.

• 바께스(バケツ) : 양동이. 영어 'bucket'에서 유래

물을 길러 올 때 '바께스'에 담아 온 적이 있을 겁니다. 그런데 어떤 사람들은 바구니를 뜻하는 'basket'에서 유래했다고 설명하고 있네요. 바구니에 물을 담아 올 수는 없겠죠? 그러면 죽기 전에 꼭 해볼 일이라는 '버킷리스트'는 일본어로 뭘까요? 바로 '바께스리스또(バケツリスト)'입니다.

• 무데뽀(むてっぽう, 無鉄砲) : 분별없음

여기에서 '데뽀'는 임진왜란 때 사용된 조총을 뜻합니다. 무(無)가 붙었으니 총 없이 나가는 모습이지요. 어떤 사람은 조총으로 마구 쏘아대는 모습을 뜻한다고 설명하기도 하더군요. '무덴포(むてんぽう, 無点法)'나 '무데호(むてほう, 無手法)'가 변한 발음이라는 이야기도 있고 '무코우미즈(むこうみず, 向(こ)う見ず : 앞뒤 생각 없이 무턱대고 하는 모습)'에서 유래했다는 이야기도 있습니다.

• 뗑깡(てんかん, 癲癇) : 간질. 뇌전증

아이들이 투정을 심하게 부릴 때 '뗑깡 부린다'고 말합니다. 하지만 본래 뗑깡은 정신질환의 일종인 간질병을 뜻합니다. 예전에는 '지랄병'이라고도 했지요. 지금은 의학용어인 뇌전증(雷電症)으로 바뀐 지 오래되었습니다. 실제로 일본인이 한국에 와서 뗑깡이 투정의 의미로 쓰이는 것을 확인하고 놀라는 모습을 봤습니다.

• 기스(きず, 傷·疵·創·瑕) : 상처. 흠

　매끈한 표면을 갖는 물건에 흠집이 났을 때 '기스 났다'고 하는데 대표적으로 많이 사용하는 일본어 잔재이지요. "자동차에 기스 났다"가 아니라 "자동차에 흠집 났다"고 말해야 합니다.

• 간지(かんじ, 感じ) : 느낌. 감각. 인상

　보통 '간지난다'라고 하는데 감각이 뛰어난 사람에게 많이 붙이는 말입니다. '감각이 좋다' 정도로 순화하면 좋을 듯합니다.

• 나시(なし, 無し)→(そでなし, 袖無し) : 민소매. no sleeve

　보통 '나시'라고 하면 '없음'이라는 의미인데 정확히는 소매가 없다는 '소데나시'의 준말입니다. 굳이 '민소매'라는 말을 놔두고 '나시'라는 말을 쓸 필요는 없겠죠?

• 땡땡이(てんてん, 点点) : 점박이. 물방울무늬

　점을 뜻하는 일본어 '뗀(点)'에서 유래했는데 우리나라에서는 땡땡이(무늬)로 보통 표기하지요. 점박이무늬나 물방울무늬로 표현하면 괜찮을 듯한데, 혹시 촌스럽다고 느껴지는 것은 아니죠?

• 후로꾸(フロック, fluke) : 요행수

'후로꾸'는 당구나 야구에서 요행으로 치는 경우를 뜻합니다. '소가 뒷걸음치다 쥐를 잡는 격'이죠. 하지만 이 말이 '뽀록'하고 혼동되어 사용되는 것 같습니다. '뽀록나다'라는 말은 '뭔가 숨기고 있다가 드러나다'라는 의미인데 발음이 비슷하다 보니 섞어서 쓰는 것 같습니다. 뽀록은 일본어로 '누더기', '결점'을 뜻하는 '보로(ぼろ, 襤褸)'에서 왔다고 하는데 원래는 '보로(결점)을 드러내다(ぼろをだ(出)す)'라고 합니다.

논란의 말

우리가 흔히 쓰는 말 중에서 일본어에서 왔는지 우리말에서 변형된 것인지 확실치 않은 것을 몇 개 적어보겠습니다.

• 다대기 : 다진 양념

다데기라고도 썼다가 '다대기'로 사전에 등재되었는데, 양념의 하나입니다. 끓는 간장이나 소금물에 마늘, 생강 따위를 다져 넣고 고춧가루를 뿌려 끓인 다음 기름을 쳐서 볶은 것으로 '얼큰한 맛을 내는 데 쓴다'라고 되어 있습니다. 어원으로 일본어 '다타키(たたき, 叩き)'가 지목되는데, 이는 '다진 고기나 그것을 이용한 요리'

라는 뜻이죠. 그런데 '다타키'에는 양념이라는 의미가 없어서 우리 말의 '다지다'라는 말의 방언에서 나온 게 아닐까 생각되기도 한답니다.

- 닭도리탕 : 닭볶음탕. 닭을 토막 내어 감자 등을 넣고 매콤하게 끓인 음식

닭갈비와 더불어 우리나라의 대표적인 닭요리이지요. 그런데 '닭 볶음탕'으로 순화해야 한다는 주장이 있었습니다. '도리'가 '새'라는 뜻의 일본어 '도리(とり, 鳥)'에서 왔다는 것이죠. 이 음식이 일제강점기 때 발달했고 일본인들이 '닭'을 발음하기 힘들어 '도리탕'이라 불렀다는 것입니다. 하지만 그러면 '닭새탕'이라는 이상한 구조를 갖게 됩니다. 반면 닭도리탕의 '도리'가 '조리다'의 방언 '도리다'에서 왔다는 설, 닭을 '도려내어' 요리한 것을 가리킨다는 설 등이 있습니다. 이 때문에 닭도리탕이라는 말이 일본어풍이라고 단정 짓기는 어렵습니다. 또한 국물을 적게 하여 조림에 가까운 음식에 '탕'이라는 이름이 붙은 것도 좀 이상하구요.

- 구라 : 거짓말

방송인 모씨처럼 입담이 뛰어난 사람에게 '구라꾼'이라는 별명이 붙지요. '구라'는 단순한 거짓말과는 약간의 차이를 보이는 말입니

다. '허풍'과 가까운 말 같기도 합니다. 일본어의 '구라마스(くらます, 晦ます)'에서 유래했다고도 하는데 '행방을 감추다', '남의 눈을 속이다'라는 의미를 갖습니다. 하지만 실제로 일본인들이 이 말을 쓰는 것은 보기 어렵다고 합니다.

• 찐따 : 못난이. 왕따

'찐따'의 어원이라고 생각될 단어는 '찜빠(ちんば)'인데 절름발이나 짝이 맞지 않는 물건을 뜻합니다. 즉, 다리의 길이가 같지 않아서 이동하는 데 불편함을 겪는 장애인에 대한 비하적인 의미를 가지고 있죠. 지금은 그런 뜻보다는 적응을 잘 하지 못하는 '왕따'를 가리킵니다.

• 사리 : 뭉치

평양냉면 집에 가서 양이 모자란다고 느껴 추가로 면을 주문할 때 "사리 추가요~~"라고 외칩니다. '사리'를 일본말로 알고 있는 사람들이 많습니다. 사리는 순우리말로 '국수, 새끼, 실 따위를 동그랗게 포개어 감은 뭉치 또는 그것을 세는 단위'를 가리킵니다. 음식문화가 발달하다 보니 국수 외에도 음식에 추가되는 부수재료를 가리키는 용어로도 사용됩니다. '떡사리', '치즈사리', '어물사리' 등이죠. 그런데 사리가 일본어라고 느껴지는 것은 접시라는 뜻의 '사

라(さら, 皿)' 때문입니다. 우리가 추가로 주문한 '떡사리', '치즈사리' 등이 작은 접시에 담겨져 나오기 때문에 착각한 것이 아닌가 생각됩니다.

28 ＿

오뚜기가 아니라 오뚝이가 맞습니다

우리말을 올바르게 사용하는 것은 매우 어렵습니다. 표기상의 문제로 헷갈리는 단어도 있고, 발음상의 문제로 어리둥절한 경우도 많습니다. 또한 원래의 뜻과 달리 부적절하게 쓰는 경우도 있고 잘 모르거나 잘못 이해하고 쓰는 경우도 꽤 있습니다. 간혹 자신은 정확히 알고 있으나 대다수가 몰라서 막상 올바른 표현을 쓰고도 역으로 바보 취급을 받는 일도 있습니다. 혹자는 다수의 대중이 사용하면 언젠가 표준말이 된다고 하는데, 그래도 맞는 건 맞는 거고 틀린 건 틀린 거죠. 대표적으로 어떤 것들이 있는지 알아봅니다.

한글 표기상의 헷갈림

귀에서 턱까지 이르는 곳에 수염이 난 남성이 멋쟁이냐 아니냐는 둘째 치고 구레나루, 구렛나루, 구레나룻, 구렛나룻… 어떤 게 맞는 표기일까요? 정답은 '구레나룻'입니다. 가장 오해하는 것이 '구렛나루'인데 아마도 사이시옷의 영향이 아닐까 생각해봅니다. 구레나룻의 어원은 말이나 소의 얼굴에 엮은 '굴레'와 얼굴에 난 털을 뜻하는 '나룻'의 합성어입니다. 그렇기 때문에 사이시옷과는 전혀 무관합니다.

무게중심이 아래쪽에 있기 때문에 아무리 넘어뜨려도 곧바로 일어서는 장난감은? 오뚜기, 오뚝이? 정답은 '오뚝이'입니다. 어? 이상하다구요? 우리가 먹은 라면이나 카레를 만드는 회사도 오뚜기, 그리고 전방에서 군생활을 했던 사람은 오뚜기부대로 알고 있는데??? 그리고 가수 김상범이 불렀던 가요도 〈오뚜기인생〉. 그렇지만 다 표준말이 아닙니다. '~하다'라는 말에 '이'가 붙어서 명사가 된 말은 어간의 원형을 밝혀서 적는다고 합니다. 마치 '어린이'가 '어리니'로 될 수 없는 원리와 같습니다.

적절치 못한 사용법

우리는 음식점 등에서 '오늘 아침 공수해온 싱싱한 통영 생굴'이라는 문구를 보게 됩니다. 공수(空輸)라는 말은 '항공수송'의 준말이지요. 이게 제주도가 아닌 이상 통영에서 타 지역으로 비행기나 헬리콥터로 유통되는 경우는 거의 없겠지요. 만일 서울에서 '제주에서 공수해온 옥돔'이라는 표현을 쓴다면 말 자체는 성립하겠네요. 아마도 싱싱하다는 것을 강조하고자 공수라는 말을 쓰는 듯한데 '(유통단계를 거치지 않은) 현지 직송' 정도로 바꿔 쓰는 게 어떨까요?

'건물 외부 인테리어로 인해 불편을 드려 죄송합니다'라는 문구를 종종 보게 됩니다. '인테리어(interior)'는 '실내'라는 의미이지만 보통은 실내장식을 가리키는 '인테리어 디자인(interior design)'의 준말로 사용됩니다. 그런데 외부 인테리어? 양립하기 힘든 표현이네요. 건물 외부의 간판이나 장식은 '익스테리어(exterior)'라고 합니다. 정확히는 '익스테리어 디자인(exterior design)'이겠죠?

어느 둘레길을 걷다가 본 간판입니다. '좌회하시기 바랍니다'라는 문구가 들어오네요. 보통 우회라는 말을 들어봤을 겁니다. '우회(迂廻)'는 '곧바로 가지 않고 멀리 돌아감'이라는 뜻인데 아마도 '우회전-좌회전'의 뜻으로 생각

한 모양입니다. '우회'의 '우'는 오른쪽을 뜻하는 말이 아니기 때문에 당연히 '좌회'라는 말은 없습니다. 정확하게 고치면 '왼쪽으로 우회하시기 바랍니다'가 됩니다.

외래어

한자어가 아닌데 다른 언어로부터 유입되어 우리말로 사용되는 어휘를 외래어라 한다는 것은 앞서 언급했습니다. 그런데 외래어

를 표기법에 맞지 않게 사용하는 경우가 종종 있습니다. '플래카드'는 '현수막'이라는 순화된 표현이 있지만 외래어를 쓰더라도 표기며 발음이며 제각각입니다. 가장 많이 쓰이는 게 '플랭카드'이고 그밖에도 '플랜카드', '프랑카드', 심지어 '후랑카드'까지도 있죠. 원래영어의 'placard'에서 온 것이니 철자법만 봐도 두 번째 글자에 받침이 들어갈 리가 없겠지요. 어정쩡하게 고민하지 말고 차라리 현수막으로 쓰는 게 나을 겁니다.

여러 장의 종이를 고정하는 문구류에 '스테이플러'가 있습니다. 영어의 'stapler'에서 유래한 외래어인데 한때 '호치키스'라고 불렸지요. 그 이유는 처음으로 우리나라에 수입된 제품이 'E. H. 호치키스'사의 제품이었기 때문입니다. 마치 제습제를 '물먹는 하마'로 부르는 것과 마찬가지겠죠?

그리고 '스테이플러'를 '스템플러'로 잘못 쓰는 경우도 많이 봤습니다. 스테이플러보다는 스템플러가 발음하기 편해서일까요? 국어연구원에서는 '찍개'로 사용하기를 권장하지만 이렇게 쓰는 사람은 별로 못 봤습니다. 아마도 찍개라는 말을 들을 때 이 스테이플러를 연상시키기가 어려워서일 겁니다. 그렇다고 어려운 한자어인 '지철기(紙綴器)'라는 말을 쓸 필요는 없겠죠?

발음상의 문제

등받이와 팔걸이가 있는 푹신한 긴 의자로 영어권에서는 '카우
치'라고 하는 거실 가구는 뭘까요? 바로 '소파(sofa)'입니다. 거의
모든 사람들이 '쇼파'라고 발음합니다. 가구 매장에도 '쇼파 천갈
이', '쇼파 할인판매' 등의 문구가 붙어 있는데 영어권이나 일본에
서도 전혀 '쇼파'로 읽지 않습니다. 오직 우리나라에서만 이렇게 발
음하는 이유는 불명확합니다만, 외래어라서 외국발음처럼 하려다

보니 그렇게 된 것이 아닐까 생각됩니다.

포장을 할 때 내용물을 보호하기 위해 넣는 물체를 '충진재'라 할까요, '충전재'라고 할까요? 많은 사람들이 충전이라는 말을 들으면 자동적으로 '전기 충전(充電)'을 생각하나 봅니다. 그러다 보니 물체를 채우는 일은 '충진'으로 많이 씁니다. 특히 공학 쪽에서는 이렇게 써와서 '충진'이라는 말이 용어사전에도 등재되어 있지만 사실은 틀린 말입니다. '물체를 채운다'는 말도 '충전(充塡)'입니다. 한자 전(塡)은 '전'과 '진'으로 읽히는데 '전'은 '채운다'는 뜻이고 '진'은 '누르다', '진정시키다'라는 뜻입니다. 그러므로 당연히 충전재가 맞는 말입니다.

29 __

한글의 클라쓰,
톨킨이 흉내는 냈지만…

언어를 사용하는 집단이 모두 문자를 가지고 있는 것은 아닙니다. 문자를 만들어 사용하기도 하지만 주변 문명에 있는 문자를 빌어서 자기네 언어를 표기하기도 합니다. 문자가 있어야 비로소 자신들의 문명을 기록으로 남길 수 있습니다. 이를 역사시대라 하며, 그 이전은 선사시대(先史時代)라 하여 유물로써만 그 시대를 파악할 수 있죠.

그래서 문자를 불, 바퀴와 함께 인류 3대 발명품이라고도 합니다. 세계적으로 널리 쓰이는 문자는 영어, 독일어, 스페인어 등을 표기하는 로마문자가 있고 러시아, 불가리아어 등에 쓰이는 키릴문자, 아랍제국과 페르시아에서 쓰이는 아랍문자, 인도대륙에서 쓰이는 데바나가리 문자, 중국에서 쓰이는 한자가 있습니다. 문명의 전파와 함께 문자의 전파가 이루어졌죠. 이외에 특정 나라에서만 쓰이는 한글, 조지아문자, 아르메니아문자 등도 있습니다.

한글은 어떤 문자인가?

우선 한국어와 한글을 구별할 필요가 있습니다. 한글은 잘 알고 있는 대로 조선 4대 임금 세종 28년(1446) '훈민정음'으로 반포됩니다. 전 세계에서 만든 날짜와 누가 만들었는지를 알 수 있는 유일한 문자입니다. 그리고 한글 자모의 형성원리는 상당히 과학적입니다. 자음은 발음기관의 모습을 본 떴고, 모음은 천지인(ㅣ, ㅡ, ·) 세 가지의 조합으로 모두 표기되지요. 이것은 오늘날 IT시대에 매우 큰 위력을 발휘하고 있습니다.

▲ 이집트의 상형문자

제2외국어로 도전해보심이?

한글은 표의문자(表意文字)인 한자와는 달리 소리나는 대로 적은 표음문자(表音文字)인데, 표음문자에는 영어나 그리스어 같이 하나의 글자가 각각의 음소를 나타내는 '음소문자', 아랍문자나 히브리문자처럼 언어를 표기할 때 자음만 표기하는 '아브자드문자', 일본의 가나처럼 한 문자가 하나의 음절을 나타내는 '음절문자'가 있습니다.

한글은 음소보다 더 작은 단위인 자질(feature)이 결합하여 만들어지는 '자질문자'에 속합니다(사실상 사용되고 있는 유일한 자질

문자이기도 합니다). 발음의 유사성과 대립성이 문자들의 형태에 나타나 있는 문자체계를 말합니다. 예를 들면 기본글자인 'ㅁ'에서 획이 추가 또는 중복되어 같은 양순음인 'ㅂ', 'ㅍ', 'ㅃ' 등으로 변환 되는 형태입니다.

한글의 기원에 대해서는 세종 때 집현전 학자들이 발명을 했다고 알려져 있습니다. 하지만 '완전한 창작물'이냐에 대한 의문은 남아 있습니다. 고조선시대에 사용되었던 가림토문자에서 비롯되었다는 설과 인도 구자라트 지방의 문자에서 왔다는 설, 원나라의 파스파 문자 설, 일본의 신대문자 설, 히브리문자 설 등 다양하게 거론되 고 있으나 어느 것 하나도 정확히 밝혀지지 않고, 그야말로 썰(?) 들만 난무한 상황입니다. 비교언어학적으로 문자의 유사성을 따지 려면 풍부한 자료가 있어야 하는데 그렇지 못하기 때문이죠. 고대 인도의 언어인 산스크리트어가 유럽의 언어와 유사성을 갖는다는 연구결과도 풍부한 산스크리트어 기록이 있었기에 가능한 일이었 습니다.

문자 차용의 역사

어떤 문명이 발달하게 되면 그 문명의 율령, 종교, 역사 기록 등 이 생기게 되겠죠? 이는 문자가 있어야 가능한 것들입니다. 우리는 주변에 한자 문명국인 중국이 있어 자연스레 한자가 삼국시대에 유 입되어 기록을 남기게 됩니다.

그런데 중국어와 한국어의 차이 때문에 뭔가 불편함이 생겼죠. 그래서 우리식 어순으로 한자를 표기한 뒤 읽거나, 한자의 발음만 빌려와 표기하는 신라의 '이두', '향찰', '구결'문자가 생기게 되었습니다.

'이두'는 명사, 동사 등에는 한자를 의미에 따라 사용하되, 몇몇 한자는 발음에 따라 우리말의 조사로 차용하여 우리말 어순에 맞춰 표기하는 방식입니다. '을(乙)'자를 우리말 목적격 어미 '-을'처럼 사용하는 거죠.

'향찰'은 이두의 방식과 비슷하나 한자의 뜻만 빌려와 원래 한자음과 다르게 읽는 '훈독'체계가 두드러집니다. 향찰로 표기된 신라 시조 〈서동요〉 첫 구절 '선화공주주은(善化公主主隱)'을 보면 향찰의 용례를 살펴볼 수 있습니다. 여기서 두 번째 '주(主 : 주인)'자는 훈독자로 '주'가 아닌 '님'으로 읽습니다. 한자의 의미만 빌려와 읽을 때에는 원래 한자음과 관련 없는 음으로 읽는 것이죠. 마지막 글자 '은(隱)'은 이두의 방식대로 한자의 음만 빌려와 표기한 사례입니다. 우리말 주격 어미 '-은'을 나타내죠. 따라서 향찰의 방식대로 '善化公主主隱'을 읽으면 '선화공주님은'이 됩니다.

'구결'은 본래 한자 사용법과 어순을 지키되, 문장을 해석하는 방법이나 한국어 조사를 나타내는 한자를 정하여 한문 문장에 덧대는 식으로 사용한 것입니다. 중국식 한문 사용법을 정확히 지키면서 한국어 토씨를 나타내기 위해 사용되었죠. 이러다 보니 조선에서는 한글이 발명된 뒤에도 450년간 푸대접을 하며 한자만 사용했고, 갑오개혁 이후에나 공식문서에 사용됩니다.

외국의 사례

다른 문명권은 어떨까요? 지금은 거의 사라진 만주어는 몽골문자를 차용해서 썼습니다. 그 흔적으로 만주족 청나라의 정궁인 베이징 자금성 현판이 한자와 몽골어를 차용한 만주어로 쓰인 것을 볼 수 있습니다.

▲ 자금성 현판

이란은 인도-유럽어족의 페르시아어를 사용하지만 7세기 아랍에 정복된 이후 아랍문자를 차용했고, 이를 자신들의 언어에 맞게 변형시킨 페르시아문자를 만들어 사용해오고 있습니다.

말레이어는 현재는 로마자를 쓰고 있으나, 7세기경부터는 남인도의 파라파문자를 사용했고 이슬람의 침공이 있었던 12세기부터는 이슬람의 지배를 받아 아랍문자를 사용했습니다. 이후 19세기 영국의 점령으로 현재까지는 로마자로 표기하고 있죠.

베트남의 경우는 한자와 한자의 변형인 쯔놈문자를 사용했으나 대다수 국민들은 읽지 못하는 상황에서 선교사들이 로마자를 이용하여 누구든지 쉽게 읽을 수 있는 베트남어 표기법을 만들어 오늘에 이르고 있습니다.

몽골은 소련의 영향을 받아 20세기 초부터 키릴문자로 몽골어를 표기했습니다. 기존의 몽골문자가 세로쓰기인 데다 전산화도 어려워서 키릴문자를 고수하고 있다고 하죠.

터키어는 오스만투르크 시절에는 아랍어로 표기했으나, 근대 터키의 건국자 카말 파샤가 문자를 로마자로 바꾸는 문자혁명을 시도한 이래 현재까지 로마자로 표시하고 있습니다.

아직도 많은 언어가 문자가 없으면서도 타 문명권의 문자도 채택하지 못한 상태로 있습니다. 기독교 교단에서는 선교를 위해 라틴문자(로마자) 등으로 그 언어의 표기법을 마련하여 성경을 번역하기도 하죠. 이렇게 마련된 표기법이 해당 언어권의 문자로 받아들여지는 경우도 있지만 그렇지 않은 경우도 있다고 합니다.

한글을 사용하는 찌아찌아족

반대로 해외에서 우리 문자를 사용하는 사례도 있습니다. 인도네시아 중부 부톤섬에 사는 '찌아찌아족'은 약 6만명 규모의 소수민족으로 '오스트로네시아어족'에 속하는 독자적인 언어를 사용하고 있습니다. 인도네시아의 특성상 섬마다 별도의 언어를 사용하고 같은 섬 안에서도 부족별로 다른 언어를 사용하고 있거든요. 그런데 2009년 우리나라의 '훈민정음학회'에서 고유 문자가 없는 찌아찌아족에 한글 교사를 파견하여 한글로 찌아찌아어를 표기하는 체계를 만들고 이를 보급했죠.

하지만 찌아찌아족은 문자가 없는 민족이 아니라 이미 아랍문자 또는 라틴문자로 자신들의 언어를 표기하고 있었다고 합니다…. 그래도 현재 한글은 찌아찌아족의 비공식 문자로 사용되고 있고, 간판 등에서 보조적인 역할을 하고 있다고 합니다. 이게 사실이라면 실로 감격스러운 것이 아닐 수 없습니다. 해외에 세종대왕이 창제한 한글을 쓰는 민족이 생겼다니….

비록 비공식적이기는 하지만 엄연히 현재 찌아찌아족의 마을에서는 한글 간판이나 이정표를 볼 수 있습니다. 지금까지도 현지에서 한글을 가르치고 있는 교사 정덕영 씨의 노력이 있었기에 가능하지 않았나 생각해봅니다. 현지의 언어를 한글로 표기하는 것과 한국어를 가르치는 것은 엄연히 다른 접근법이기는 하지만 요 근래에 한국의 문화가 세계적으로 각광을 받으면서 한글뿐만 아니라 한국어를 배우고자하는 욕구도 꽤 높아졌다고 합니다.

앞에서 언급한 바 있지만 새로 문자가 보급되려면 세계적인 보편성이 있어야 하는데 그런 측면에서 한글은 매우 불리하다 할 수 있습니다. 어떤 모르는 언어가 영어와 비슷한 라틴문자로 써 있다면 대략 읽을 수는 있지만 한글로 써 있다면 한민족 말고는 읽기가 어렵기 때문입니다.

▲ 한글로 찌아찌아어를 배우는 학생들

그럼에도 근래에 한국의 국제적 위상이 높아지고 있고 한국어나 한글을 배우려는 사람이 늘어나고 있다는 점은 참으로 고무적입니다. 세계의 유명 도시에서 많은 한글 간판을 보게 될 날을 꿈꿔봅니다.

- 나는 여태 이것도 모르고 한국인인 척했다 -

4부

먹거리

- 글 드미트리 -

30 _
제육은 '빨간 고기'가 아니다!
수육, 편육, 제육의 진짜 의미

　음식점에서 먹게 되는 고기요리 중 '삶아서 만든 것'으로는 수육, 편육, 제육 등이 있습니다. 그런데 각 요리의 정의가 무엇인지, 어떻게 다른지 정확하게 아는 사람은 드문 것 같습니다. 그게 그거 같지만 사용하는 사람들마다 조금씩 다른 개념을 가지고 있는 게 사실이죠.

▲ 소고기 수육

　철판이나 불에 굽는 것에 비해 상대적으로 기름기가 빠져 있어서 담백하게 먹을 수 있고 특히 술안주로 김치와 더불어 먹으면 더욱 맛있는 수육, 편육, 제육! 세 요리를 구분해보기로 합시다.

사전적 정의

사람들에게 셋을 구분지어 보라고 하면 '수육 : 삶은 소고기, 편육 : 돼지 머릿고기, 제육 : 양념 돼지고기'라는 응답이 일반적으로 나옵니다. 하지만 이는 일종의 편견에 가깝습니다. 그러면 사전적 정의를 보겠습니다.

수육(-肉) : 삶아내어 물기를 뺀 고기, 어원은 숙육(熟肉)

물에 삶은 고기라는 의미에서 '수육(水肉)'이라고 하는 것이 아니라 '익힌(熟) 고기'인 '숙육(熟肉)'이 변형되어 '수육'이라고 하는 것입니다. 소고기뿐만 아니라 당연히 돼지고기도 이렇게 조리했을 경우 '수육'으로 부릅니다.

그러면 편육에 대해 알아볼까요?

편육(片肉) : 얇게 저민 수육

즉, 어떤 고기를 수육으로 만들고 이것을 얇게 썬 것이라는 뜻입니다. 이 또한 어떤 고기로 만들었는지에 따라 여러 가지 종류가 있겠죠.

그렇다면 제육은 뭘까요?

제육(-肉) : 돼지고기, 어원은 저육(豬肉)

돼지고기 전체를 이르는 말입니다. 종합해보면 수육은 조리방법, 편육은 모양, 제육은 재료를 뜻하는 말이 됩니다.

이름에 대한 오해와 선입견

냉면에 고명으로 올리는 고기는? 돼지고기든 소고기든 얇게 저몄으니 편육이라 할 수 있겠지요(덩어리 고기를 냉면에 내는 곳도 있지만). 돼지고기를 삶아 얇게 저며서 올렸다면? 그 고기는 제육이자 수육이자 편육인 고기가 되겠네요. 하지만 완성된 냉면에는 어떤 고기든 그게 얇게 썰어져 있는 게 보이니 보통은 고명으로 쓰는 고기를 편육이라 부릅니다.

어떤 요리사들은 수육은 소고기만을 뜻하는 것이고 돼지고기를 삶은 것은 제육이라고 말하기도 합니다. 이는 각 음식점 메뉴를 보면 알 수 있습니다. 어떤 음식점은 삶은 고기 중에 소고기를 수육, 돼지고기를 편육이라 하는 집도 있고 소고기를 편육, 돼지고기를 제육이라고 하는 집도 있습니다.

일반적으로 수육이라 하면 삶은 고기를 얇게 썰어 접시에 담아

놓은 이미지를 생각하실 겁니다. 소고기의 여러 부위가 수육으로 만들어지지만 주로 양지, 사태 등이 쓰이고 경우에 따라 도가니부위가 올려지기도 하죠. 돼지고기는 삼겹살이나 목살 외에도 기름기가 적은 살코기 부위로 만들기도 합니다.

▲ 족편(편육)

▲ 제육으로 만든 편육

위에서도 언급했지만 편육은 고기의 형태를 뜻하는 말이나, 보통 편육하면 돼지머리에 뼈를 빼고 눌러서 만든 음식을 떠올립니다. 돼지다리로도 만드는 '족편'도 있는데 만드는 과정은 유사합니다. 뼈를 제거하고 오랫동안 삶으면 껍질과 힘줄에 있는 젤라틴이 우러나와서 젤리 형태가 되는 거죠.

▼ 제육볶음

거의 모든 사람들이 제육으로 떠올리는 음식은 '제육볶음'일 겁니다. 그러다 보니 '제육=제육볶음'이라는 엉뚱한 등식이 성립되고 말았습니다.

제육이라는 말이 돼지고기이고 돼지고기로 만든 음식이 한두 가지가 아닌데도 '제육'이라는 단어는 냉면집의 제육(수육)과 제육볶음 말고는 잘 안 쓰이는 것 같네요.

▲ 육수로 데우는 소고기 수육

▲ 돼지고기 수육

수육은 육수와 함께 따뜻하게 먹기도 합니다. 물에서 건져낸 후 식으면 기름이 엉겨붙어 맛이 떨어지므로 육수로 미지근하게 데워서 먹는데 이것도 너무 많이 끓이면 뻣뻣해진다고 합니다. 그리고 소고기 수육류는 보통 초간장에 찍어 먹죠.

▲ 보쌈

돼지고기 수육과 맛있는 김치가 만나면 이것이 바로 유명한 보쌈입니다. 보쌈용 김치는 일반 김치보다 좀 더 달짝지근한 게 특징인데, 별도로 달게 만들지 않더라도 김장 때 김장김치에 삶은 돼지고기는 정말 궁합이 잘 맞는 음식이죠.

앞에서도 설명했던 흔히 말하는 편육은 주로 뼈를 제거한 돼지머리를 푹 삶아서 네모난 틀에 넣어 굳혀 만듭니다. 젤리화가 되어 쫀득한 질감을 느끼게 하는데, 주로 새우젓을 곁들여 먹죠. 새우젓에는 돼지고기의 소화를 돕는 성분이 들어 있기 때문입니다. 경우에 따라서는 김치 또는 겉절이와 함께 먹거나 된장을 찍어 먹어도 좋습니다.

식당마다 수육, 편육, 제육이 조금씩 다르니 그 집에서 어떤 형태로 나오는지 확인하고 주문해야겠습니다.

자매품 숙회

비슷한 의미로 숙회(熟鱠)라는 음식도 있는데 '육류 내장이나 생선, 야채 따위를 살짝 익혀서 먹는 음식을 통틀어 이르는 말'입니다. 문어숙회, 오징어숙회, 브로콜리 숙회 등이 해당되죠. 원래 회(膾)

▲ 문어숙회

는 고기, 생선, 채소 등을 날 것으로 먹거나 살짝 익혀서 먹는 음식인데 날로 먹는 것을 생회, 익혀 먹는 것을 숙회라고 합니다.

31 _
곰탕과 설렁탕의 차이는?

    현진건의 소설 〈운수 좋은 날〉에서 인력거꾼 김 첨지의 병든 아내가 먹고 싶어한 음식은 바로 '설렁탕'이었습니다. 맛있는 소고기를 푹 고아낸 국물요리로 많은 사람들에게 사랑받고 있죠. 그런데 소고기를 오랫동안 끓여낸 음식으로는 '곰탕'도 있습니다. 설렁탕과 곰탕의 차이점과 유사점을 알아보고 또 다른 고깃국에는 어떤 것들이 있는지도 알아보겠습니다.

설렁탕

    설렁탕은 소의 뼈와 양지, 도가니 등을 넣고 국물이 뽀얗게 될 때까지 끓여낸 것으로 전통적으로 서울 지역 사람들이 먹던 음식이었습니다. 설렁탕이라는 명칭의 유래는 몇 가지가 있습니다. 첫 번째는 '선농단(先農壇)' 기원설입니다. 선농단은 지금의 서울시 동대문구 제기동에 위치해 있는 제단 터입니다.

조선시대에는 왕이 선농단에서 인간에게 농사를 가르쳐준 신농씨(神農氏)에게 한 해의 풍년을 기원하는 제사를 지내는 행사가 있었습니다. 그런데 제사 이후 소를 잡아서 끓이고 밥을 말아서 낸 것이 선농탕이고, 여기서 설렁탕이 유래했다는 것입니다.

두 번째는 몽골 기원설입니다. 몽골에서는 고기국물을 '슈르'라고 하는데, 고려시대에 몽골의 문화가 유입되면서 '슈르'도 함께 들어와 '설렁탕'이 되었다는 설입니다. 이는 민족문화 연구가인 육당 최남선이 주장한 학설이죠.

세 번째는 설렁설렁 끓인다고 해서 붙인 설농탕(雪濃湯)설입니다. 눈처럼 희고 진한 국물이라는 뜻이죠. 학계에서는 세 번째 설이 가장 유력하다고 합니다.

설렁탕은 사골과 양지 또는 도가니를 넣어 끓인 육수에 양지부위 고기를 넣어서 나옵니다. 여기에 손님의 취향에 맞게 각자 소금과 후추를 뿌리고 파를 넣어 먹

▲ 설렁탕

죠. 어떤 설렁탕 집에서는 소면을 설렁탕과 같이 먹기도 합니다.

그리고 많은 집들이 밥을 별도의 공깃밥으로 제공하지만, 밥을 탕에 넣어서 내는 집도 더러 있습니다. 비록 소고기가 들어가지만 서민적인 음식이라서 투박한 뚝배기에 담아서 먹는 게 제격입니다.

설렁탕은 뽀얀 국물이 특징이고 오랜 조리시간이 필요한 음식이기 때문에 이 색깔을 내기 위한 편법이 동원되는 것으로도 알려져 있습니다. 커피크림이나 분유를 넣어 색깔을 낸다는 것은 공공연한 비밀입니다. 또한 인스턴트 분말로 맛을 내기도 합니다.

설렁탕 집에서 파는 메뉴들을 보면 설렁탕 외에 도가니탕, 꼬리곰탕, 우족탕 등도 같이 취급하고 있는 것을 확인할 수 있습니다. 모두 뼈국물 요리이기 때문에 같은 국물을 쓸 것처럼 느껴지지만 뼈의 부위가 다 다릅니다. 도가니탕은 소의 무릎도가니를 사용하고, 꼬리곰탕은 소꼬리를 푹 끓여내고, 우족탕은 소의 족발을 끓여낸 겁니다.

뼈 국물의 근간이라고 할 수 있는 '사골(四骨)'은 소의 다리뼈인데, 소 한 마리에서 8개가 나옵니다. 이 사골로 뽀얀 육수를 내어 설렁탕뿐만 아니라 다양한 요리에서 재료로 사용할 수 있죠. 사골떡국, 사골우거지국 등등. 그래서 사골육수나 분말 형태로 팔리기도 한답니다.

곰탕

 외국의 어떤 한식당에서 음식 메뉴판을 번역기를 돌려 만들었는지 '곰탕'이 'Bear Soup'로, '육회'가 'Six Times'로 되어 있었다는 웃지 못할 에피소드가 있습니다. 곰탕은 절대 '곰(bear)고기'로 만드는 음식이 아닙니다~^^;. 곰탕의 어원은 푹 끓인다는 '고다'에서 유래했다는 설과 몽골의 고깃국을 한자로 '공탕(空湯)'으로 썼다는 데에서 유래했다는 설이 있습니다. 어쨌건 간에 이 음식도 고기를 오랫동안 끓여서 만드는 것이죠. 설렁탕에 비해 고급 음식이었기에 원래는 사기그릇에 담아내었다고 합니다.

▲ 곰탕

 곰탕에는 설렁탕과 달리 뼈가 거의 들어가지 않으며 대신 사태나 차돌박이 혹은 곱창이나 양, 천엽, 허파 등이 들어갑니다. 또 국물이 설렁탕에 비해 맑은 것이 특징입니다. 특히 향토음식으로 이름을 날리고 있는 나주곰탕은 시장에서 서민형 음식으로 만든 것이 시초가 되었다고 하는데 고기 삶은 육수에 사태와 양지머리를 결대로 찢어서 국밥 형태로 내는 것이 특징입니다.

서울식 설렁탕에 익숙한 사람들은 나주곰탕을 처음 접할 때 '맹탕에 밥 말아 먹는다'는 느낌을 받는다고 하네요. 곰탕은 설렁탕과 마찬가지로 소금, 후추로 간을 하지만 깍두기 국물을 넣어 먹는 사람도 많다고 합니다.

그런데 요즘에는 설렁탕과 곰탕의 조리법이 많이 변해서 서로 구별이 안 될 정도인 집도 있다고 합니다. 설렁탕에 내장 부위를 많이 넣어서 내는 집고 있고, 메뉴는 곰탕이지만 설렁탕처럼 뽀얀 고깃국을 내는 집도 있죠. 사실 국물요리의 개념에서 보자면 곰탕이라는 음식이 좀 더 넓은 스펙트럼을 갖는 게 맞습니다. 꼬리곰탕이나 사골곰탕을 보면 이 국물은 설렁탕에 가깝다고 느끼게 된답니다.

가만…, 사골곰탕이 설렁탕 아닌가? 건더기가 아무것도 안 들어가 있으면 사골국, 양지 같은 고기가 들어가면 설렁탕, 그 외의 여러 부위가 들어가면 곰탕으로 불릴까요? 뚜렷이 구분되지 않은 채 쓰이고 있지만 구별하는 개념만은 알아두면 좋겠습니다.

갈비탕

　설렁탕, 곰탕과 공통점은 적지만 이에 못지않게 많은 사람들의 사랑을 받는 고기 국물요리가 바로 갈비탕입니다. 오늘날에는 결혼식 접대음식으로도 널리 사용되고 있는데, 국물에 든 묵직한 갈비 덩어리를 뜯어먹는 느낌이 뭔가 든든하고 고급지게 먹었다는 인상을 주는 모양입니다. 또한 설렁탕, 곰탕은 커다란 솥에서 오랜 시간 많은 양을 끓여내지만 갈비탕은 먹을 양만큼만 만들 수 있으므로 상대적으로 조리가 간편하다고 할 수 있겠습니다.

　갈비탕은 소갈비를 무, 대추와 함께 끓인 다음 간장과 마늘, 파 등으로 맛을 냅니다. 먹기 편하도록 갈빗살에 칼집을 내기도 하죠. 먹는 사람이 갈비를 건져내어 가위로 먹

▲ 갈비탕

기 좋게 자르기도 하지만 아예 손으로 들고 뜯어먹는 경우도 있습니다.

　갈비탕에는 당면을 넣기도 합니다. 이외에 추가재료를 가미해 만든 이색 갈비탕도 있습니다. 한약재를 넣은 영양갈비탕, 우거지를

넣은 우거지갈비탕, 전복을 넣은 전복갈비탕 등이 있습니다. 낙지를 넣은 갈비탕은 '갈낙탕'이라는 이름으로 팔리고 있습니다. 보통은 맑은 국물이지만 얼큰하게 만들 수도 있습니다(얼큰 갈비탕?).

갈비탕만 파는 갈비탕 집도 있지만 보통 갈비 집에서 갈비탕을 많이 팝니다. 갈비 집에서는 재료인 소갈비를 들여와 구이용 갈비를 팔고 나머지 부위로 갈비탕을 끓인다고 합니다. 소갈비에서 등심과 양지를 떼어낸 부위가 마구리인데 이 부위도 갈비탕에 많이 사용된다고 합니다.

순댓국

▲ 순댓국

소의 뼈와 고기로 만드는 설렁탕, 곰탕, 갈비탕과 달리 '순댓국'은 돼지뼈 국물로 만든 음식입니다. 여기에 염통, 허파, 머릿고기 같은 돼지부속을 넣어서 끓인 뒤 '순대'가 마지막 단계에서 투척되죠. 특유의 냄새가 있기 때문에 여기에 들깨나 다른 양념이 들어가기도 하는데 주로 깍두기나 부추무침 등과 같이 먹습니다.

쫄깃한 식감으로 많은 사람들이 선호하는 돼지 위장 '오소리감투'를 순댓국에 넣기도 합니다. 하지만 이게 들어가면 가격을 좀 더 비싸게 받는 경우도 있습니다. 또 순댓국 국물을 좋아하지만 내장 같은 부속 부위를 좋아하지 않는 사람은 순대만 넣어달라고 하는 경우도 있고, 반대로 순대는 조미된 요리이기에 국물 맛에 안 좋은 영향을 미친다며 순대를 빼달라고 하는 사람도 있습니다. 뭐, 취향이야 자기 마음대로죠.

이런 음식을 소고기로 만들었다면… 곰탕이 되겠지요? 비슷한 음식으로는 부산 지역에서 널리 먹고 있는 돼지국밥이 있습니다. 순댓국과 다른 점이라면 돼지국밥에는 살코기가 많이 들어간다는 것이겠죠.

32 __

술 한잔하고
해장국 한술 뜨고

술 마신 다음 날 아침… 속이 쓰리고 허전할 때 먹는 음식이 바로 해장국입니다. 해장국은 술 마신 후 속을 달래주는 기능을 담당하기도 하지만 국밥 형태의 한 끼 식사로도 손색이 없는 음식이죠. 해장국은 지역마다 여러 종류가 존재합니다. 또한 딱히 해장국이라 불리지 않더라도 해장국의 기능을 하는 음식도 많습니다. 해장국에 대해 한번 살펴보겠습니다.

해장과 해장음식

술을 많이 마신 후 몸에서 술이 분해되면서 나오는 성분 때문에 생기는 두통, 갈증, 속쓰림 등을 숙취라고 하며 이를 풀어주는 행위를 해장이라고 합니다. 흔히 해장을 '해장(解腸)'이라고 하여 '장을 풀어준다'는 의미로 알고 있지만, 사실은 '해정(解酲)'이라는 말이 해장으로 변형된 겁니다. 해정은 숙취를 풀어준다는 뜻이지요.

해장국의 역사는 얼마나 될까요? 우리나라에서 해장국이 문헌에 처음 언급된 것은 고려시대 '외국어 학습서'인 〈노걸대(老乞大)〉입니다. 그런데 이상하게도 조선시대 조리서에는 해장국에 대한 언급이 없다고 합니다. 하지만 우리 민족이 그간 술을 안 마신 것도 아닐 테고 다양한 음식으로 해장을 해왔음을 추정할 수 있겠습니다.

숙취 해소를 위해서는 숙취의 원인 물질인 '아세트알데히드'를 분해시켜 주기 위해 간에 탈수소효소의 생성을 도와주는 '아스파라긴산'이 들어 있는 음식물이나 간의 피로를 덜어주는 '메티오닌' 성분이 들어 있는 음식물을 섭취하면 좋다고 합니다. 그래서 거론되는 음식이 콩나물국, 북엇국 등이죠. 재료들을 같이 넣고 끓이면 효과가 더 좋다고 합니다.

육개장, 순댓국 등도 해장음식으로 애용되고 있습니다. 의외로 차가운 평양냉면의 육수도 선주후면(先酒後麵)이라고 하여 많은 사람들이 해장용으로 먹었습니다. 세계 각국에서 해장음식이 넘어오기도 하는데 근래에는 베트남쌀국수가 해장음식으로 각광받고 있습니다.

우리나라에서는 주로 '따끈한 국물'이 있는 음식이 해장용으로 인기가 높습니다. 특히 얼큰한 음식을 해장국으로 많이 먹는데 이것은 위 점막에 자극을 주기 때문에 그다지 좋은 방법은 아닙니다.

위에 자극을 주고 나면 시원한 느낌을 받기 때문이지만 나중에 더한 속쓰림에 시달릴 수 있습니다.

그리고 가장 안 좋은 것은 '해장술'입니다. 사실 해장국 자체가 좋은 안주거리가 되죠…. 술 생각이 난다고, 이열치열이듯 '술은 술로 푼다'며 또 한잔 마시곤 하는데 이는 숙취만 더 쌓을 뿐입니다. 위장과 간을 보호하기 위해서는 좋은 해장 습관이 중요합니다. 설마 해장음식을 먹기 위해 일부러 술을 마시지는 않겠죠?

효종갱

효종갱(曉鐘羹)이라는 한자의 뜻을 풀어보면 '새벽종이 울릴 때 먹는 국'이 됩니다. 효종갱은 배추, 콩나물, 쇠갈비, 해삼, 전복을 토장국(된장국)에 푹 끓여낸 해장음식입니다. 딱 봐도 고급재료를 사용한 것임을 알 수 있죠? 가격이 비싼 탓에 옛날엔 주로 사대부 집에서만 먹었다고 합니다.

효종갱은 남한산성이 있는 경기도 광주 부근에서 생겨난 음식입니다. 이에 대한 기록은 1925년 최영년이 쓴 〈해동죽지(海東竹枝)〉라는 책에 각 지방의 특별 음식과 함께 찾아볼 수 있습니다. 기록 자체는 20세기 초의 것이지만, 그 이전부터 먹어왔던 음식으로 보고 있죠. 효종갱을 처음 먹기 시작한 것은 조선 중기 이후나 조선 말기로 보고 있습니다.

효종갱의 특징 중 하나는 우리나라 최초의 배달음식이라는 점입니다. 배달되는 동안 식지 않게 하기 위해 솜으로 그릇을 감쌌다고 하네요. 우리나라의 음식 배달문화를 논할 때 흔히 1930년대에 설렁탕과 냉면을 배달시켜 먹는 것이 유행하면서 배달음식이 발달했다고들 말합니다만, 효종갱이야말로 최초의 배달음식이라고 할 수 있습니다.

해장국

대표적인 해장국으로는 일명 '청진동식 해장국'이라고 해서 소뼈를 우려낸 국물에 우거지와 소의 선지를 넣은 후 된장을 풀어 토장국으로 끓여낸 것이 있습니다. 아무 설명 없이 '해장국'이라고 하면 이 청진동식 해장국을 말합니다. 보통은 밥과 함께 먹기도 하는데, 별도의 양념을 넣어 밥 없이 강한 양념 맛으로 먹기도 합니다.

동물을 도살할 때 나오는 피를 굳힌 것이 선지입니다. 소의 선지는 보통 해장국에 들어가고, 돼지의 선지는 순대를 만들 때 사용됩니다. 선지는 철분이 풍부하기 때문에 영양보충에도 도움이 됩니다.

우거지와 함께 돼지등뼈를 넣고 끓인 전골음식을 '감자탕'이라고 합니다. 이것도 인기 있는 해장음식이죠. 기본적으로 감자탕은 전골 형식의 음식이며, 이것을 1인분씩 뚝배기에 넣으면 '뼈해장국'이라고 합니다. 감자탕이지만 감자가 들어가는 것도 있고 감자가 안

들어가는 것도 있죠. 감자탕 '감자'의 어원이 무엇인지에 대해선 의견이 분분한데 돼지등뼈에 있는 '감자뼈'를 지칭한다는 설도 있고, '감자국'에 돼지등뼈를 넣고 끓인 게 기원이라는 말도 있습니다. 아무튼 그냥 해장국이면 소뼈, 뼈해장국이면 돼지등뼈를 넣어 만든 것이라고 봐도 무방하겠네요.

▲ 콩나물해장국

또 대표적인 해장국이 '콩나물국'입니다. 시원한 콩나물국을 마시면서 땀을 흘리면 술이 금방 깰 것 같죠. 여기에 만족하지 못하는 사람들은 고춧가루를 풀어 얼큰하게 만들어 먹기도 합니다. 콩나물국은 비교적 조리하기가 쉽기 때문에 집에서도 많이 만들어 먹습니다. 계란을 넣는 전주식 콩나물해장국도 전국적으로 보급되었죠.

▲ 북엇국

'북엇국' 역시 집에서 만들어 먹는 해장국입니다. 북어 또는 황태를 결대로 찢어서 참기름으로 볶다가 물을 넣고 끓이면 뽀얀 국물이 나오는데 여기에 계란이나 두부를 넣어서 먹습니다. 최근 북엇국은 해장음식이 아니더라도 아침식사 대용으로 파는 식당들이 늘어나고 있습니다(전날 음주한 사람들이 자연적으로 해장!).

지역별 해장음식

지역별로도 다양한 해장음식이 있습니다. 충청도 지역의 '올갱이
국'은 다슬기(충청도 사투리로 올갱이라 함)를 소금, 부추와 함께
넣어서 맑게 끓인 국입니다. 다슬기는 철분 함량이 높아 해장 역할
을 충실히 할 수 있습니다. 또 제주도에 가면 돼지고기와 모자반이
들어간 '몸국'을 먹을 수 있습니다. 몸국도 해장음식으로 널리 애용
되고 있죠.

해장음식으로 국이 아니지만 소개
할 만한 것이 전주지방의 '모주'입니
다. 모주(母酒)는 제주도로 귀양 간
인목대비의 어머니가 생계를 유지하
기 위해 만들어 팔던 대비모주(大妃母
酒)에서 명칭이 유래했다는 설이 있습
니다. 막걸리에 계피, 감초, 대추 등

▲ 모주

을 넣고 약간 걸쭉하게 끓여 만듭니다. 이 과정에서 막걸리의 알코
올 성분이 거의 날아가 술이 아닌 음료가 됩니다. 유럽에서 포도주
를 과일과 함께 끓여서 만드는 '뱅쇼(vin chaud)'나 '글뤼바인
(Glühwein)'과 비슷합니다. 모주는 보통 전주 콩나물해장국과 함
께 마시곤 합니다.

33 —
부대찌개,
의정부파와 송탄파

　모든 음식에는 여러 가지 발생 원인이 있는데 지리적 요인, 기후적 요인, 재료의 조달, 종교적 이유 등 다양합니다. 그중에서도 역사적인 사건, 특히 전쟁으로 인해 음식이 발생된 경우도 세계적으로 많습니다. 전쟁이 나면 침략군들과 접촉하게 되어 그들이 가지고 온 식문화가 퍼지는 경우도 있고 식량이 부족하게 되어 평소에 먹지 않던 식재료를 사용한 음식이 발달하기도 하거든요. 지금은 대중화되었지만 부대찌개 또한 대표적인 전쟁이 남기고 간 음식이죠. 우선 부대찌개의 탄생비화를 살펴볼까요?

부대찌개의 기원

　'부대찌개'에서 부대란 바로 군부대(軍部隊)를 뜻하죠. 이미 다 아시겠지만 군인들이 먹던 음식이 아니라 미군부대 부근의 사람들이 먹던 음식입니다. 한국전쟁 때 먹을 것이 매우 부족했기에 미국의 원조물자에 많이 의지를 했는데 그중에서 미군부대를 통해 흘러 나온 햄, 소시지, 콩 통조림을 우리의 매콤한 찌개에 넣어서 먹게 된 것이 시초라고 할 수 있습니다.

부대찌개가 만들어지기 전 (미군)부대에서 흘러나 온 육가공품들을 사람들은 '부대고기'라고 불렀습니 다. 이 부대고기를 철판에 볶은 것을 철판스테이크라 고 합니다. 이것이 부대찌 개보다 오래되었죠. 볶아 먹는 형태의 음식이 먼저

▲ 부대찌개

나오고 이후에 김치찌개와 결합하여 부대찌개가 탄생한 것으로 봅 니다. 지금도 서울 용산이나 경기도 의정부, 송탄에 가면 부대고기 집들이 있습니다. 이런 집에서는 철판스테이크와 소시지볶음, 그 리고 부대찌개를 팝니다.

부대찌개와 전쟁 통에 먹던 '꿀꿀이죽'을 혼동하는 분들이 많습니 다. 꿀꿀이죽은 미군부대에서 미군이 먹다 버린 음식들을 모아서 끓여낸 것으로 돼지나 먹을 만한 음식이라는 뜻에서 붙여진 자조적 인 명칭입니다. 지금도 이것저것 섞어서 걸쭉하게 끓여낸 것에 꿀

꿀꿀이죽이라는 말을 붙이죠. 아무튼 그때 당시 이 꿀꿀이죽에서는 이빨자국이 남은 스테이크 조각과 담배꽁초가 발견되기도 했습니다. 그래도 시장에서 싼값에 팔리고 어느 때는 종교단체에서 무료급식으로 한 그릇씩 나누어 주기도 했다는데, 고깃덩어리 한 점이라도 더 먹겠다고 애를 썼다죠.

이런 꿀꿀이죽이 부대찌개라고 보기는 어렵습니다. 오히려 당시 부대찌개는 훌륭한 미국산 재료로 만든 판매용 음식이었죠. 하지만 꿀꿀이죽에 대한 과히 좋지 않은 추억이 있는 전쟁세대 중에는 오늘날에도 부대찌개와 꿀꿀이죽을 동일시하여 먹지 않는 사람이 있다고 합니다.

부대찌개의 구성

요즘은 국산 육가공품들이 많이 발달해서 김치찌개에 햄이나 소시지를 넣어 먹기도 하는데 이것들은 '햄소시지김치찌개'라고 부릅니다. 물론 라면사리를 함께 넣어서 먹기도 하죠. 그렇다면 햄소시지김치찌개와 부대찌개를 구분짓는 요인은 무엇일까요? 바로 치즈 투입여부입니다. 치즈를 넣어 녹이면 매콤한 김치찌개의 맛이 한결 부드러워지고 소위 '빠다맛'이 나기 때문입니다.

부대찌개의 주재료들을 살펴봅시다. 주인공인 햄 중에 프랑크소시지로 불리는 것은 어슷하게 썰고 스팸 종류는 사각형으로 자릅니다. 여기에 '베이크드 빈(baked bean)'콩 통조림과 민찌(mince : 다진 고기), 라면사리, 치즈, 김치를 준비합니다. 만드는 법은 간단 합니다. 재료들을 끓이고 마지막에 슬라이스 치즈로 국물 맛을 내 면 됩니다. 가게에 따라 두부, 떡국떡, 당면을 넣기도 하죠. 원조에 가까운 부대찌개 집은 김치를 넣지 않고 매콤한 양념으로 대체하기 도 합니다.

부대찌개의 종류

가게에 따라 메뉴판에 '부대찌개'라고 써놓는 곳도 있고, '부대전 골'이라고 써놓는 곳도 있지만 사실상 같은 음식으로 보면 됩니다. 굳이 차이를 꼽자면 부대전골은 재료를 처음부터 손님상에서 끓이 는 것이고, 부대찌개는 미리 조리된 상태로 손님상에 올려 보글보 글 끓이면서 먹는 것이 될 겁니다. 보통 전골에 재료를 좀 더 추가 해서 비싸게 받지요.

부대찌개 중에는 '존슨탕'이라고 불리는 것도 있습니다. 미국 대 통령 린든 존슨이 주한미군을 시찰하면서 먹게 된 부대찌개에서 유래했다고 합니다. 존슨탕은 부대찌개와 거의 비슷하지만 사골육 수를 쓰고 김치 대신 양배추가 들어가고 라면은 쓰지 않는다는 점 이 다릅니다.

부대찌개에도 의정부파와 송탄파가 있습니다. 의정부와 송탄은 모두 미군부대가 있는 곳이었죠. 의정부 쪽 부대찌개는 맑은 국물에 끓여내고 송탄 쪽 부대찌개는 햄, 소시지를 더 많이 넣어 조금은 진하게 끓입니다. 서로 자신이 원조라고 주장하지만 어디서 처음 시작되었는지 정확히 알기는 어렵습니다. 의정부든 송탄이든 간에 미군부대에서 흘러나온 재료와 한국의 찌개문화가 융합되어 탄생된 음식이 바로 부대찌개이고, 이제는 당당히 우리 식문화의 한 부분을 차지하게 되었다는 것은 분명해 보입니다.

34 __

분식의 스테디셀러,
국수

밀가루를 사용해서 만드는 음식을 통칭해서 분식(粉食)이라고 합니다. 분식에는 국수, 라면, 짜장면, 떡볶이, 튀김 등 다양한 요리가 있죠. 그중에서도 가장 역사가 깊은 것은 '국수'입니다. 국수는 밀농사지역에서 발생했는데, 밀은 글루텐이라는 식물성 단백질 덕분에 길게 늘일 수 있는 특징이 있습니다.

그래서 길게 뽑아낸 면발로 국수를 만들어 먹기 시작했고, 세계 각 지역에서 제각기 다르게 발전해왔습니다. 한국에서는 어떤 국수를 먹을까요? 다양한 국수 중에서도 건면으로 만드는 국수와 몇 가지 재미있는 국수에 대해 알아보겠습니다.

국수는 원래 잔치 때나 먹던 귀한 음식이었습니다. 결혼할 때 "국수 먹으러 와"라는 말을 쓰는 것으로 짐작해볼 수 있죠. 한국전쟁 이후 밀가루가 대규모로 공급되면서 부산 구포와 대구 지역에서 많이 먹었고, 이제는 저렴한 가격에 즐길 수 있는 대중적인 먹거리로 자리 잡게 되었습니다.

국수(건면)의 종류

국수를 만드는 법은 여러 가지가 있습니다. 과거 국수를 먹기 시작한 초기에는 손바닥으로 새끼 꼬듯이 면발을 만들어냈는데, 점차 만드는 방법이 다양화되었죠.

▲ 국수 건조대

우선 반죽을 구멍이 뚫린 그릇에 담아 위에서 밀어내어 뽑는 압출식이 있습니다. 이것은 지금도 막국수나 냉면을 만들 때 사용하는 방식입니다. 우리가 마트에서 주로 사 먹는 건면은 종이처럼 넓게 편 뒤에 가느다랗게 만들어 건조시켜 만듭니다. 예전에는 동네마다 이런 국수공장이 있었는데 지금은 많이 사라졌네요.

우리가 사 먹는 건면은 '소면(素麵)'이라는 이름으로도 익숙합니다. 한자 '소(素)'는 '희다'는 뜻도 있지만 '꾸미지 않다'라는 뜻도 있습니다. 소면은 그 자체로 국수로 만든 음식을 말하기도 하죠. 그런데 소면보다 굵은 면은 '중면(中麵)'이라고 합니다. 중면이라는 말은 사전에도 없어 국수 제조업체에서 만든 소면이 '소(小)'자를 썼다고 생각해서 이렇게 이름 붙인 것으로 보입니다. 소면보다 더 가는 면발을 '세면(細麵)' 혹은 '사면(絲麵)'이라고 부릅니다. 그리고 중면보다 더 굵은 면은 '왕면'이라는 것도 있는데 쉽게 볼 수도 없고 우동면으로 간주되기도 합니다. 중면 굵기에서 납작하게 만들면 칼국수면이 되죠. 국수를 굵기 별로 보면 '세면 < 소면 < 중면' 순으로 보면 됩니다. 굵기에 따라 각각 식감이 다르기 때문에 중면은 물국수에, 소면은 비빔국수에 주로 사용하게 되는데 지극히 개인차로 보입니다.

물국수 vs 비빔국수

'짜장면이냐 짬뽕이냐? 김치찌개냐 된장찌개냐?'처럼 식사 선택의 또 다른 난제 중 하나가 '물국수냐 비빔국수냐?' 하는 것입니다. 보통 물국수는 장국이나 국물에 말아먹는 국수를 뜻하는데, 비빔국수와 구분할 때 말고는 물국수라고 표현되지 않고 대개 '멸치국수', '잔치국수' 등으로 불립니다. 비빔국수는 물기가 적은 비빔장에 비벼 먹는데 대다수가 고추장을 기본으로 하는 것이지만 간장이나 들기름을 사용하는 경우도 있습니다.

국숫집에서는 잔치국수와 멸치국수를 혼용해서 사용하고 있습니다. 먹는 사람 입장에서도 두 가지를 같은 것으로 보곤 합니다. 일단 멸치국수는 당연히 멸치로 육수를 낸 국수입니다. 그렇다면 멸치가 아닌 것으로 국물을 낸 것도 있을까요? 당연히 있습니다. 마른 멸치가 보급된 것은 그리 긴 역사가 아니라서 그 이전에는 고기로 국물을 내서 먹었다고 합니다.

닭 육수나 황태 육수 또는 다시마 육수로 만드는 경우도 있는데, 요즘에는 거의 멸치육수를 쓴다고 보면 됩니다. 반면 잔치국수는 그야말로 잔치 때 먹는 음식이라서 계란지단이나 채소볶음 등으로 고명을 얹은 국수를 말합니다. 멸치국수를 주문하면 간단한 양념장만 올라오는 경우가 많죠. 하지만 이 두 가지의 구분은 희미해지고 있답니다.

▲ 잔치국수

▲ 멸치국수

매콤하거나 얼큰한 맛을 좋아하는 사람은 '비빔국수'를 찾죠. 비빔국수는 고추장에 갖은 양념과 참기름, 식초를 넣고 비벼 먹는 국수입니다. 매콤하면서도 새콤한 맛 때문에 많은 사람들의 사랑을

받고 있습니다. 저처럼 매운 음식을 잘 못 먹는 사람은 기피하기도
하지만요~. 물국수에 비해 들어가는 양념이 많아서인지 가격은 비
빔국수가 조금 더 비쌉니다. 비빔국수가 매콤하기 때문에 보통은
같이 먹을 수 있는 장국이 제공됩니다(장국은 물국수에 들어가는
육수겠지요?).

최근에는 매운 맛을 싫어하는
사람들이 간장으로 양념장을 만
들어서 비빔국수를 먹기도 하고,
막국수의 영향을 받아서 들기름
과 김 가루를 넣어 먹기도 합니
다. 비빔국수의 '아류'에 속하는
'쫄면'도 있습니다. 쫄면은 인천
의 어느 분식집에서 냉면용 면을
뽑다가 틀을 잘못 끼워 굵은 면
이 나왔는데, 이를 그냥 비빔국
수로 만들어 판 것이 시초라고
합니다. 이후 전국적으로 퍼지게
되었죠.

▼ 비빔국수

▲ 쫄면

여러 가지 국수들

지역마다 다양한 국수가 있는데 크게 중화면류, 칼국수류, 냉면 또는 막국수류, 라면류로 나눠볼 수 있습니다. 지역적 특색이 있는 국수 몇 가지를 소개해보겠습니다.

▲ 콧등치기국수

'콧등치기국수'는 강원도 정선 지역에서 파는 국수로 메밀면을 사용합니다. 다소 굵은 면발이 쫄깃해서 입으로 빨아들일 때 면발의 끝부분이 콧등을 친다고 해서 이름 붙여졌습니다. 물막국수와 비슷하다고 보면 되겠습니다.

'올챙이국수'는 강원도 산간지역에서 볼 수 있는 국수로 구멍 뚫린 바가지에 뜨거운 옥수수가루 죽을 부어 아래 찬물로 죽이 한 방울씩 떨어지게 해 굳혀 만듭니다. 이렇게 하면 면발이 길지 않은 올챙이 모양 국수가 나옵니다. 면은 노란색을 띠며 맛은 간장으로 만든 양념장으로 냅니다. 면발이 힘이 없어서 숟가락으로 먹는 답니다.

'안동국시'는 밀가루와 콩가루를 섞어서 만든 굵은 국수에 장국을 부어 먹는 음식입니다. 여름철 차가운 육수에 먹는 안동국시는 '건진국시'라고도 합니다. 여기에 조밥을 배추에 얹어서 먹기도 합니다.

▲ 안동국시

'어탕국수'는 지리산자락 지역에서 민물고기를 푹 고은 뒤 국수를 넣어 만든 음식으로 매운탕의 느낌이 들기도 합니다. 전국적으로 비슷한 음식이 있습니다.

▲ 어탕국수

'고기국수'는 제주도의 향토 음식으로 주로 돼지뼈 국물에 국수를 끓인 뒤 돼지고기를 얹어 나옵니다. 국수는 꽤 굵은 것을 사용합니다. 일본의 돈코츠 라멘과 비슷한 느낌이고, 기름기를 뺀 순대국 느낌도 납니다.

▲ 고기국수

35 __
냉면 한 그릇 하실래요?

지난 2018년 남북정상회담 때 한반도의 평화 메시지를 담은 만찬 메뉴 중에서 가장 화젯거리가 되었던 것은 단연 '평양냉면'이었습니다. 그 후에 평양냉면에 대한 붐이 일면서 수도권을 중심으로 평양냉면 집이 많이 생겨났습니다. 보통의 고깃집에서도 평양냉면을 메뉴에 추가하기도 했습니다. 세계적으로 국수를 차갑게 해서 먹는 식문화는 드문 편이라고 합니다. 냉면이 어떻게 우리의 음식 세계에 자리 잡게 되었는지와 냉면의 종류에 대해서 알아보도록 하겠습니다.

평양냉면

평안도 사람들은 메밀로 반죽을 한 다음 틀에 눌러 국수를 빼내는 압출식 공정으로 냉면을 만들어 먹었습니다. 다만 평안도 사람들은 이를 냉면이라고 부르지 않고 그냥 국수라고 칭합니다.

아, 이 반가운 것은 무엇인가

이 히수무레하고 부드럽고 수수하고 슴슴한 것은 무엇인가

…

시인 백석의 시 〈국수〉의 도입부입니다. 여기서 백석이 노래하고 있는 국수 또한 바로 냉면이죠. 추운 겨울철 아랫목에서 살얼음이 있는 동치미에 말아 먹는 국수가 바로 냉면이었습니다.

냉면이 겨울에 먹는 것이라고 하면 많은 사람들이 의아해 합니다. 추운 겨울에 찬 음식이라고? 그 이유는 바로 면의 원료인 메밀에 있습니다. 겨울이 길고 산악지대인 평안도에서 메밀은 쉽게 구할 수 있는 작물로 수확시기가 늦가을입니다. 그러니 메밀로 만든 면은 겨울이 되어야만 먹을 수 있었던 거죠.

메밀은 글루텐 함량이 적어서 면으로 만들려면 고도의 기술이 필요합니다. 오늘날에도 좋은 면발을 얻기 위해서 밀가루를 일정 정도 섞기도 하죠. 특히 메밀면은 따뜻하게 하면 쉽게 끊어집니다. 이런 이유로 인해 메밀면이 차가운 음식의 재료로 쓰이게 되었다고 보는 견해가 많습니다.

이후 식품저장 기술이 발전하고 얼음을 여름에도 보급할 수 있게 되면서 여름에도 냉면을 먹을 수 있게 된 것입니다. 아직도 평안도

출신 분들은 냉면을 겨울에 드시면서 추억에 잠기곤 한답니다. 필자는 여름철에 유명 냉면집에 사람이 많이 몰리니 줄을 서기 싫어해서 비수기인 겨울에 먹는 편이지요…ㅎ.

▲ 평양냉면

원래 평안도의 냉면은 동치미에 말아 먹는 것인데, 지금은 고기 육수를 사용하는 게 당연시되었습니다. 어떤 사람들은 평양냉면을 자극적이지 않고 심심한 육수 때문에 무슨 맛으로 먹느냐고도 하고 심지어 그 육수를 '걸레 짠 물'이라고 혹평하기까지 합니다. 하지만 묘한 여운과 감칠맛을 한번 느끼게 되면 평양냉면의 세계에서 못 벗어나게 된다고 하네요. 몇 해 전부터 평양냉면이 유행을 타다가 남북정상회담 이후로 폭발적 인기를 누리면서부터는 평양냉면 집만 돌아다니는 맛집 블로거도 꽤 많아졌습니다.

웬만한 냉면 집의 평양냉면 가격은 만원을 훌쩍 넘습니다. 평양냉면에는 고명으로 주로 삶은 계란 반개와 편육으로 만든 소고기 수육이나 돼지고기 수육이 올라갑니다. 맹탕 육수에 면을 말아 몇 개의 고명을 얹어 내놓으면서 너무 비싸게 파는 것 아니냐고 말하는 사람들도 있지만, 메밀을 가공하여 면을 뽑는 과정과 육수를 내리는 데 많은 시간과 노력이 들어간다는 점을 고려해야 합니다.

현재 서울을 중심으로 평양냉면은 소위 장충동파와 의정부파의 계보가 있습니다. 창립자의 자녀들이 본점을 이어받고 이들 집의 조리사들이 독립하여 분점을 세워나가고 있다고 합니다. 이런 노포(老鋪 : 대대로 물려오는 점포)들은 올드팬들을 불러 모으지만, 근래 개점했어도 냉면 마니아들에게 각광을 받고 있는 신흥강자들도 많습니다. 유명 가게들은 인터넷에서 쉽게 검색됩니다.

함흥냉면

평양냉면 외에도 지역을 대표하는 냉면들이 더 있습니다. 지역 브랜드를 갖는 냉면 몇 가지를 소개하겠습니다. 평안도 대표가 평양냉면이라면 함경도 대표는 함흥냉면입니다. 함흥냉면의 원조는 개마고원에서 생산되는 감자로 만든 '농마국수'입니다.

▲ 함흥냉면

한국전쟁 중 흥남철수 시 월남한 실향민들이 전후 속초에 정착하면서 '간재미(가오리과 생선)'나 '명태 회무침'을 함경도에서 먹던 농마국수에 넣어 먹은 것이 함흥냉면의 시초입니다. 서울에는 오장동 부근 시장에 함경도 출신 사람들이 자리 잡아 냉면장사를 시작해서, 그 부근에 함흥냉면 노포(老鋪)가 자리하게 된 것입니다.

평양냉면이 메밀로 만들어서 툭툭 끊어지는 맛이 있다면 함흥냉면은 주로 고구마 전분으로 만들어서 탄력 있는 면발을 맛볼 수 있습니다. 평양냉면 가게에도 비빔냉면이 있고 함흥냉면 가게에도 물냉면이 있지만 일반적으로 평양냉면은 물냉면, 함흥냉면은 비빔냉면으로 먹어야 각기 최적화된 본연의 맛을 느낄 수 있습니다.

진주냉면

▲ 진주냉면

'진주냉면'은 녹두가루로 면을 뽑고 해산물과 소고기로 육수를 내어 만듭니다. 여기에 육전을 올리는 것이 특징입니다. 평양냉면이나 함흥냉면과는 판이하게 다른 맛을 내는데, 진주냉면 가게들은 아직까지는 전국적이라기보다는 진주를 중심으로 경남지역에 주로 분포하고 있습니다. 진주냉면은 1966년 진주중앙

시장 대화재 때 명맥이 끊겼다가 2000년대에 이르러 다시 유행하기 시작했다고 합니다.

밀면

'밀면'은 한국전쟁 때 부산으로 피난을 내려간 이북사람들이 메밀을 구하기 어려워지자 당시 미국에서 원조물자로 값싸게 들여온 밀가루를 이용해 만들어 먹으면서 생겨난 냉면의 일종입니다. 기존의 문화와 새로운 문명이 만나서 만들어낸 합작품이라고 할까요? 그래서 부산에는 밀면 집이 꽤 많이 있고, 이제는 밀면이 부산의 향토음식으로 불리고 있습니다. 서울에 상경한 부산 사람들이 고향에 내려갈 때면 "밀면 먹고 오겠다"는 말을 할 정도라고 합니다.

▲ 밀면

▲ 매운 냉면

그 밖에도 여러 형태의 냉면이 있습니다. 칡가루를 섞어서 만든 '칡냉면'과 화려한 양념을 육수에 넣어서 만든 일명 '시장냉면'이 있죠. 냉면을 먹는 방법도 다양화되고 있습니다. 서울에서 '매운 냉면'으로 소문난 몇몇 가게에서는 처음에 비빔냉면을 먹다가 후에 같이 나온 육수를 부어 물냉면으로 먹게 하기도 합니다. 흔히 생각하는 물냉면, 비빔냉면으로 구분하지 않고 손님의 취향에 따라 선택할 수 있도록 한 메뉴입니다.

막국수와의 차이점

▲ 연천 한 냉면 집의 물냉면과 물막국수

구분이 되시나요?

'막국수'도 평양냉면과 마찬가지로 메밀로 만듭니다. 막국수는 '먹기 직전에 막 만들어냈다'는 의미인데 이름만으로는 냉면과 뚜렷하게 구분되는 바가 없죠. 심지어 연천의 어떤 가게에서는 냉면과 막국수를 같이 파는데 외형이고 똑같습니다. 굳이 구분하자면 '면발' 정도일까요? 냉면은 전분을 섞어서 약간 탄력 있게 만들고, 막국수는 메밀만 써서 잘 끊어지게 만든다고 하네요.

하지만 평양냉면도 메밀의 함량이 높기 때문에 사실상 무 자르듯 명확히 구분하기는 어렵습니다. 다만 강원도 지역에서는 냉면이라는 말 대신에 막국수를 쓴다고 보면 될 것 같고, 냉면과 막국수를 같이 파는 집은 면발에 차이를 주어 음식을 낸다고 보면 될 듯합니다.

▲ 비빔막국수

36 _

짜장면,
한국인의 소울푸드 이야기

▲ 짜장면

지금이야 먹을 것이 넘쳐나지만 불과 몇 십년 전만 해도 '짜장면'은 특별한 날에 먹는 별식이었습니다. 졸업식날, 생일날, 오랜만의 외식날, 그리고 군대에서 휴가 나가는 날…. 오랜 외국생활을 마치고 돌아올 때 한국에 가서 가장 먼저 먹고 싶은 음식으로 짜장면을 꼽는 사람도 많죠. 어떻게 보면 짜장면은 근래에 한국인에게 새겨진 '소울푸드'라고 볼 수 있겠습니다. 짜장면에 대한 모든 것을 알아보겠습니다~.

짜장면의 유래

짜장면은 잘 알려져 있듯이 인천에 있는 산동성 출신 화교들에 의해 만들어졌습니다. 19세기 무렵 노동력을 제공하고 값싼 임금을 받아가는 아시아계 이민자(주로 중국계)를 뜻하는 '쿨리(苦力, coolie) 계층'은 세계 어디서나 흔히 찾아볼 수 있었죠. 이들은 부두나 철도, 광산 등에서 일했는데 인천항의 부두에도 쿨리들이 많이 들어와 있었습니다. 짜장면은 이들을 위해 제공되던 음식이었습니다.

▲ 인천 차이나타운 짜장면박물관

우리나라에서 짜장면을 만들어낸 중국집은 '공화춘(共和春)'이라고 합니다(지금 그 가게 자리에서는 짜장면박물관이 운영되고 있습니다). 그렇다면 중국에는 짜장면이라는 음식이 없을까요? 답은 '아니오'입니다.

'중국에는 짜장면이 없다. 오직 한국에만 있다'고 주장하는 분들도 있는데, 실제 중국을 여행해 보면 짜장면을 만날 수 있습니다. 중국어로는 '자장미엔(炸醬麵)'이라 하여 글자 그대로 장(醬)을 볶아서 만든 국수요리가 있습니다.

▲ 따루멘

하지만 중국 짜장면은 한국의 것과는 확연히 구분됩니다. 고기나 채소를 춘장에 볶아 면에 비벼먹는 요리를 중국식 짜장면이라 한다면, 한국식 짜장면은 춘장을 볶아서 전분을 섞어 걸쭉하게 만드는 것이 특징이라고 할 수 있겠습니다. 이런 차이점 때문에 짜장면의 원조는 중국식 자장미엔이라기보다는 '따루멘(大滷麵 또는 打卤面)'에 가깝다고 보는 견해도 있습니다. 따루멘은 고기와 채소를 볶아서 밀가루나 전분으로 약간 걸쭉하게 만든 국수요리로 먹어본 중국 국수 중에서 짜장면과 가장 비슷해 보입니다.

중국의 자장미엔과 달리 전분물을 얹어 꾸덕꾸덕한 짜장면을 만든 것은 겨울에 전분 섞인 소스가 온기를 더 잘 유지할 수 있었기 때문이라는 의견도 있습니다.

　무엇보다도 짜장면을 짜장면답게 만드는 주인공은 춘장이죠. 한국의 춘장은 중국의 '톈몐장(甛面酱)'이 한국식으로 변형된 것으로 밀가루와 콩으로 만들며 여기에 캐러멜을 첨가해서 검은색을 띠고 있습니다. 중국 음식점에서는 반찬으로 제공되는 양파를 춘장에 찍어 먹기도 합니다.

짜장면에 얽힌 이야기

　그렇다면 짜장면은 한국음식일까요, 중국음식일까요? 앞에서 언급했듯이 중국의 자장미엔과는 비슷하지만 완전히 달라진 중화풍(中華風)의 한국토착음식이라고 할 수 있습니다. 비록 화교에 의해 만들어졌지만 한국이 발상지이고 많은 한국인들에게 사랑받는 음식이기 때문입니다. 마치 햄버거가 몽골과 독일을 거치면서 하나의 음식으로 자리 잡았지만 지금은 미국을 대표하는 것과 마찬가지겠지요.

　짜장면에 대한 추억은 누구나 가지고 있을 겁니다. 안도현 시인이 쓴 '성인용 동화' 〈짜장면〉에는 짜장면에 얽힌 기억이 드러나 있습니다. 가요 중에도 '어머님은 자장면(짜장면)이 싫다고 하셨어'라는 가사가 들어간 것이 있죠? 가족을 위하여 어머니 당신은 짜장면을 드시지 않으시던 다소 슬픈 추억을 담고 있습니다. 그 외에도 당구장에서 시켜서 먹던 짜장면, 졸업식 날 온 가족이 함께 먹었던 짜장면, 그리고 짜장면을 먹으면서 만났던 사람들까지…. 추억이 새록거립니다.

개인적으로 가장 맛있게 먹었던 짜장면 세 가지를 꼽으라고 하면 남자들은 대체로 군대에 있을 때 맛본 것들이 거론됩니다. 자대 배치를 받기 직전에 먹었던 짜장면, 벼 베기 농민지원을 나갔을 때 농부께서 시켜주신 짜장면, 군병원에 입원했을 때 형님이 포장해서 가져오신 짜장면….

짜장면이 한국인에게 이렇게 향수를 불러일으키는 것은 대표적인 서민음식이면서도 두메산골에 사는 사람들은 읍내까지 나와야 먹을 수 있었던 음식이었기 때문일 겁니다. 외식이 발달하지 않았던 시절의 특별한 날, 비싸지 않은 가격으로 먹을 수 있었던 추억이 있죠. 이러한 특수성 때문에 짜장면은 물가가 오르는 것을 체감할 수 있는 기준이 되고 있고, 그 가격을 함부로 올릴 수 없는 대상으로도 꼽힙니다.

짜장면? 자장면?

과거엔 '자장면'이 단독으로 표준어였지만 지금은 '자장면'과 함께 '짜장면'도 복수 표준어로 인정받고 있습니다. 그런데 현실에서 자장면이라고 발음하는 사람은 거의 못 본 거 같습니다. 자장면 표

기는 우리말에 된소리를 많이 쓰지 않게 하기 위한 국어학자들의
의견이 반영된 것이라고 합니다. 안도현의 〈짜장면〉에는 '절대로
자장면이라는 말을 안 쓰겠다'라는 구절이 나오죠. '자장면'이라는
말에서는 추억을 느끼지 못해서인가 봅니다.

짜장면과 배달문화

짜장면을 포함한 중국음식에는 우리만의 배달문화가 깃들어 있
습니다. 여기서도 우리가 '배달의 민족'이라는 것이 증명되는 듯합
니다. 한때는 흰 알루미늄제 철가방을 들고 배달을 가는 배달원의
모습이 일상이기도 했죠. 지금은 배달원들의 인건비가 오르다 보
니 배달 전문 라이더들이 중국음식뿐 아니라 다른 음식도 배달하게
되면서 예전의 철가방은 거의 쓰이지 않고 있습니다.

철가방에 대해서도 살펴보겠습니다. 중국집 배달원은 원래 무거
운 나무함을 들고 다녔습니다. 함석이나 알루미늄으로 만든 튼튼
하고 가벼운 철가방이 나온 건 1970년대였죠. 배달원들이 철가방
을 들고 다니기 시작한 것은 이때부터였습니다. 하지만 지금은 중
국집에서도 철가방을 알루미늄보다 더 가벼운 플라스틱 소재의 상
자로 대체하고 있죠. 철가방은 추억 속으로 점점사라져 가는 것 같
습니다.

마라도의 짜장면

짜장면의 발상지인 인천 말고 짜장면으로 유명한 곳은 어디일까요? 바로 국토 최남단 '마라도'입니다. 그 이유는 "짜장면 시키신 분~"이라는 개그맨 이창명 씨의 대사로 유명한 모 통신사 광고의 마라도 편이 큰 인기를 끌었기 때문입니다. 이후 마라도에 짜장면 집이 부쩍 늘었습니다.

마라도에 가보신 분들은 알겠지만 이 작은 섬에 낚시하러 가지 않는 한 배로 들어가 둘러볼 수 있는 건 1시간 남짓이죠. 하지만 짜장면 집은 무려 열군데 이상입니다. 한때 유행처럼 번졌던 것이 지역의 명물로 자리 잡은 모양새입니다.

짜장면의 친구, 단무지와 양파

짜장면을 먹을 때 반드시 제공되는 반찬이 있습니다. 바로 '단무지'죠. 단무지는 일본에서 유래한 것으로 무를 소금에 절여서 발효시킨 것인데 일본명인 '다쿠앙(沢庵)'으로도 잘 알려져 있습니다. 단무지는 일제 강점기에 널리 퍼졌으나, 한국의 단무지와 일본의 다쿠앙은 사뭇 다른 느낌입니다. 한국 단무지는 약간의 새콤함과 함께 살짝 단맛이 도는데, 일본의 다쿠앙은 짠맛이 강합니다. 그래서 노란 단무지는 느끼한 짜장면뿐 아니라 라면, 만두를 포함한 모든 분식에 잘 어울리는 만능 반찬입니다. 물론 짜장면에 김치가 제공되는 경우도 있습니다만, 그래도 단무지가 더 잘 어울리지 않을까요?

짜장면과 함께 먹는 또 하나의 반찬은 춘장과 같이 나오는 '양파조각'입니다. 원래 중국 산동지방은 '대파'의 생산지로 유명한데, 특히 장구(章丘)대파는 2미터가 넘게 자랍니다. 산동지방의 각종 요리에 이 파가 들어가며, 또 파를 춘장에 찍어먹을 정도로 산동 사람들은 이 생파를 즐겨먹었다고 합니다. 이게 한국에서 양파로 둔갑하게 된 거죠. 산동지방의 파는 단맛이 나는 점 때문에 양파로 대체해서 올린 것으로 보입니다. 이런 이유로 짜장면 한 그릇과 함께 노란 단무지, 흰 양파, 검은 춘장이 세트로 나오게 된 것이랍니다~.

여러 가지 짜장면

우리가 일반적으로 먹는 짜장면 말고도 여러 형태의 짜장면이 있습니다. 투입되는 재료, 조리하는 방법에 따라 다양하죠. 비교적 자주 접할 수 있는 짜장면을 살펴보겠습니다.

'옛날짜장'은 실제로 옛날에 짜장면을 이렇게 먹었는지 잘 기억나지 않습니다만, 일반적으로 감자나 양파를 크게 썰어 넣고 소스를 묽게 만든 것을 말합니다.

▲ 옛날짜장

▲ 간짜장

'간짜장'은 마른 짜장이라는 뜻으로 '건(乾)짜장'에서 유래했다고 봅니다. 물이나 전분을 빼고 즉석에서 볶아 냅니다. 보통은 면과 짜장이 별도로 나오지요. 여기에 계란프라이를 얹어서 주는 집도 있습니다.

'삼선짜장'의 삼선(三鮮)은 세 가지 신선한 재료라는 뜻인데 세 가지 재료가 특정된 것은 아니고 주로 갑오징어, 새우, 해삼 같은 해물을 사용하기 때문에 해물짜장이라고 봐도 무방합니다. 비슷한 형태로 삼선간짜장, 삼선짬뽕 등의 자매품이 있습니다.

'유니짜장'은 채소와 고기를 잘게 갈아 만든 짜장입니다. '유니'는 다진 고기를 뜻하는 한자어 '육니(肉泥)'의 산동지방의 발음에서 온 말이라고 하네요. 부드러운 맛이 특징입니다.

'유슬짜장'은 재료를 실처럼 가늘고 길쭉하게 채 썰어서 국수와 같이 볶아 납작한 접시에 올린 짜장입니다. '유슬'은 길게 채 썬 고기란 뜻의 중국어 '육사(肉絲)'의 산동지방의 발음에서 온 말이죠. 중국 요리집에서 많이 먹는 유산슬도 이런 형태의 요리라고 보면 됩니다.

'사천짜장(四川–)'은 사천요리처럼 춘장 대신 '두반장'으로 맵게 만든 짜장입니다. 짜장에 겨자 또는 고추를 넣은 것이 특징이죠.

'쟁반짜장'은 큰 쟁반에 볶은 짜장면을 올린 것으로 개인 식사라기보다는 다른 요리들을 곁들어 여럿이 함께 먹는 짜장면입니다.

인스턴트 짜장라면도 살펴보고 가면 좋겠죠? 짜파게티, 짜짜로니 같은 인스턴트 제품이 봉지라면이나 사발면 형태로 판매되고 있는데, 사실 짜장면보다 라면에 가깝다고 봐야겠죠?

37 __

먹음직스러울 '만두'하지

우리가 많이 먹는 음식으로 '만두'를 빼놓을 수 없죠. 다양한 재료를 밀가루 반죽에 싸서 찌거나 구워서 먹는 만두는 한국 내에서도 지역별로 종류가 다양하고 세계적으로도 여러 종류가 있습니다. 예전에는 명절 때 먹는 음식이었지만 지금은 다양한 만두 가게가 생기고, 냉동만두가 보급되어 사시사철 먹을 수 있습니다. 간식뿐만 아니라 식사로도 손색이 없는 만두의 세계로 초대합니다.

만두의 역사

만두가 등장한 것은 중국 삼국시대의 그 유명한 맹획의 '칠종칠금(七縱七擒)' 이야기에서입니다.

제갈공명이 남만족을 정벌하던 시기에 촉군이 어느 강에 이르러 강을 도하하려 했으나 풍랑이 심했습니다. 현지인들에게 물어보니 원혼을 달래기 위해 사람의 머리를 베어서 강에 바쳐야 한다고 했죠. 제갈공명은 사람을 죽이면서까지 그렇게 할 수는 없다고 하여 밀가루반죽으로 사람 머리 모양을 만들어 강에 바쳤다고 합니다.

그래서 이때 만든 음식을 '남만족의 머리'라는 의미의 '만두(蠻頭)'라고 했다가 지금의 '만두 만(饅)'자를 쓴 '만두(饅頭)'로 바뀌었었다고 합니다. 하지만 이때부터 이 음식을 만두라고 부른 것이지 이때 새로 만들어진 음식은 아니라고 많은 학자들이 주장하고 있습니다. 연구에 따르면 실제로는 밀가루와 비슷한 경로로 중국에 유입되었다가 몽골제국을 통해 전 세계로 퍼졌다고 합니다.

우리나라에는 〈고려사〉에 만두에 대한 기록이 처음 나오는 것으로 보아 원나라 시절에 중국에서 유입된 것으로 추정하고 있답니다. 고려가요 중에서 〈쌍화점(雙花店)〉은 만두 가게에서 일어난 일을 노래하고 있습니다. 우리나라에서는 밀이 주로 재배되었던 평안도나 황해도 지역에서 만두를 많이 먹었습니다.

한국의 만두

만두의 종류는 생각보다 많은데 먼저 조리법에 따라 찐만두, 물만두, 튀김만두, 군만두로 분류됩니다. 군만두는 영화 〈올드보이〉에서 오대수가 15년간 먹었던 음식으로도 유명하죠. 사실 중국집 '군만두'는 조리법으로 보자면 '튀김만두'라고 해야 할 겁니다. 하지만 해방 후 한동안 일본어 잔재로 중국집 메뉴판에는 튀김만두가 '굽다'라는 일본어와 합성된 말인 '야끼만두(焼き饅頭)'라고 쓰여 있었습니다. 이후 일본어를 한국어로 대체하는 과정에서 '군만두'라

는 표현으로 정립된 것이죠. 따라서 한국에서 보통 '튀김만두'라고 하면 분식집에서 만두소가 조금 들어 있는 만두를 가리킵니다. 또한 만두는 전골요리로도 많이 먹고 있습니다.

▲ 만두전골

만두피는 주로 밀가루로 만들지만 만두피의 재질에 따라 호밀만두, 메밀만두, 쫄깃한 감자만두로 나닙니다. 또 배추 잎으로 싼 숭채만두(배추만두), 생선살로 만두소를 싼 어만두도 있습니다. 옛날에는 전복으로도 만두피를 썼다고

▲ 굴림만두

합니다. 만두피 없이 만두소를 동그랗게 뭉쳐 밀가루에 굴려서 바로 조리하는 굴림만두도 있습니다.

만두소로는 두부, 부추, 숙주, 당면, 다진고기 등 다양한 재료들이 사용됩니다. 쓰인 재료가 무엇이냐에 따라 야채만두, 고기만두, 김치만두, 부추만두, 꿩만두, 갈비만두 등으로 불립니다.

▲ 편수

지방마다 특색이 있는 만두들을 소개하겠습니다. 편수(片水)는 개성지방의 만두로 호박과 숙주로 속을 채우고 네모 모양으로 빚은 만두입니다. 여름철에 차갑게 해서 먹습니다.

규아상은 소고기, 오이, 표고버섯으로 소를 만들고 피를 해삼모양으로 빚은 만두입니다. 여름철에 담쟁이덩굴 잎으로 싸서 쪄내는 게 특징입니다.

호박선은 애호박을 십(十)자로 갈라서 만두소를 넣어 쪄낸 만두입니다.

▲ 평양만두

평양만두는 보통 이북만두라고 부르는 것으로 돼지고기, 두부, 숙주를 넣어 매우 크게 빚어낸 만두입니다.

38 _

국가대표 한식,
제대로 따져볼까?

각국에는 그 나라를 대표하는 음식이 하나씩 있습니다. 이탈리아의 피자, 태국의 똠양꿍, 일본의 스시, 베트남 쌀국수, 터키의 케밥 등등…. 그 나라를 대표하는 음식은 단순히 음식을 넘어 문화를 형성하고 그 나라 사람들의 삶을 보여주죠. 그렇기 때문에라도 자의로든 타의로든 국가를 대표하는 음식은 필요해 보입니다.

국가대표 음식은 다른 나라에는 없는 그 나라만의 독창적인 음식이어야 하고 전 세계적으로 알려져 있어야 하며 또한 다른 나라 사람들도 찾아서 먹을 정도로 맛있어야 합니다. 스웨덴의 '수르스트뢰밍'은 청어를 삭힌 것인데 악취로 유명합니다. 스웨덴 사람은 즐겨 먹지만 세계적으로 이용되는 음식이라고는 볼 수 없기 때문에 국가대표 자격을 얻기 힘듭니다. 다소 주관성이 가미될 수는 있지만 우리나라의 국가대표 음식 TOP3를 선정하고 순위에서 아쉽게 탈락한 음식에는 어떤 것들이 있는지 알아보겠습니다.

비빔밥

외국인들에게 한국음식을 떠올려보라고 하면 가장 많이 언급하는 것이 바로 '비빔밥'입니다. 골동반(骨董飯)이라고도 불리는 비빔밥은 한국음식 세계화의 기수(旗手) 격으로 채소를 기반으로 하기 때문에 웰빙 바람을 타고 건강식품으로 각광을 받고 있는 추세라고 합니다.

사실 집에서 먹는 비빔밥은 만들기가 쉬운 음식입니다. 남는 반찬을 모아서 고추장에 참기름 몇 방울 떨어뜨리면 누구나 쉽게 해 먹을 수 있죠. 그리고 취향에 따라 넣어 먹는 재료도 무궁무진합니다. 밥에 여러 가지 재료들이 어울려 그때그때 음식 맛이 달리 느껴지는 특징이 있습니다. 예컨대 시금치나물을 반찬으로 먹을 때와 비빔밥에 넣어 먹을 때는 식감도 맛도 다른 느낌으로 다가오는 것이지요.

▼ 비빔밥

무엇보다도 비빔밥이 인기를 끌게 된 요인은 바로 비비기 직전의 화려한 모습이라고 할 수 있습니다. 희고 노란 지단채, 붉은 당근 채, 흰 무채나 도라지 채, 갈색의 표고 채, 여

기에 볶은 고기와 가운데 달걀프라이…. 이쯤 되면 형형색색 아름다운 모습의 외관이 생각나지요(물론 먹기 위해서 섞어버리면 모양은 흩어져 버리지만)? 이들 재료를 각각 준비하는 것은 귀찮은 일이지만 재료비가 많이 들지 않는 데 반해 (화려한 비주얼을 만들어내는) 효과가 크다는 특징을 가지고 있습니다.

매운 것을 싫어하는 경우 고추장을 간장으로 대신할 수 있고, 외국인의 입맛에 맞는 소스를 넣을 수도 있습니다. 그럼에도 아직 비빔밥에 대한 조리법은 표준화되어 있지 않습니다. 다만 밥에 채소나 고기 같은 것을 넣고 양념을 넣어 비벼먹는 것을 비빔밥으로 정의할 수 있습니다. 비빔밥의 영어 명칭은 고유명사 그대로 'Bibimbap'입니다.

불고기와 갈비

특별히 음식에 대해 터부시하지 않는 이상 불에 익혀 먹는 고기는 전 세계 어디에서나 맛볼 수 있습니다. 하지만 고기를 얇게 썰어 갖은 양념에 재웠다가 구워 먹는 형태의 음식은 흔치 않죠. 우리나라에서는 이를 '불고기'로 칭하고 있습니다. 세계적으로 고기를 양념에 재워서 먹는 형태의 음식은 드물다고 합니다. 거의 대부분은 조리 직전에 양념을 뿌리거든요. 그렇기 때문에 불고기는 우리나라만의 독창성을 지녔다는 점에서 국가대표 음식으로서의 자격이 충분합니다.

역사적으로 불고기는 고대 한반도의 '맥적'이라는 음식에서 유래했다고 합니다. 고려는 불교국가여서 그 시대에는 이를 그다지 많이 먹지 않았는데, 고려 말에 부활하여 궁중의 '너비아니'로 이어지게 됩니다.

불고기의 영어명은 'Korean barbecue'입니다. 불에 구워 먹는 고기인데 전에 먹어보지 못한 맛이어서 그런지 불고기에 대한 평가는 좋다고 합니다. 달짝지근한 국물과 함께 먹으면 다시 찾을 수밖에 없다고 하죠. 원래는 소고기만 불고기로 불렀는데 지금은 다른 고기를 써서 조리한 것에도 불고기라는 이름을 붙입니다.

'갈비'는 소의 갈빗살을 뼈와 함께 가공하여 양념에 재워서 구워 먹는 것으로 불고기의 한 종류라고 볼 수 있습니다. 이것의 영어 명칭으로 'rib'이 아닌 'Galbi'을 쓰는데, 한국음식으로서의 정체성을 먼저 인정하는 것이죠. '돼지갈비'도 많이 먹는 것 중의 하나입니다. 반면 '닭갈비'는 닭고기를 마치 갈비처럼 양념에 재워서 먹는 것이기 때문에 '닭불고기'로 보는 것이 맞겠죠?

삼계탕

'삼계탕(蔘鷄湯)'은 글자 그대로 닭고기에 인삼을 넣어 끓인 음식입니다. 인삼이 빠지면 삼계탕이라고 볼 수 없죠. 이외에 대추, 황기, 밤, 찹쌀 등을 닭의 뱃속에 넣습니다. 닭은 흔히 말하는 '영계',

혼자 먹기에 적당한 크기의 어린 닭을 사용합니다.

만일 이 음식에 인삼을 넣지 않는다면 '닭백숙(-白熟)'이 됩니다. 국물에 녹두를 넣는 경우도 있고, 일반 닭 대신 오골계를 넣는 경우도 있습니다. 어떤 것을 넣느냐에 따라 가격도 달라지고 이름도 추가되죠.

삼계탕은 여름철을 나는 보양음식입니다. 보양음식으로는 더 잘 알려진 '개장국'과 '장어구이' 등도 있지만 보신탕은 여러 가지 문제로 인해 소비가 줄고 있고 장어는 비싼 가격 때문에 쉽게 접하지 못하죠. 반면에 삼계탕은 대체로 거부감이 없는 닭을 재료로 쓰며 인삼이나 한약재가 들어가긴 해도 편안하게 먹을 수 있는 음식이어서 동서양 막론하고 인기 있는 한국음식 중 하나로 여겨지고 있습니다(사실 삼계탕도 그리 싼 음식은 아닙니다만…^^;;). 오히려 인삼의 약간 쌉쌀한 맛이 매력적으로 다가오는 모양입니다. 외국인들은 한국음식에 대부분 고춧가루가 들어가 한국음식이 맵다는 선입견을 가지고 있는데, 삼계탕은 맵지 않아 편히 먹을 수 있는 음식이기 때문에 더욱 각광을 받는 것 같습니다.

탈락한 국가대표 음식

'김치'를 국가대표 한국음식으로 뽑는 사람이 많지만, 엄밀히 말하면 김치는 요리라고 보기는 힘듭니다. 물론 많은 외국인이 김치를 한국 요리로 이해하고 있지만요. 이는 마치 독일의 '사우어크라우트(양배추 절임)'가 독일의 대표적인 음식이고 거의 모든 독일 음식에 빠지지 않고 나오지만 요리로 인정받지는 못하는 것과 같은 이치죠. 이것만 먹는 경우가 없고 어디까지나 요리의 보조역할을 하는 정도니까요.

▲ 신선로

'신선로(神仙爐)'는 고급한식으로 여겨져 외국에서 귀한 손님이 올 때 많이 대접합니다. 요리 이름이 모 조미료 회사의 상표로도 쓰인 적도 있죠. 숯을 넣은 화로 위에 가운데가 뚫린 도넛 모양의 놋쇠그릇을 포갠 뒤 고기와 채소류를 장국에 담아 올리는 음식으로 화려하기 그지없습니다. 신선로는 다른 이름으로 '열구자탕(悅口子湯)'이라고 하여 '입을 즐겁게 만드는 음식'이라고도 불립니다.

하지만 선선로의 중요한 정체성인 도넛형 그릇은 중국이나 동남아시아에서도 흔히 볼 수 있기 때문에 우리만의 고유성이 상대적으로 낮습니다. 또한 간과해선 안 되는 부분 중 하나가 내용물 자체가 한국의 특색을 담은 궁중음식이라고 하더라도 이를 먹어본 사람이 거의 없고, 만들 줄 아는 사람도 별로 없다는 점입니다. 애매한 위치에 있는 음식이라고 할 수 있어 국가대표로는 좀 미흡하다는 생각이 듭니다.

반면 '잡채'는 국가대표 음식에 속할 수 있는 자격이 있어 보입니다. 외국인들이 좋아하는 메뉴인데 잡채(雜菜)는 말 그대로 여러 가지 채소를 볶은 것입니다. 한국에서는 당면이 주인공이고, 여기에 채소를 볶아 넣어 만듭니다. 고구마 당면을 써서 면의 탄력이 높

▲ 잡채

고 자극적이지 않은 데다 서양인들이 포크를 써서 먹기에도 좋아서 많이 선호하는 모양입니다.

그런데 이와 비슷한 음식이 중국과 동남아시아 국가에도 있습니다. 물론 이들 나라는 쌀국수를 이용하기 때문에 다른 식감을 가지고 있기는 합니다. 하지만 확연히 구분되지는 않는다는 점이 아쉽습

▲ 필리핀의 판싯

니다. 특히 필리핀의 '판싯(Pancit)'은 잡채와 정말 많이 비슷해 보입니다.

떡볶이

'떡볶이'도 빼놓을 수 없는 우리 음식입니다. 대표적인 길거리 음식인 떡볶이는 가래떡과 고기, 채소 등을 간장 베이스의 찜 형태로 만들어낸 공중음식에서 시작되었고, 한국전쟁 이후에 '고추장 떡볶이'로 발전했다고 하죠. 사실 기름을 사용해 '볶은' 요리가 아니기 때문에 '떡볶이'보다는 '떡조림'이 더 정확한 명칭이라고 볼 수 있습니다.

▲ 떡볶이

그동안 떡볶이를 세계화하기 위해 정부에서 많은 노력을 기울였습니다. 하지만 맵고 달짝지근한… 어떻게 보면 희한한 조합의 맛과 서양인들이 별로 좋아하지 않는 떡의 쫄깃한 식감으로는 세계인의 입맛을 사로잡기 어려웠나 봅니다.

다만 아시아권에서는 한류열풍으로 인해 덩달아 인기가 있는 모양입니다. 떡볶이는 고추장, 간장, 짜장, 카레, 케첩 등 다양한 소스를 사용하여 맛을 낼 수 있습니다. 또한 바삭한 튀김류를 떡볶이

국물에 적셔서 먹을 수도 있습니다.

러시아로 나가는 한국 식제품

한국요리뿐 아니라 한국의 식제품들도 해외에서 인기가 많습니다. 특히 러시아에서는 다양한 한국 제품들이 인기를 끌고 있죠. 팔도라면에서 생산하는 '도시락' 사발면은 1990년 한국이 소련과 수교를 맺었을 때 보따리상들에 의해 러시아에 들어갔는데, 그때부터 현지에서 인기를 끌었다고 합니다. 필자도 1995년 모스크바에서 컵라면을 사 먹은 적이 있었는데, 한국과는 다른 상표명으로 팔리고 있더군요. 또 가장 작은 글씨로 '삼양라면'이라고 쓰여 있었지만 정작 파는 사람은 이것을 일본산으로 알았습니다.

'초코파이'는 러시아에서 꽤나 인기 있는 제품으로 대형마트에서부터 시베리아 오지에 있는 구멍가게까지 러시아 어디서나 볼 수 있습니다. 현지 제품에는 영어로 'Choco-Pie'라고 쓰여 있는 것이 대부분이지만 러시아어로 'Чоко-Пай'라 표기된 제품도 있습니다. 초코파이도 1990년대에 러시아에 깔리기 시작했는데, 러시아인들이 달콤한 음식을 선호하는 것과 맞아 떨어져 러시아에서 인기가 높아졌다고 합니다.

초코파이를 전자레인지에 데우면 훨씬 더 맛있어진다는 사실, 알고 계셨나요?

살짝 녹은 초콜렛과 마시멜로가 따끈한 비스킷에 스며들면 꼭 초콜렛 케이크 같거든요. 집에서 한번 해보세요!

5부

여행지

- 글 앙기아리 최 -

39 __
지금보다 1300년 전에
인구가 더 많았던 곳

위치 : 경상북도 남동부

면적 : 1,324km²

인구 : 25만 6,000여 명

2014년 장률 감독, 박해일 · 신민아 주연, 현지 로케이션 영화
개봉

2016년 지진으로 인한 특별재난지역 선정

　퀴즈냐구요? 맞습니다. 무엇에 대한 설명일까요? 그렇죠. 경주!
우리가 아주 잘 아는. 아마 살면서 수학여행 등을 포함해서 한 번
이상은 다녀온 곳일 겁니다. 한국인은 물론이고 외국인에게도 '천
년고도'로 잘 알려져서 많은 관광객이 찾고 있는 곳이죠. 갱주! 정
말 자~알 알고 계십니꺼?

▲ CG로 복원한 통일신라시대 경주 전경

우리가 알다시피 경주(慶州)는 (통일)신라시대의 수도였습니다. 백제, 고구려와는 달리 건국부터 멸망까지 변함없이 수도였죠. 지금 우리나라의 수도는 서울. 그런데 이 서울이란 순우리말이 경주의 옛 이름이자, 신라의 전신인 '서라벌(徐羅伐)'에서 유래된 건 알고 계시는지? 그만큼 경주는 오랜 세월 동안 우리에게 수도로서의 대표성을 띠어 왔음을 알 수 있습니다.

신라의 수도였던 시절의 경주는 어떤 모습이었을까요? 물론 삼국시대보다 통일 후에 더 큰 도시의 모습을 갖추고 있었음은 자명하겠지요. 〈삼국유사〉진한(辰韓) 조에는 '신라의 전성시대에 서울 안 호수(戶數)가 17만 8,936호이다'라고 기록되어 있는데, 한 가구당 5~6명씩(요즘 같으면 1~2명으로 잡아야겠지만ㅠ) 계산하면

100만명이 넘게 되는데요. 헐~ 메트로폴리탄(metropolitan)! 그 옛날, 천년도 전에…

당시 세계의 양대 도시라 할 수 있는 장안과 바그다드의 인구가 100만 정도였다는 것을 감안하면 믿기 어려운 숫자인 게 분명합니다. 통일신라에 과연 도시인구 100만명이 먹고 살 물자와 수송 인프라가 있었을까? 의문이 드는 게 사실이죠. 이를 부정하는 주장으로는 다음과 같은 것들이 있습니다. ① 그 때 경주는 오늘날의 수도권처럼 광역화되어 있었기에 근교까지 포함한 수이다. ② 호적은 경주에 두고 지방으로 이주한 인구까지 포함한 수이다. ③ 삼국유사에 기록된 수가 호가 아닌 구(口)의 잘못된 표기이다. 현재는 의견만 분분하죠.

아무튼 당시 경주는 지금보다 꽤 넓은 면적에다 국제 무역의 중심지로, 많은 사람들이 모여들었기에 인구는 자연히 폭발적으로 증가했으리라 생각되는 바입니다. 자, 이제 그만~~~ 인구 얘기는 여기까지만 하죠.

경주 양동마을

도시 전체가 국립공원인 경주에는, 유네스코 세계문화유산에 등재된 오래된 마을이 있습니다. 잘 모르시겠다구요? 음… 혹시 하회마을을 아시나요? 하회마을은 안 가봤어도 온 국민이 아는 유명한

마을이죠? 그럼 경주 양동마을은 들어보셨나요? 조금은 생소할 겁니다. 하지만 2010년 안동 하회마을과 함께 '한국의 역사마을'로 유네스코 세계문화유산에 등재된 아주 유명한 마을이지요.

▲ 경주 양동마을

양동(良洞)마을은 유서 깊은 양반마을로 경주 손씨(孫氏)와 여주 이씨(驪州 李氏), 두 가문에 의해 만들어졌는데요. '외손마을'이라고도 불린다네요. 왜냐구요?(궁금하면 오백원!) 15세기 중반 조선의 문신 손소(孫昭)가 처가를 따라 이곳에 이주한 뒤, 손소의 딸에게 이번(李蕃)이란 사람이 장가를 들어 이주해오면서 지금과 같은 양성 씨족마을이 됐기 때문이죠. 부계사회였던 조선에서 드물게 '외가'를 중심으로 마을이 형성되었기에 붙은 이름입니다.

유서 깊고 뼈대 있는(요즘 이런 표현 잘 안쓰죠ㅎ) 양반마을인 만큼 당근 훌륭한 인물도 많이 배출됐습니다. 대표적으로 조선 중기에 중앙의 주요 관직을 두루 맡았던 손중돈(孫仲暾)과 종묘와 문묘에 모두 배향된 유명한 성리학자 이언적(李彦迪)(이 분은 동방 5현에 포함되죠)을 들 수 있지요.

양동마을은 시내를 경계로 4개 영역, 즉 하촌(下村)과 상촌(上村)이 동서로, 남촌과 북촌이 남북으로 나뉘어져 있는데, 그 형상은 '말 물(勿)'자를 거꾸로 놓은 모습이라네요. 이씨와 손씨, 양 가문은 서로 다른 골짜기에 자신들의 종가와 서당, 정자 등을 두었으며, 지형이 높은 곳에는 양반가옥을 짓고 하인들의 집들은 양반가옥을 둘러싸듯 낮은 곳에 지었습니다. 그리고 집들 대다수는 ㅁ자형으로 되어 있고, 부엌은 ㄱ자형, 서당은 一자형이 많답니다.

수백년 된 기와집들 사이로 나지막한 돌담길이 이어지는 양동마을. 1984년 국가민속문화재 제189호로 지정하여 아름다운 자연 속에서 소중히 간직해온 전통문화를 기리고 있습니다. 통감속편(국보 제283호), 무첨당(보물 제411호), 향단(보물 제412호), 관가정(보물 제442호), 손소영정(보물 제1,216호) 등 중요 문화재가 마을에서 나왔고, 특히 원나라 최후의 법전인 지정조격(至正條格)이 세계에서 유일하게 발견되기도 하였죠.

또 마을에는 과거 노비들이 살았던 초가집도 보존되어 있구요(직접 보고 신분제의 부조리를 한번 느껴 보시는 건?). 주변에는 이언적이 거주하였던 독락당(獨樂堂)과 손중돈을 추모하기 위해 세운 동강서원(東江書院)이 있답니다. 이곳에서 영화 〈취화선〉, 〈스캔들〉 등이 촬영되기도 했지요.

현재 이씨와 손씨 400여 세대가 마을을 지키고 있는데, 두 가문은 지금도 서로 혼인을 통하여 인척관계를 유지하고 있습니다(유전적으로는 그리 좋진 않을 듯합니다만…). 더불어 이따금씩 양 가문 간에 갈등과 분쟁도 있었다고 하는데, 특히 가문의 영예나 발전을 위해 경쟁 관계에 놓이기도 했다네요(와우~ 진정한 라이벌!). 하지만 믿음이 동반된 선의의 경쟁이란 서로를 더 발전시키는 법! 그렇게 서로에게 힘이 되고 마을의 대소사에는 협동하며 공존과 조화를 이루고 있는 양동마을 되겠습니다.

요즘도 '양동 처녀라면 선도 안 보고 데려간다'는 말이 있다고 합니다. Why? 무슨 의미일까요? 궁금하면 500… 말고, 그 이유는 꼿꼿하고 청렴검소한 선비의 마음을 가지신 여러분이 직접 경주 양동마을에 가서 찾아보이소~.

40 _
신라 마지막 왕은
어디에 잠들어 있을까?

아니 들리니 이제 조금이라도 내 죄를 씻지 않고는 나는
바다로 가면 호령하는 파도! 산에 오르면 속살거리는 바람…
이 모두가 나라 잃은 이 왕을 꾸짖고 비방하는 것으로밖에 죽
을래야 죽을 수도 없겠노라…

▲ 연극 마의태자의 한 장면

1937년에 발표된 유치진 최초의
역사 희곡 〈마의태자〉 중 마지막 4
막 끝부분 대사입니다. 이 대사는 누
구의 한탄일까요? 왕건과 견훤의 세
력에 대항하여 민심을 모아 끝까지
싸우자는 아들을 뿌리치고 간계에
놀아나 굴복하여 왕건에게 나라를

갖다 바친 이. 김부(金傅)! 바로 신라의 마지막 왕, 경순(敬順)왕입
니다. 아니, 왕이 어찌 이리도 비겁할까요? 삼국을 통일한 조상들

에게 부끄럽지도 않을까요?

하지만, 그의 선택이 일면 합리적이라는 주장도 있습니다. 이길 가능성이 없는 전쟁으로 죄 없는 백성들이 죽는 것을 막았으니까요. 왕으로서, 아니 왕이었으니까 모든 걸 내려놓고 오직 백성의 안위만을 선택하지 않았을까요? 당시로선 최선의 방법일 수 있었다는 거죠.

하지만 그렇게 항복한 뒤, 신라의 백성들은 고려의 백성과 똑같은 대우를 받았을까요? 아닐 겁니다. 나라를 잃은 백성들의 삶은 힘겨웠겠죠. 그리고 중요한 건, 경순왕은 신라를 지키기 위한 시도조차 하지 않았다는 것입니다ㅠㅠ. 불쌍한 신라의 백성들…. 경순왕과 마의태자 중, 누가 더 바른 선택을 했느냐? 누구나 한국사 시간에 한번쯤은 고민한 경험이 있을 겁니다.

여기서 급 퀴즈 하나! 신라하면 바로 천년 고도 경주죠(물론 경주하면 신라고요). 그리고 경주하면 떠오르는 엄청나게 큰 왕릉들…. 그런데 말입니다. 왕도인 경주가 아닌 타 지역에 단 하나의 신라 왕릉이 있다는 사실! 알고 계십니까? 네? 뭐라구요? 벌써 눈치채셨다구요?

연천군 경순왕릉

맞습니다^^. 이 얘기하려고 앞서 경순왕을 언급했던 겁니다. 왕건에게 투항하면서 고려 땅에서 살았던 연유로 그의 무덤은 경주에서 멀리 떨어진 경기도 연천(漣川)군(아~ 20년도 더 지난 제 군생활의 무대, 매일 보초 서느라 이런 유적이 있는 줄도 모르고;)에 있지요.

▲ 경기도 연천군 경순왕릉

사적 제244호로 능 앞에는 단출한 형식의 비가 있는데 그 앞면에 '신라경순왕지릉(新羅敬順王之陵)'이 새겨져 있고, 뒤에는 간략한 내력이 기록되어 있습니다. 신라 멸망 후에 조성된 왕릉이기에 경주에 있는 다른 왕릉에 비해 매우 소박하며, 오랜 세월동안 잊혀졌다가 현재의 위치가 확인된 것은 조선 영조 때지요. 나라를 바친 뒤 두 명의 공주와 결혼도 하고 화려한 귀족의 생활을… 아무튼 마음에 들지 않네요.

김부 씨 스토리는 이 정도만하고, 화제를 돌려서….

고려의 종묘, 숭의전지

연천에서 꼭 가봐야 할 곳! 고려의 종묘(宗廟)입니다. 엥~ 고려 종묘도 있었남? 당근 있지요. 근 오백년의 유구한 역사(현재 미국의 역사

▲ 숭의전지

보다 길다는)를 지닌 왕조, 고려! 당연히 종묘가 있겠지요. 사적 제223호 '연천 숭의전지'. 조선시대에 고려 태조를 비롯한 7왕의 위패를 모시고 제사를 지낸 숭의전이 있던 '자리'입니다. 임진강 중류 깎아지른 듯한 언덕 위로 남쪽을 바라보는 작은 대지에 본래 정전(正殿)을 비롯해 전사청(典祀廳), 후신청(後臣廳), 남문, 협문(夾門), 수복사(守僕舍), 곳간 등이 있었으나 한국전쟁 때 모두 불타 사라졌죠. 근래에 정전과 이안청, 배신청, 삼문 등이 세워졌습니다.

왠지 종묘하면 서울에 있는 조선의 종묘만 떠 올리기 쉽기에 생소하기까지 하네요. 엄연히 존재하는 고려 종묘, 바로 '숭의전(崇義殿)'입니다. 그런데 말입니다. Why? 어째서? 고려의 종묘는 수도인 개성이 아닌 이 외진 연천에 있는 걸까요?

1392년 7월 17일 역성혁명의 주역, 이성계가 왕으로 즉위할 당시 조선의 수도는 한양이 아닌 고려의 왕도였던 개경이었고, 즉위식이 열린 곳 역시 개경의 수창궁(한양의 경복궁은 아직 짓기 전)이었습니다. 1392년 11월, 조선은 명나라 황제에게 국호를 '조선(朝鮮)'과 '화령(和寧)' 중에서 어느 것으로 할 것인지를 물었지만 그 대답은 이듬해 2월이 되어서야 확인할 수 있었습니다(중국에서 재가를 받은 국서가 배를 타고 돌아오는 도중, 그만 고래가 그 결재서류를 삼켜버리죠. 웃픈…).

그러니 이성계 입장에선 개국은 했으나 약 7개월 동안 '고려'라는 국호를 계속 쓸 수밖에 없었습니다(이런 말도 안 되는 경우라니… 쓸데없이 중국의 허락을 받으려고 하니 이런 사태가 벌어지지 쯧쯧).

이 과정에서 문제가 또 하나 있었습니다. 유교 국가는 새 왕조가 들어서면 종묘와 사직을 가장 먼저 세우는데, 이성계 역시 '왕'씨가 아닌 '이'씨인 자신의 조상들을 위한 종묘를 수도였던 개경에 짓고자 했습니다. 그런데 말입니다! 개경에는 당근 이미 고려왕조의 종묘가 있었다죠…. 그럼 어떡할까요? 어떡하긴요. 기다릴 것도 없이 개국 원년에 바로 기존의 종묘를 헐고, 그 자리에 새 종묘를 지어버렸죠.

개국 2년 후인 1394년 8월, 조선의 수도를 한때 남경으로 불렸던 '한양'으로 천도합니다. 새 도읍지에 조선의 종묘가 다시 세워지고 우리에게 익숙한 서울의 종묘가 생겨났지만, 덕분에 괜히 애먼 고려 종묘만 사라져버렸습니다(이런 이성계스런…).

게다가 당시 민심은 아직 고려에 익숙했기에 고려의 왕건과는 달리 백성들의 눈치를 많이 살폈던 이성계 입장에서는 그 동요를 최대한 잠재워야 했지요. 명나라 황제의 재가를 얻으려 한 것도 역성혁명의 정당성을 조금이라도 강화시키고자 했음입니다.

정권이 안정된 후 승자의 여유를 부리며 이전 왕조인 고려에 대한 너그러운 조치를 취했던 조선은 그 일환으로 고려왕조의 종묘를 다시 세우고 제사를 지냄으로써 흩어진 민심을 얻고자 했고, 종묘 건물의 관리도 고려왕조의 후손에게 맡겨 고려 유민의 불평을 없앴습니다. 다만 기존 세력의 부활을 염려하여 종묘의 위치를 개성에서 좀 떨어진 연천으로 정했는데, 원래 이곳 숭의전 터에는 고려 태조의 원찰(願刹, 망자의 명복을 빌기 위해 건립한 사찰)이었던 앙암사가 있었다고 하네요.

41 _
매운 고추랑 상관없어요,
네버!

콩밭 매는 아낙네야 베적삼이 흠뻑 젖는다
무슨 설움 그리 많아 포기마다 눈물 심누나
홀어머니 두고 시집가던 날 칠갑산 산마루에
울어주던 산새 소리만 어린 가슴 속을 태웠소

주병선 〈칠갑산〉

▲ 가수 주병선 앨범 사진

1989년에 발표된 주병선의 노래, 〈칠
갑산〉입니다. 오래된 데다 국악풍의 노
래라서 젊은 세대에겐 낯설지도 모르겠
네요. 하지만 발표 당시 큰 인기를 끌었
고 지금까지도 많은 사람들의 사랑을
받고 있는 국민가요라고 할 수 있답니
다. 사실 이 노래를 1980년에 첨 부른

사람은 트롯 가수 윤희상씨입니다(완쫀 몰랐음다! 리메이크한 주
병선 씨는 1988년 제12회 MBC 대학가요제에서 금상을 받으며 가
수 생활을 시작했다고 하네요). 여기서 뜬금없는 퀴즈 하나! 1988
년 MBC 대학가요제에서 대상을 받은 노래는?(〈응답하라 1988〉에
서도 나왔죠? 마왕이 그립습니다ㅠ)

칠갑산(七甲山), 노래는
아는데 산은 山인 것 같은
데… 어디 있는 산일까요?
바로 충청남도 청양군에 있
지요. 청양(靑陽). 가본 적
있나요? 네? 청양고추의 그
청양 아니냐구요? 일단 매
운 건 좀 있다가 말씀드릴게
요ㅎ. 칠갑산의 높이는 해발

▲ 충남 청양

559m로 그리 높지 않은 산이지만 '충남의 알프스'라고 불릴 정도
로 계곡이 깊고 경사가 심하답니다. 국립공원도 아닌 도립공원으
로 그리 유명한 산도 아닌데, 노래는 슬프고 애절하네요. 노래에
담긴 무슨 사연이 있을 법도 합니다. 한번 알아볼까요?

이 노래는 조운파 선생이 가사를 쓰고 곡을 붙인 노래입니다. 조
운파 선생은 유명한 〈아내에게 바치는 노래〉를 작사한 분이죠. 충

남 부여에서 태어난 선생은 학교가 멀어 중학교 때 하숙을 하였는데, 동급생 하숙집 딸과 의남매를 맺었습니다^^. 근데 같이 찍은 사진을 들키는 바람에 그만 할아버지가 잘 아시는 칠갑산 어느 절에 감금되고 말았죠ㅠㅠ. 어쩔 수 없이 칠갑산과 사춘기를 함께 보냈다네요.

▲ 칠갑산 천문대

그 후 20여 년이 흐른 1970년대 말, 고향에서 추석을 보내고 상경하는 버스 창밖으로 다시 칠갑산을 마주하게 되었지요. 당시는 온 국민이 산업화 하나만 쳐다보고 달려가던 시대. 순간 선생의 머릿속에는 홀어머니와 민며느리, 콩밭, 베적삼, 화전민 등이 떠오르면서 한(恨) 많은 질곡의 우리 지난 시절이 떠올랐다고 합니다. 그 감흥으로 즉흥적으로 만들어진 게 바로 이 노래, 〈칠갑산〉이랍니다. 〈칠갑산〉에 우리 민족의 애절한 삶과 역사의식을 담아내고자 했던 거죠.

노래 가사 중 '콩밭'은 우리의 끈질긴 생명력과 척박했던 삶의 터전을 상징하고, '포기마다 눈물 심누나'는 민족의 한을 갈무리한다는 뜻으로 수난의 우리 역사와 현재의 풍요를 일궈내기 위한 절박했던 지난 세대의 삶을 회화적으로 그려낸 거죠.

또 '시집가던 날'은 지독하게 가난했던 어머니가 민며느리로 딸을 보내면서 잘 살기를 바라는 간절함을 표현했지요. 이 노래에 등장하는 홀어머니와 어린 딸은 우리 모두의 어머니와 누나, 언니를 말하며 바로 오늘의 우리를 있게 한 민족사의 주체들이십니다. 들으면 들을수록 가슴을 파고드는 이유에는 역시 이런 스토리가 있기 때문이었군요.

청양군과 청양고추

칠갑산에 올라 청양의 경치를 한번 둘러보고 하산하면 좀 출출할 겁니다. 보리밥에 청양고추를 된장에 푸~욱 찍어서 먹어 볼까요ㅎ. 청양고추. 말만 들어도 맵다구요? 그래도 고추가 매워야지, 전 안 매운 건 풀냄새 나서 못 먹겠더라구요ㅎㅎ.

그런데 청양고추와 청양군은 어떤 관계일까요? 청양군은 청양고추축제를 개최하고 청양군 농촌지도소 등의 자료를 바탕으로 '청양고추'의 원산지라고 주장하고 있으며, 실제로 고추는

▲ 칠갑산 천장호 출렁다리

청양의 특산물이기도 합니다. 하지만 청양고추의 국내 최대 산지는 경남 밀양시라네요.

청양고추는 종묘(種苗) 업체 중앙종묘와 오뚜기에서 1983년에 개발한 품종인데요. 1998년 IMF 시절 외국기업에 중앙종묘가 인수되면서 그 개발자들은 회사를 떠나게 되지요. 우리 기술로 개발하고, 우리 지역의 이름을 붙이고, 우리가 즐겨먹는 고추의 종자 소유권이 외국에 넘어갔다는 얘기ㅠㅠ. 청양고추라는 이름의 기원에 대해서 청양군은 중앙종묘와의 일화를 얘기합니다. 1968년 중앙종묘는 충남 청양에서 고추가 잘 자란다는 이야기를 듣고, 청양군 농업기술센터 소장에게 좋은 품종을 골라달라고 부탁합니다. 그리고 종자가 선정되면 '청양고추'라는 이름을 붙이기로 약속하죠. 그래서 만들어진 품종이 청양고추인 것입니다.

이 주장과 달리, 개발 당사자인 중앙종묘는 게시물을 통해 '1970년대 말부터 1980년대 초, 소과종이 대과종보다 가격이 높은 관계로 국내 최대 주산지인 경북 청송군, 영양군 지역에서 소과종이 주로 재배되어 이 지역에 적합한 품종을 키우고자 하였다'고 명시하여 이름의 유래가 청양군과는 무관하다고 밝힌 바 있지요.

▲ 청양군 마스코트 고추도령과 구기낭자

또한, 청양고추의 품종개발자로 국립종자관리소에 등록된 '유일 웅' 박사는 여러 언론사와의 공식 인터뷰를 통해 '청양고추는 제주 산과 태국산 고추를 잡종교배하여 만든 것인데, 청송과 영양 일대 에서 임상재배에 성공하였기에, 현지 농가의 요청에 의해 청송의 청(靑), 영양의 양(陽)자를 따서 명명하여 품종 등록하였다'고 정리 했습니다.

아무튼 명칭의 유래는 이러하고요. 중요한 건 이 맛있는 청양고 추를 외국에 돈을 주고 사먹어야 한다는 현실이 알싸한 매운맛처럼 우리를 슬프게 합니다. 다시는 우리 것을 잃지 않고 잘 지키도록 해야겠습니다. 꼭꼭꼭!

42 _

진천에 살고 용인에 묻히고,
인생 근본은 이거지~

살기 좋은 곳에서 사는 게 좋을까, 아니면 죽어서 묻히기 좋은 곳에 사는 게 좋을까? 헐~ 이것도 고민이라구요? 똥밭에 굴러도 이승이 좋다고 하는데….

▲ 경기의 용인과 충북의 진천!

백만에 가까운 인구를 가진 왕(?) 기초지방자치단체인 경기도 용인시를 모르는 사람은 없을 텐데요. 반면에 충북 진천군은 모르는 분이 꽤 있을 듯합니다(진천이 충청북도에 있다는 것, 군(郡)이라는 것, 솔직히 몰랐던 분? 손 ~ 높이!). 몇 년 전 국가대표 선수촌이 태릉에서 여기로 옮겼죠.

그럼, '생거진천 사거용인(生居鎭川 死居龍仁)'('사후용인'이라고 알고 계신 분도 손!)이란 말은 들어 보셨는지 모르겠네요. '살아서는 진천에서 사는 게 좋고, 죽어서는 용인에 묻히는 게 좋다' 뭐 이런 의미일까요? 고로 용인은 소위 '명당'의 대명사?

여기서 이야기 하나!

진천에 살던 허주부란 사람의 딸이 용인으로 시집을 가서 남편과 열심히 일하며 잘 살았는데, 시부모가 돌아가시고 남편 또한 세상을 떠나버렸다네요. 그 뒤 이 허주부의 딸은 친정으로 다시 돌아가고 싶어 길을 떠났습니다. 그런데 때마침 "이것이 남편 잃고 혼자 어떻게 사는겨!"하고 허주부 또한 걱정하며 딸을 보고자 길을 나섰습니다.

좌전고개를 넘어가던 허주부가 힘이 들어서 고갯마루에서 잠시 숨을 돌리고 있는데, 저기 진천 쪽에서 젊은 유생이 오고 있었다죠. 그리고 때마침 하얀 소복을 입은 여인이 고개를 올라왔기에, 이 유생이 여인에게 말을 붙이고 싶어 "눈에 뭐가 들어가서 눈을 뜰 수가 없으니 눈 좀 불어 주슈"했다네요. 이에 여인은 유생의 부탁을 들어 주었고 허주부가 그 모습을 가만히 보고 있었는데, 아! 글쎄 여인이 바로 제 딸이었다는… 허주부는 "저런 괘씸한! 외간 남자하고 입을 맞춰!"하면서 오해를 했답니다ㅠㅠ.

딸이 친정에 도착하자 허주부는 노발대발하면서 호통을 치며 다시 돌아가서 그 집의 귀신이 되라고 했고, 친정어머니는 자초지종도 모른 채 남편을 원망하며 고작 하룻밤 재운 뒤 딸을 돌려보냈답니다. 그런데, 딸은 시집으로 돌아가는 길에 낙방하고 귀향하던 유생을 다시 만났죠….

男 : 아니 접때 마이 아이에 후~ 해 줬던 여인 아닌감유?
女 : (고개만 끄덕끄덕)
男 : 지는 시방 장가도 못 갔는디 같이 살면 안 되겠는감유?
女 : (힘들게 표정관리한 채, 끄덕끄덕)
(사실 우리가 알고 있는 충청도 사투리는 대개 충남 사투리죠. 충북은 경기도 말투에 가까운 듯)

이리하여 허주부의 딸은 진천으로 가서 유생과 함께 살게 되었습니다. 시간이 흘러 아들, 딸 낳아 잘 살고 있었는데… 여기서 깜짝 반전! 용인에 살고 있던 아들이 건장하게 자라, 어느 날 어머니를 만나러 외갓집에 왔습니다. "네 엄마는 진천으로 시집갔단다"하고 알려주니 이 아들은 엄마를 찾아가 "어머니는 제가 모시겠습니다"라고 하였다네요.

진천의 아들딸들도 어머니를 뺏기고 싶지 않았기에 용인과 진천 자식 사이에서 끝내 싸움이 나고 말았습니다. 그러자 원님이 "살아서는 진천에서 거하고 죽어서는 용인에서 거하라!"는 판결을 내려주었고 바로, 여기서 '생거진천 사거용인'이란 말이 전해졌답니다.

일설에 따르면 진천 지방은 옛날부터 비옥하고 넓은 평야에, 가뭄의 해가 적어 농사짓기가 알맞아서 살기 좋은 곳이므로 '생거진천 사거용인'이 유래되었다고도 합니다.

▲ 진천 농다리

이 이야기는 진천군 광혜원면 금곡리에서 전해 내려오는 것입니다. 이 외에도 여러 가지 '생거진천 사거용인'의 유래에 관한 이야기가 전해지죠. 구체적 내용은 다양하지만 공통된 주요 모티프는 예부터 '살기 좋은 진천', '명당이 많은 용인'이라고 할 수 있겠네요.

명당의 조건

사람이 살기 좋은 곳이 당근 묏자리로도 좋은 곳이겠죠. 풍수지리에서 말하는 명당보국(明堂保局 : 이상적 환경으로서의 길지(吉地)를 일컫는 말)의 필수조건인 장풍득수(藏風得水 : 바람은 감추고 물을 얻는다는 뜻. 차가운 겨울의 북서풍을 막아 주고 농업용수 공급은 용이한 곳) 즉, 배산임수(背山臨水)의 전형적인 고장이 바로 진천과 용인입니다.

하지만, 대도시로 개발된 지금의 용인이 과연 명당의 명맥을 유지하고 있을까요? 그건 직접 가서 확인해 보시길^^.

▲ 용인 와우정사

높이 8m의 거대한 불두. 와우~ 놀랄 게 많아서 와우정사?

43 __
여기서 꼬막먹고 주먹자랑하면
큰일 나부러~

"소화다리 아래 갯물에고 갯바닥에고 시체가 질펀허니 널렸는
디, 아이고메 인자 징혀서 더 못 보것구만이라"

▲ 벌교읍 태백산맥문학관

조정래 작가의 소설, 〈태백산맥〉 제1부 '한의 모닥불'에 나오는 구절입니다. 〈태백산맥〉은 해방 후 '혼돈의 시대', '민족사 매몰시대'를 살았던 우리 민족의 아픈 역사를 다룬 장편 대하소설이죠. 작가는 언급조차 금기시되었던 '빨치산의 난립'을 불행한 우리 역사의 시작으로 보고, 그 원인이 되는 우리 사회의 혼란을 좌우이념의 대립이라는 상투적 해석 대신 민족 내부에서 발생한 계층 간 갈등에서 찾았습니다. 오랜 세월이 지난 지금까지도 꾸준히 판매되고 있는 대표적인 베스트셀러이자 스테디셀러인 이 소설의 배경은 '전라남도 벌교읍(筏橋邑)'입니다.

'군'보다 유명한 '읍' 벌교

벌교는 '읍(邑)'입니다. 보성군(寶城郡) 남동부에 위치해 북·동쪽은 순천시, 남쪽은 고흥군에 접하고 있죠. 그런데, 우리나라 행정구역상 읍은 시(市)나 군(郡)에 속해 있습

▲ 홍교

'뗏목다리'를 의미하는 '벌교'의 지명이 유래된 다리입니다

니다. 보성, 잘 아시나요?(으~~리하면 생각나는 김보성씨가 떠오른다고요ㅎ) 아마 대다수는 녹차를 생각하실 겁니다. 워낙 거시기하게 유명하니까요~.

그런데 벌교읍은 보성군에 속해 있지만, 보성을 조연 또는 대역 재연배우라 한다면 벌교는 주연이라 할 정도로 더욱 널리 알려져 있는 게 사실입니다(보성군민들~ 죄송합니다). 벌교가 전남 보성 군에 속해 있다는 건 솔직히 모르셨죠?(사람은 모름지기 솔직해야 한당께요). 그래도! '벌교에서 주먹자랑하면 큰일난다~'는 말, 한 번씩은 들어 보셨을 겁니다. 벌교 사람들은 주먹이 크다? 싸움을 잘한다? 도대체 이게 무슨 뜻일까요?

유래를 찾아보니, 벌교는 포구(浦口)라서 예부터 순천, 고흥, 여 수, 목포 등과 연결되는 교통의 요충지였습니다. 때문에 일제강점 기 때는 일본인들은 벌교포구를 통해 내륙에서 생산된 농산물을 자 기 나라로 가져갔습니다(이런 싸~가지 없는 XXX들. 우리 국민들 먹을 것도 없던 판에). 그것을 보고 울분을 참지 못한 당시 벌교 사 람들이 일본 사람을 흠씬 두들겨 패주었답니다. 그 이후 자연스레 일본인들 사이에 이런 말이 퍼졌다는… '벌교에서 주먹자랑하면 큰 일 나무니다'. 이처럼 벌교에는 오래 전부터 민족정신이 강한 사람 들이 살아왔음을 알 수 있습니다. 쌈박질 잘하는 것과는 전~혀 상 관없이도 태백산맥의 주인공이 될 자격이 충분합니다.

벌교의 자랑, 꼬막

"워메, 내 새끼 꼬막 무치는 솜씨 잠 보소. 저 반달 겉은 인물
에 손끝 여렵허기가 요리 매시라 운니는 천상 타고난 여잔디.
금메, 그 인물, 그 솜씨 아까워 워쩔끄나와"(무당 월녀가 딸 소
화의 꼬막무침 솜씨를 칭찬하는 대목)

〈태백산맥〉 구절 중 하나입니다. 네, 벌교에 가면 꼭 먹어야 하
는 것! 바로 꼬막입니다. 물론 여름에는 순천만에서 낚시로 잡는
짱뚱어도 끝내 주지만, 꼬막은 조개의 일종이라 가을부터 봄까지
가 제철입니다. 꼬막의 맛은 쫄깃쫄깃한 식감과 특유의 비릿한 향,
그리고 혀끝에 느껴지는 바다를 품은 짠맛으로 표현할 수 있지요.
꼬막의 여러 종 중 우리나라
에서는 참꼬막, 새꼬막, 피꼬
막을 많이 먹는데, 그 중에서
도 여수반도와 고흥반도에 걸
친 여자만(汝自灣)의 참꼬막
을 으뜸으로 칩니다.

▲ 꼬막 까는 도구

역시~ 우리 민족은 머리가 좋당께요^^

그리고 벌교에서는 만원 정도만 주면 푸짐한 꼬막정식을 맛볼 수
있습니다(워따메 착한 거!). 꼬막정식을 시키면 삶은 참꼬막을 한
바가지 가져다주는데, 꼬막은 뒷부분 옴팍한 곳에 젓가락을 끼고

젖히면 입이 열립니다. 벌교 현지인들은 이렇게 먹지요. 생각해보면 벌교인들이 항상 이렇게 꼬막을 까뒤집다 보니 일본인도 까뒤집어줄 수 있는 그런 강단이 그들에게서 나오지 않았을까요.

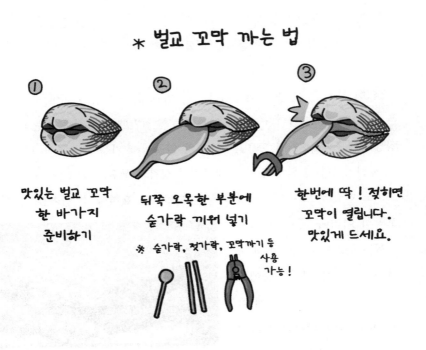

* **벌교 꼬막 까는 법**

① 맛있는 벌교 꼬막 한 바가지 준비하기

② 뒤쪽 오목한 부분에 숟가락 끼워 넣기

* 숟가락, 젓가락, 꼬막까기 등 사용 가능!

③ 한번에 딱! 젖히면 꼬막이 열립니다. 맛있게 드세요.

어떤 방향인지는 몰라도, 역사는 끊임없이 이어지고 흘러갑니다. 잘 조성되어 있는 태백산맥 문학기행길을 따라가다 보면, 소화다리, 금융조합, 홍교, 현부자네, 벌교역, 김범우의 집 등 당시의 시설들이 지금까지 잘 보존되어 있는 걸 볼 수 있습니다. 벌교의, 아니 우리 민족의 자랑스러운 문화재들이죠.

찬바람이 슬슬 불어오면,
그 조그만 껍데기 속에 바다
를 넣어놓고 쫀득쫀득 우리
를 기다리고 있는 참꼬막이
떠오르겠죠^^. 푸짐하게 한
상 차려 먹고 우리네 강인한

▲ 태백산맥 문학기행길

민족성을 상기하면서 기회가 되면 주먹자랑도 한번 해볼까요?^^;

의병장 안규홍, 독립협회 서재필, 대종교 나철, 작곡가 채동선을
낳은 고장! 벌교로 싸게싸게 오랑께~~~.

44 __

일제가 만든 최초의 계획도시

ㄱ. 고대에는 가야 연맹체에 속했다가 신라에 편입

ㄴ. 1952년 국내 최초로 이순신 제독 동상 건립

ㄷ. 1955년 시(市)로 승격, 2010년 구(區)로 재편

ㄹ. 대한민국 해군의 모항(母港)

ㅁ. 배산임해(背山臨海)의 지형으로 동쪽은 부산, 북쪽은 김해 · 구(舊)창원시, 서쪽은 마산만, 남쪽은 거제시와 마주한 이곳

어디일까요? 결정적인 힌트를 드리자면 '벚꽃축제'를 떠올려보세요. 바로 진해(鎭海)를 설명하는 내용이죠. 정확히는 경상남도 창원시 진해구인데요. 매년 4월 1일부터 10일까지 개최되는 군항제(軍港祭)에는 만발한 벚꽃과 해군부대를 구경하러 전국에서 많은 사람들이 찾아오고 있습니다.

"…벚꽃은 일본 꽃?" No No 일본 꽃 아니구요! 진해의 벚꽃은 제주도 원산인 '왕벚나무'입니다. 꽃이 커서가 아니고 나무가 크고 꽃도 많이 피기 때문이지요. 일본 꽃 아래에서 충무공께 절을 할 순 없겠죠. 암암~ 진해는 이순신 제독(해군은 장군 대신에 제독이라 하지 말입니다~)을 기리기 위해 1952년 4월 13일 북원로터리에 동상을 세우고 매년 추모제를 거행

▲ 진해구 이순신 제독 동상

했는데요. 이것이 시초가 되어 1963년부터 호국정신과 향토 문화 예술 진흥을 위해 군항제로 명명하고 새롭게 단장했다네요.

해병대 창설 장소

'한번 해병은 영원한 해병', '누구나 해병이 될 수 있다면 나는 결코 해병이 되지 않았을 것이다'. 대한민국 남녀노소가 한번쯤은 들어 본 말이죠? '국방의 의무니까 어쩔 수 없이'란 말이 무색하게 지금도 입대하려면 높은 경쟁률을 뚫어야 하는, 팔각모와 빨간 명찰로 대표되는 해병대입니다. 해병대하면 많은 분들이 포항을 떠올리시겠지만 사실 1949년 진해 덕산비행장에서 창설되었답니다. 1985년에 해병 교육단이 포항으로 이전했죠.

여담이지만 이 때문에 해병대 신병 훈련의 마지막 코스로 등반하는 천자봉(天子峰)도 진해에서 포항으로 이전했다네요. 헐~ 산을 어떻게 이전?(포항 운제산의 대왕암을 제2의 천자봉으로 명명했다는 건 T.M.I…)

▲ 영내의 해군 건물

진해의 옛 지명은 웅천(지금도 웅천동은 남아 있어요)이었습니다. 일제가 1904년 러일전쟁을 일으키면서 대규모 군대를 한국에 진주시켰고 이후 진해만의 지리적 중요성을 인지하고 1910년부터 1922년까지 해군 기지를 건설했죠. 이때 지명도 진해로 변경했습니다. 아무튼 군항으로는 천혜의 지리적 위치에 있다는 말씀.

일제강점기 내내 군항으로 개발됐고 한국전쟁 때도 점령된 적이 없어서 지금도 진해에는 당시의 건축물이 꽤 많이 남아 있습니다. 물론 해군 영내에도 있구요(군항제 기간 동안에는 부대 개방을 하니 그때 보시길).

진해의 명소, 방사선 팔거리

군항과 내륙의 연결을 위해
1926년 진해역을 건립하는 등
일제는 근대 계획도시로 진해를
변모시켜 나갔는데요. 2015년
부터 진해역은 수요부족으로 운
영하지 않고 근대 문화유산으로
관리하고 있습니다. 역에서 출

▲ 일제시대 중원 로터리
지금도 로터리 형태는 유지되고 있습니다!

발해서 남쪽으로 약 500m 떨어진 곳에 중원(中原)로터리(진해구
중심가 지역에는 세 개의 로터리가 있는데, 이름하야 북원, 중원,
남원이 되겠슴다)가 있는데요, 여기가 바로 국내 유일의 방사선형
팔(八)거리랍니다.

과거에 이곳은 넓고 기름진 벌판('중평 한들'이라 불렸던)이었는
데, 가운데에 큰 팽나무가 있었답니다. 일제가 원주민들을 강제로
쫓아내고(당시 황무지였던 지금의 경화동으로) 나무를 중심으로
방사상 시가지를 만들어 일본인 거주지를 조성한 거죠. 당시 이곳
은 한국인에게는 주거를 허락하지 않은 일본인만의 도시였다죠(아
픈 역사를 다시는 되풀이하지 말아야…). 이런 이유로 중원로터리
근방에 일본의 근대건축물이 몰려 있는데요. 어두운 과거도 우리
역사인 것! 그냥 지워버리는 것보단 보존하면서 되새김하는 게 맞
다고 봅니다.

▲ 진해우체국

팔거리에 위치한 진해우체국은 사적 제291호로 지정된 건물입니다. 이 단층 목조 건물은 1912년 조선총독부 체신국으로 지어졌습니다. 건물 부지가 삼각형 모양의 땅이었고 출입구는 꼭짓점에 위치해 있었기에, 입구는 좁고 안으로 들어갈수록 넓어지는 독특한 구조를 하고 있습니다. 정문 양측면에는 토스카나 양식의 배흘림 기둥을 세워 오랜 세월이 흐른 지금도 건물의 무게를 능히 지탱하고 있습니다. 진해역사의 건축양식은 북서유럽풍이고, 진해우체국은 러시아풍을 취했는데, 이처럼 일제강점기에 지어진 건물들에는 다양한 양식이 나타납니다. Why? 왜 그럴까요? 그건 일제가 서구 문물을 적극적으로 수용하는 것에 열중했기 때문이라고 생각됩니다(당시 서구 열강은 일본의 롤모델이라능…).

▼ 흑백 다방

우체국에서 로터리를 직선으로 가로지르면 반대편에 조금 오래된 건물 하나가 있습니다. 진해우체국과 나이가 같지요. 일본식 2층짜리 목조 건물인 '흑백다방'입니다. 1955년 이북 출신의 유택렬(1924~1999) 화백이 인수해 오랜 세월동안 명실상부 지역문화의 아지트로서 그 역할을 해왔습니다. 작은 곳이지만 전시 · 공연 등을 개최하는 등 결코 작지 않은 공간이었다네요. "진해의 문화예술인 치고 흑백의 자양분을 먹지 않고 자란 이가 있겠는가?"〈진해 문화의 등대, 흑백다방〉이라는 글에 나오는 회고담인데요. 김춘수, 유치환, 전혁림, 문신 등 당대 거장 예술인들이 즐겨 찾던 곳이었습니다. 현재는 시민 문화공간으로 사용되고 있답니다~.

인근에 또 다른 일본식 목조건물이 있는데, '진해군항마을역사관'입니다. 많은 기록물과 중앙동(이곳의 행정구역임) 일대의 근대 문화유산이 전시되어 있는데, 중앙동은 국가기록원에서 '기록역사마을'로 지정했답니다.

흑백다방 뒤로는 중국풍의 3층 건물이 보입니다. 식당 '새 수양회관'인데요, 지붕이 뾰족해 '뾰족집' 또는 '팔각정'으로 불리지만 실제로는 육각형입니다(꼭 세어 보세요^^). 1920년대에 세워져 당시에는 일본군 초소와 요정으로 사용됐습니다.

▲ 새 수양회관

수양회관 길 건너에는 '원해루(옛 영해루)'가 있는데, 한국전쟁 중공군(1992년 한중 수교 이전에는 중국을 '중국공산당'을 줄인 '중공'이라 불렸죠. 당시 중국이라하면 타이완을 이르는 말이었죠) 포로 출신 사장님이 1956년에 개업한 중국 음식점입니다. 이승만 대통령과 장제스 대만 총통이 회담 후에 식사를 했던 곳이기도 합니다(꼭 한번 가서 그때 그 자리에 앉아 간짜장 곱빼기를 먹어봐야…). 현 주인은 1980년대에 인수한 뒤 상호를 바꿔서 운영 중인데요. 한때는 마산·진해·창원 지역에서 가장 큰 중국요리집이었습니다.

장옥 거리

▲ 장옥 거리

진해우체국 왼쪽에는 '장옥 (長屋)'들이 자리하고 있습니다. 옆으로 길게 뻗은 모양이라서 붙은 이름이지요. 역시 일제 때 지은 일본식 2층 목조 건물 6채가 다닥다닥 붙어 있습니다. 1층은 상가이고 2층은 주거용이어서, 요즘말로는 주상복합건물이라 할 수 있겠네요. 장옥을 보다가 그 자리에서 뒤로 돌면 현대식 상가들이 눈에 들어옵니다. 마치 타임슬립을 한다는 착각이….

다시 뒤로 돌아 장옥 뒤쪽으로 가면 일본식 목조 주택이 거의 원형대로 보존되고 있습니다. 이 단층 건물은 진해요항부 병원장 관사로 쓰이던 곳입니다. 지금은 '선학 곰탕'이라는 곰탕집으로 영업 중이구요. 한 그릇 먹으러 들어가면 뜻밖의 서양식 응접실과 일본식 방, 정원이 조화를 이루는 모습을 볼 수 있답니다.

▲ 선학 곰탕

탕곰 아님:

지금보다 과거에 더 번성했던 곳. 일제강점기의 뼈아픈 역사를 간직한 한국 해군의 요람! 한국 속 작은 일본의 모습을 돌아보고 우리 민족은 왜 그렇게 당해야 했는지, 그 역사를 다시 반복하지 않으려면 어떻게 해야 하는지, 생각해보는 시간을 가져볼 수 있습니다. 자 출발~ 따뜻한 남쪽으로, 벚꽃 없어도 진해에서 만나요~.

45 _
우리 땅 젖줄(江)은
여기서 출발~

〈아내의 유혹〉, 〈꽃보다 남자〉, 〈너는 내 운명〉, 〈미워도 다시
한 번〉, 〈에덴의 동쪽〉, 〈왔다 장보리〉, 〈언니는 살아있다〉,
〈수상한 삼형제〉, 〈불굴의 며느리〉…

▲ 막장드라마의 한 장면

대중들에게 인기를 끌었던
막.장.드라마들입니다. 아주 히
트였죠. 이 장르의 작품들은 문
어체 대사, 언어폭력과 감정과
잉, 개연성과 현실성의 부재, 전
근대적인 가치관 등의 특징을 보
이는데요. 그런데 이 '막장'이란 말, 많이 쓰긴 하는데 무얼 뜻하는
말일까요?

막장, 뭘 말하는 걸까?

사전을 찾아보면 '마지막 장을 뜻하는 말로, 특정한 상황의 마지막 장에 다다른 사람을 비유적으로 이르는 말', '인생을 갈 때까지 간 사람 또는 그러한 행위를 꾸며 주는 말', '갱도의 막다른 곳' 등의 뜻을 갖고 있네요. 우리는 이 세 가지를 모두 포함한 의미로 쓰고 있는 것 같습니다. 지하 수백 미터의 열악한 환경에서 목숨을 걸고 탄을 캐는 광부의 일, '막장일'이라고 하죠. 그만큼 어렵고 힘든 일이기에 인생의 벼랑 끝에 선 사람들이 찾아간다는 것. 인생 막장에 다다르면 막장의 갱부가 되려고 했다는… 연탄의 수요가 많았던 시기에는 돈을 많이 벌 수 있었기 때문이죠.

물론 지금도 연탄은 서민들의 소중한 난방원입니다만, 예전에 비해 사용량이 급격히 줄었습니다. 30~40년 전만해도 지금의 도시가스, 석유의 역할을 연탄이 했다고 해도 과언이 아닐 정도니까요. 1980년대만 해도 겨울만 되면 연탄가스 중

▲ 연탄
1978년 이후 22공탄으로 통일

독 사고를 뉴스에서 심심찮게 볼 수 있었습니다. 아무튼 당시 연탄 수요는 엄청났기에 당근 탄광도 아주 많았답니다.

연탄은 고생대 지층에서 주로 산출되는 석탄 중 무연탄(無煙炭)

으로 만들죠. 전 세계적으로 보면 유연탄의 생산이 많지만, 우리나라에서는 무연탄이 많이 산출됩니다. 그래서 우리나라는 세계 주요 무연탄 산출국에 속합니다.

어쩌다보니 막장과 석탄에 대한 얘기가 길어졌네요. 탄광은 강원도, 충청북도, 경상북도에 주로 있는데, 그 중 유명한 도시로는 어디가 있을까요?

탄광의 도시 태백

여러 도시가 있지만 그 중 대표적으로 '태백(太白)시'가 많이 알려져 있습니다. 강원도 남부 내륙의 태백산맥 동쪽에 자리 잡아, 영동지방에 속하며 동쪽과 북쪽은 삼척시, 서쪽은 정선군, 남쪽은 경상북도 봉화군과 접하고 있고, 인구는 2020년 기준 4만 3,000여 명으로 도 전체 인구의 약 3%에 해당하죠. 태백산(1,567m) 국립공원(2016년 지정)을 비롯한 해발 1,000m가 넘는 여러 산으로

▲ 귀네미마을 고랭지배추밭

둘러싸인 고원의 분지에 자리 잡고 있기에 평야는 거의 없어 예부터 주로 밭농사를 해오고 있습니다(끝도 없이 펼쳐진 초록색 카펫같은 고랭지 배추밭!).

이 태백에 우리 국토의 젖줄인 한강과 낙동강의 발원지가 있는데요. 먼저 한강은 금대산 북쪽 계곡의 검룡소(명승 제73호)에서 출발하여 골지천을 이루

▲ 낙동강 발원지 '황지(黃池)연못'

고 정선·영월을 거쳐 충주호를 형성한 뒤 경기도 양평군 양수리에서 북한강과 합류하여 총 481.7km를 흘러흘러 서해로 들어가지요. 그리고 황지동 황지에서 발원한 낙동강은 금호강, 밀양강, 남강 등과 합류하며 남으로 521.5km를 흘러 남해로 유입되구요.

또한 이곳에는 민족의 정기가 잉태했다고 알려진, 신성한 태백산이 있습니다. 예부터 정상 천제단(天祭壇)에서 하늘에 제사를 지내왔죠(지금도 매년 개천절 오시(午時)에 세계평화, 민족통일, 국태민안(國泰民安), 우순풍조(雨順風調)를 기원하며 제를 올리고 있습니다).

다시 탄광 이야기로 돌아와서, 태백은 정선의 도계탄전과 더불어 남한 최대의 탄전지대에 위치하며, 이 일대에 넓게 분포하는 고생대 평안누층군에는 질 좋은 무연탄이 매장되어 있어 일제강점기부터 개발되었습니다. 한때는 640만t의 석탄을 생산하여 전국 생산량의 30%를 담당하면서 국가발전의 중추적 역할을 책임지는 제1의

▲ 태백시 추전역

지금은 정차역이 아니라서 그냥 지나친다네요ㅠ

광도(鑛都)였습니다. 여기에서 캐낸 지하자원은 영동선과 태백선을 통하여 전국으로 보내져 국내 산업 발전에 크게 기여하였고, 이에 1981년에는 이 지역이 시로 승격되기에 이르렀습니다.

탄광업이 호황을 이룰 때에는 산과 물, 집, 심지어 사람들조차도 모두 검은 빛이었고, 산자락 곳곳에는 탄광이 뚫렸으며 골짜기마다 탄광촌이 들어섰답니다. 철암동에는 지금도 성냥갑처럼 다닥다닥 붙은 사택(社宅)과 석탄을 운반하던 화차, 철길 등 옛 탄광촌 흔적이 남아 있지요. 전국에서 사람들이 몰려들었기에 1980년대 초반엔 인구가 12만명을 웃돌았다고 하네요.

그때 그 시절, 유행하던 말이 있습니다. '개도 만원짜리를 입에 물고 다닌다', '거리거리마다 햇돼지로 넘친다' 등입니다. 여기서 햇돼지는 보릿고개가 있었던 배고프던 시절, 전국에서 석탄을 캐기 위해 모여든 사람들을 일컫는 말로, 희망과 꿈을 안고 탄광마을에 첫발을 디딘 신입 광부를 말합니다. 비록 매일 막장으로 들어가지만 그 속에서 새하얀 꿈을 키워 나갔던 거죠. 뭔가 묵직한 게 가슴 저 밑에서 느껴집니다….

하지만, 소비 연료의 변화에 따른 석탄 수요의 급감으로 1989년부터 석탄산업합리화 정책이 시행되면서 50여 개나 되던 광산이 대부분 폐광되고 이제는 극소수만이 남아 그 명맥을 유지하고 있습니다. 탄광 노동자도 1980년대에 1만 8,000명이 넘던 것이 2016년에는 약 1,000여 명으로 줄어들었습니다.

이로 인해 태백은 급격한 인구감소와 지역경제 침체에 빠지게 되고 그 여파는 현재까지도 이어지는데요. 제조업의 발달이 미약하여 제조업체의 수가 2016년 기준 도내 전체의 2%에 불과할 뿐만 아니라 도내 7개 시 가운데 가장 적습니다. 이대로 태백의 미래는 없는 걸까요?

태백시의 재기 시도

아.니.죠. 결코! 네버! 그냥 이대로 주저앉을 수는 없는 거죠. 1995년 '폐광지역개발지원에 관한 특별법' 제정과 함께 탄광지역 종합개발사업을 본격 추진하게 됩니다. '고원 관광, 휴양, 체육도시 신태백 건설'이라는 시정방침 아래 시민 모두가 뜻을 모아 지역 특성을 살린 관광자원을 개발하고 있으며 새로운 태백으로 발전시켜 나가고 있습니다. 와~~~.

▲ 상장동 남부마을 벽화

태백 고원자연휴양림이 위치한 철암동은 태백에서도 탄광이 가장 많았던 곳입니다. 1965년에 이곳에 개설된 철암시장은 2017년에 탄광지역 경제활성화의 일환으로 특산품 판매장, 탄광촌 식당, 탄광문화 공연장, 테마카페 등을 갖춘 '태백 쇠바우골 탄광문화장터'로 새롭게 태어났습니다.

옛 탄광 사택촌이던 상장동 남부마을에서는 '뉴빌리지 태백운동'의 일환으로 벽화를 그리고 꽃을 심는 일이 시작되었고, 곧 이곳은 아름다운 꽃이 어우러진 '벽화마을'로서 생기를 되찾게 되었답니다.

철암역두 선탄장은 채굴한 원탄을 선별, 가공·처리하는 시설이 있는 곳으로, 1960~1970년대 국가 에너지 산업의 중심 역할을 했던 석탄업을 상징하는 곳이었습니다.

▲ 철암역두 선탄시설

삼수동의 산촌마을은 조선시대 예언서인 〈정감록〉의 피난지로 알려진 곳인데, 고랭지 배추밭 경관과 일출, 눈 덮인 겨울 풍경 등으로 유명하지요.

또 전국에서 가장 높은 곳(해발 920m)에 위치한 석회동굴인 용연굴, 고생대의 보고(寶庫) 구문소, 삼수령(三水嶺), 매봉산 바람의 언덕, 함백산의 설경, 대덕산·금대봉의 야생화 등이 우리를 기다리고 있지요.

살다 보면, 누구나 슬럼프가 오기 마련! 실패와 좌절의 시기에 그대로 포기하지 말고 발상의 전환으로 새로운 도약을 이뤄내야겠죠. JUMP UP! 쉽진 않겠지만, 불가능한 것도 아닙니다. 우리 다 같이 태백으로 가서 그 비법(祕法)을 배워보자구요~.

46 _

홍어와 곰탕의 콜라보레이션^^

먹고 사는 일에 힘들어 질 때 / 푹 삭힌 홍어를 먹고 싶다
값비싼 흑산 홍어가 아니면 어떠리 / 그냥 잘 삭힌 홍어를 먹고
싶다
...
썩어서야 제 맛내는 홍어처럼 / 사람 사는 일도 마찬가지지
한 세월 썩어가다 보면 / 맛을 내는 시간이 찾아올 거야

- 정일근의 시 〈홍어〉 中 -

▲ 홍어

홍어는 암컷이 크답니다~

시(詩)가 이렇게 군침 돌게 할 수도 있군요ㅎ. 아 홍어. 생각만
해도 콧구멍이 뻥~하고 뚫리는 것 같아요^^. 삭힌 홍어 한번쯤은
드셔 보셨죠? 이만큼 호불호가 뚜렷이 나뉘는 음식도 드물 듯 합니
다. 저는 부산 출생이라 성인이 된 이후에 접한 음식인데요. 완죤
뽕~갔당께요. 제 입맛에는 아주 왓따입니다.

▲ 홍어의 거리

뭐니 뭐니 해도 홍어는 역
시 삭혀야 제맛! 그럼 삭힌
홍어의 본 고장은? 네~ 바로
전라남도 나주(羅州)시 되겠
습니다. 영산포(영산동) '홍
어의 거리'에 가면 전문 식당
들이 즐비해 있지요. 그런데 홍어의 주산지는 흑산도와 홍도라고
알고 있는데, 왜 한참 떨어진 내륙의 나주가 본고장인 걸까요?

삭힌 홍어가 생긴 이유

▲ 1950년대 초 나주시 영산포

예전에는 흑산도에서 영산포까
지 가려면 뱃길로 5일 이상 걸리고
냉동 보관 기술도 없어서, 가는 도
중에 홍어가 삭았다고 합니다. 자
연스럽게 삭힌 홍어를 먹는 문화
는 바닷가보다는 내륙 쪽에서 생

겼겠지요(흑산도 사람들은 삭히지 않은 홍어를 먹는 게 당연했겠죠?). 그리고 지금은 영산강 하굿둑이 건설되어 항구시설들이 다 없어졌지만 과거의 영산포는 고려시대 때부터 조창이 설치되어 전라도의 세금을 여기로 모아서 한양까지 배로 운반하였기에 꽤나 큰 고을이었습니다.

팁 하나! 영산포에는 해마다 4월 하순에 열리는 홍어축제에서 톡 쏘는 홍어가 들어간 삼합(홍어 · 돼지고기 · 김치)을 즐겼다면, 그에 못지않은 명물 나주곰탕을 그냥 지나칠 수 없지요.

나주곰탕

나주목(牧)의 객사(客舍)였던 금성(나주의 옛 이름이죠) 관의 좌우에 자리 잡은 '곰탕거리'는 집집마다 단골을 두고 있는 오래된 골목입니다. 나주 읍내 장터에서 자연스럽게 발생된 나주곰탕은 소의 머리고기, 뼈, 내장 등을 이용해 만

▲ 나주곰탕

들어 팔던 장터 국밥이 그 원조이지요. 뼈 대신 좋은 고기의 국물로 만든 나주곰탕은 하얗지 않고 맑습니다. 감기 기운이라도 있는 경우에는 곰탕 한 그릇 뚝딱하면 정수리에서 땀이 송골송골 맺히면

서 마치 보약을 먹은 것처럼 몸이 한결 개운해지는 것을 느낄 수 있답니다~. 츄릅츄르릅~~~

나주 반남 고분군

영산강 유역의 반남면 일대에는 고분(古墳)들이 산재해 있는데요. 아마 모르실 겁니다. 그만큼 잘 알려져 있지 않기 때문이죠. 나주는 지리적 위치로 보면 마한이나 백제의 영토였으니 부여나 공주의 소규모 무덤을 연상했다면, 어쩌면 큰 충격을 받을지도 모를 일입니다.

▲ 나주시 반남 고분군

일단 규모가 엄청납니다. 예를 들어 덕산리 3호분은 남북의 길이가 46미터이고 높이가 9미터에 달하지요. 백제보다는 신라나 가야의 고분과 비슷한 크기네요. 당근, 이 정도 무덤을 조성할 수 있었다면 적어도 고구려, 백제, 신라, 가야에 견줄만한 정치세력이었다는 추측이 가능하겠지요.

그럼, 과연 어떤 세력이었을까요? 백제? 하지만 수도가 아닌 변두리의 고분으로 그 규모나 출토품, 매장방식의 성격으로 보면, 그건 '아니올시다'. 그럼? 마한? 삼한 중 가장 강력한 힘을 가졌다고 알려지긴 했지만, 고대 국가 형성 이전의 세력이 이만큼 큰 힘을 가졌다고 보기도… 그래서 역시 '아니올시다'(사실 마한의 유적으로 설명하고 있는 게 현재 학계의 불완전한 추측이긴 합니다만). 결론을 말하자면 여러 가지 설은 있지만 확실한 정설로 받아들여진 것은 없다는 것! 이렇듯 반남면 자미산 일대 30여 기(基)의 고분군(群)은 한국 고대사에 남겨진 최대의 미스터리이지요.

'임나일본부설(任那日本府說)'을 모르시는 분은 안 계시죠? 일본의 야마토왜(大和倭)가 4세기 후반에 한반도 남부지역에 진출하여 신라 · 백제 · 가야를 지배하고, 특히 가야에는 일본부(日本府)라는 기관을 두어 6세기 중엽까지 직접 지배하였다는 설을 말하지요. 그 근거로 든 게 광개토대왕비의 비문인데, 비석의 글자가 닳아 해석이 불가능한 걸 자기들 맘대로 글을 끼워 맞춘 거죠. 그런데 일제강점기 반남 고분군을 조사한 일본은 이 또한 임나일본부설의 근거가 된다고 주장합니다. 무덤의 모양과 신촌리 9호분에서 발굴된 금동관(5세기 경의 물건으로 추정되며 백제권 유적에서 유일하게 완형(完形)을 갖춘 채 발굴된 금동관이라네요) 역시 일본의 그것과 유사했기 때문이지요. 정말 일본의 주장을 믿어야 할까요?

▲금동관

사상 **최초**로 **출토된** 금동관입니다.
외관과 내관으로 분리되어 있지요

일단 그건 아닌 게 분명해 보입니다. 일본은 반남 고분군 조사 후 요약보고서에 "고분들의 장법과 관계 유물로 추측하건데 아마도 왜인일 것이다. 자세한 내용은 '나주 반남의 왜인 유적'이란 제목의 특별보고로 제출하려 한다"라고 적었는데, 웬일인지 그 이후 지금까지 보고서를 내놓지 않고 있지요. 그리고 고분 발굴 시 많은 유물이 있다는 걸 대대적으로 알려 도굴꾼들을 불러들였는데, 그 의도성이 의심스럽네요. 그들 말대로 고분이 왜인의 유물이라면 소중히 보존하고 지켜야 하는 게 정상이겠지요. 뭔가 꿍꿍이가 있었던 게 틀림없어 보입니다!

삼한·삼국 시대에 한반도에서 일본 열도로 많은 사람들이 건너가 그곳에 식민지라 할 수 있는 분국들을 여러 곳에 설치하였고, 일본열도 내에 수립된 가야의 분국 임나에 설치한 것이 '임나일본부'라는 설도 있는데요. 아주 신뢰가 가는 학설로 여겨지네요. 일본 주장과는 반대되는 '역 임나일본부설'이라 할 수 있겠죠^^. 아무튼 우리가 일본에 문물을 전해준 것은 정확한 사실이기에 나주의 미스터리한 고분들 또한 우리 조상들의 한 역사임에 틀림이 없습니다. 계속 관심을 가지고 연구하다보면 언젠가는 그 비밀이 풀릴 거라고 믿습니다!

육지와 바다, 홍어와 곰탕! 극과 극이 아닌 서로 보완해주는 역할로 어우러지는 곳. 그 옛날, 거대한 힘을 가진 나라의 중심이었던 곳. 나주에서 호연지기(浩然之氣)를 마셔 보자구요^^.

6부

북한

- 글 앙기아리 최 -

47 —
부업(?)으로 생계 꾸리는
북한 공무원

"한국 공무원은 '잔꾀'가 많은 것 같고 북한 공무원은 '안하무인'인 것 같습니다"

서울신문에 실린 북한 공무원 출신 탈북자의 평가입니다. 여러분들도 그렇게 생각하시나요? …아 그렇죠! 우리가 북한 공무원은 접해보지 못했군요. 나의 실수! ㅎㅎ. 이번엔 북한의 정부조직과 공무원에 대해 함 알아보겠습네다~.

우리가 알고 있는 사회주의 국가의 보편적 특성은 당이 국가의 모든 권력을 가지고 있다는 것일 텐데요, 북한도 마찬가지입니다. 실질적 권력을 장악한 하나의 당(조선노동당)이 국가와 사회를 지배하죠. 물론 오직 하나의 이데올로기만을 인정하고요. 그럼 노동당 밑에 위치한다고 볼 수 있는 중앙 국가기관을 한번 살펴볼까요?

북한의 정치 체계

먼저, 김정은 노동당위원장의 또 다른 위원장 직함은 바로 '국무위원장'입니다. 보통 김정은 위원장이라고 부를 때의 위원장이 바로 이 국무위원장을 말합니다. 굳이 비교하면 국무위원회는 우리의 국무회의와 비슷한 조직이라고 할 수 있습니다.

국무위원회는 북한의 최고 정책지도기관입니다. 국가의 중요정책을 토의 · 결정하고, 국무위원장 명령, 국무위 결정 · 지시에 어긋나는 국가기관의 결정 · 지시를 폐지하는 등의 임무와 권한을 가지고 있죠. 그리고 국무위원회의 수장인 국무위원장은 북한의 최고영도자로서 공화국 무력총사령관이 되며 국가의 무력 일체를 지휘 · 통솔하고 대내외 사업을 비롯한 국가사업 전반을 지도하며 국무위원회 사업을 직접 지도합니다. 또한 중요 간부의 임명 · 해임 및 외국과의 중요 조약 비준과 폐기를 결정하고 특사권을 행사하며, 전시에 국가방위위원회를 조직하죠.

2016년 6월 29일 최고인민회의 제13기 제4차 회의에서 헌법 개정을 통해 국방위원회를 국무위원회로 확대 · 개편하고, 김정은을 국무위원장으로 추대했습니다.

▲ 최고인민회의 in 만수대의사당

다음은 우리의 국회에 해당하는 최고인민회의. 하지만 권한은 우리와 달리 노동당의 결정을 추인하는 역할에 그칠 뿐입니다. 대의원 임기는 5년(우리보다 1년 많네요)이고 정기회의는 1년에 1~2회 개최됩니다. 2019년 4월 헌법이 개정되기 전까지 상임위원장은 북한 헌법상 국가를 대표(1998~2019년 4월까지 김영남 상임위원장)했으나, 현재는 외국 사신의 신임장 및 소환장을 접수하는 등 상징적인 외교업무에 국한하여 북한를 대표하는 역할을 하고 있습니다.

그리고 내각. 말 그대로 행정기관이죠. 총리, 부총리, 상(相)(장관에 해당)과 그 밖의 구성원들로 이뤄집니다. 이들 임기는 5년입니다. 국방 분야를 제외한 대부분의 행정 및 경제 관련 사업을 관할하는데, 내각 총리는 최고인민회의에서 선출되어 내각사업을 조직·지도하며 정부를 대표합니다.

북한의 사법 체계

▲ 북한에서 재판을 받는 미국인 오토 웜비어

사법부를 들여다보면 중앙재판소 밑에 도(직할시) 재판소와 지방인민재판소를 두며, 이외에 특별재판소로 군사재판소와 철도재판소를 두고 있습니다. 판사 1명, 인민참심원 2명이

재판을 진행하며 특별한 경우는 판사 3명으로 구성할 수 있습니다. 중앙재판소는 최고인민회의에서 선출된 소장과 최고인민회의 상임위원회에서 선출된 판사와 인민참심원으로 구성되며 하부기관의 재판을 감독하고 사법행정을 지도·감독합니다.

그런데 북한의 재판기관은 전적으로 당에 예속되어 있기 때문에 자율적이며 중립적인 사법적 판단을 기대하기 어렵습니다. 군·보위성의 판단에 따라 진행되는 특별재판은 장성택의 처형처럼 단심제로 신속하게 진행되지요.

사법 체계를 얘기함에 있어 검찰을 빼놓을 수 없겠죠? 북한은 헌법에 검찰기관의 구성, 임무 및 내부 관계 등에 관한 규정을 두고 있는데, 헌법에 검찰에 대한 규정을 이렇게까지 자세하게 두는 것은 사회주의 국가에서 검찰기관이 갖는 특수한 기능 때문입니다. 그것은 바로 법 집행 기능과 더불어 수행하는 '체제수호' 역할이지요.

중앙검찰소장의 임명과 해임은 최고인민회의가 담당하고, 각급 검찰소 검사의 임명과 해임은 중앙검찰소가 담당합니다. 행정과 사법은 입법부인 최고인민회의의 영향력 아래에 있다는 걸 알 수 있습니다.

북한의 공무원 체계

다시 탈북자 공무원 이야기를 잠깐 해볼까요? 북한에서 공무원을 했던 탈북자들은 "북한에서는 본인이 싫으면 상대방이 앞에 있든 말든 하고 싶은 말을 다 하고야 마는데, 한국 공무원들은 뒤에서는 뭐라 하는지 몰라도 당사자 앞에서는 절대 싫은 소리를 안 한다", "북한에서는 간부들이 아래 사람의 과오를 책임지는 문화가 있는데, 한국에서는 상급자들이 웬만해서는 책임질 일들을 만들지 않고, 책임을 떠넘기거나 회피하려는 경향이 강한 것 같다. 좋게 말하면 경계를 확실하게 하는 것이지만, 나쁘게 보면 너무나 보신적인 것"이라는 평가를 합니다. 공감이 좀 되시나요?

▲ 김정은 위원장 집권 초기 국가안전보위부 방문

아무튼 북한 사회에서 공무원은 '인민 위에 군림하는 권력자'로 인식됩니다. 특히 당, 군, 국가보위부, 보안성, 무역기관 등 소위 '갑질'할 수 있는 직을 가리켜 "범가죽을 썼다"고 하는데, 공무원을 마치 짐승들 위에 군림하는 호랑이처럼 두려움의 대상으로 여기고 있다는 거죠.

또 공무원이 되기 위해선 실력보다 소위 '빽'이 우선된다는군요.

북한의 정부 구조를 알고 나니 이해가 좀 되지요?

공무원 처벌 규정

북한에도 공무원들의 인사와 상벌, 근무시간 등 복무규정이 법적으로 마련되어 있습니다. 하루 8시간 근무를 원칙으로 하지만, 동·하절기에는 탄력적으로 운영합니다. 일요일 하루만 쉬고, 토요일에는 사상학습, 강연회 등에 참석해 종일 사상교육을 받습니다. 휴가는 연간 14일로 정해져 있고, 본인의 결혼이나 직계가족의 사망 등에는 7~21일을 더 받을 수 있답니다. 정년은 남자는 60세, 여자는 55세이고 퇴직 후에는 '사회보장' 단계로 넘어가지만, 현재 공무원 복리후생제도는 명맥만 유지되고 있는 것으로 알려져 있습니다.

간부들에 대한 책벌(責罰)로는 주의, 경고, 엄중경고, 강직, 철직, 혁명화, 출당, 사법처리 등이 있습니다. 가장 가벼운 처벌은 주의와 경고. 엄중경고를 받아도 신상에 변화는 없다네요. '강직'과 '철직'은 파면·해임·강등을 뜻하고, '혁명화'는 출당을 전제로 하지는 않지만 강제노역을 하거나 사상교육을 받게하는 것입니다. 혁명화 기간은 수개월에서 수년까지 다양하답니다. 출당은 최고의 중징계로 당원으로 자격을 박탈당하기 때문에 당·군·내각 등 간부들에게는 정치적 사형선고라고 하네요. 무조건 출당만은 피하려 하겠군요.

　　과거 남한과의 체제경쟁 시기에는 북한도 공무원 삶의 질 개선에
신경을 썼습니다. 하지만, 1994년 김일성 주석 사망과 함께 찾아왔
던 '고난의 행군', 뒤이어 우방이었던 '동유럽 공산권의 붕괴에 따
른 경제적 위기'가 이어지자 국가의 배급이 끊겼습니다.

공무원들도 굶주림에서 살아남기 위해 자기 살길을 찾기 시작했죠. 교사는 개인과외를 하고 외교관은 밀수에 앞장서고 철도승무원은 웃돈을 받고 기차표를 팔고 보안원은 장마당에서 장사꾼을 갈취하고 보위원은 죄를 만들어 뇌물

▲나선시장 장마당

을 받고 광부들은 석탄을 훔쳐 팔고 농장원들은 식량을 빼돌리고, 이렇게 받지 못하는 월급을 대신해 불법으로 생계를 꾸려나가야 했답니다. 대다수의 일인지는 모르겠지만, 동족의 심정으로 가슴이 아픕니다ㅠㅠ.

공무원. 취업난 시대에 갈수록 인기 직종인 건 북한도 비슷한 것 같지만, 반면에 국민의 신뢰를 받지 못하는 것 또한 비슷하죠? 납세의 의무야 똑같다고 해도 공무원 조직은 일반 국민의 혈세(血稅)로 운영됩니다. 그것을 명심하고 '복지부동', '무사안일'이 아닌, 서비스 정신이 투철한, 진정한 '국민을 위한' 공직생활의 길을 찾았으면 좋겠네요. 남이든, 북이든 말이지요.

48 __
국군(國軍)이 아니다?
지도자와 당을 위한 인민군

그런데 광석이는 왜 그렇게 일찍 죽었다니…

영화 〈공동경비구역 JSA〉를 보셨나요? 아~, 여러 번 본 영화인데 가슴 아픈 결말이 다시금 짠~하게 만드네요. 에휴~, 분단의 비극은 언제쯤 해소될는지….

▲ 휴전선을 넘어오는 북한군 장성들

위의 대사는 김광석의 노래 〈이등병의 편지〉를 듣던 북한군 중사 오경필(배우 송강호)이 하는 말입니다. 그런데 중사? 우리나라와 명칭이 같네요? 그럼 계급도 같을까요?

네, 중사의 경우는 거의 같다고 볼 수 있습니다. 하지만 다른 계급은 좀 차이가 있습니다. 한번 알아봅시다.

북한의 군 체계

'군 계급'을 북한에선 '군사 칭호'라고 부르는데요, 1952년 12월 체계화된 후 몇 차례 개정되어 현재의 모습을 갖췄답니다. 먼저 '군관(한국군 장교에 해당)'은 원수급(대원수, 원수, 차수), 장성급(한국군 장성에 해당, 대장, 상장, 중장, 소장), 상급군관(대좌, 상좌, 중좌, 소좌), 하급군관(대위, 상위, 중위, 소위)으로 구분됩니다. 또 '하전사(한국군 부사관과 병사를 아우르는 계급)'는 특무상사, 상사, 중사, 하사, 상급병사, 중급병사, 초급병사, 전사로 구성되지요.

우리와는 차이가 좀 있죠? 네? 우리나라 계급을 모른다구요? (음, 그렇다면 빨리 '아빠찬스' 카드를 쓰시길~^^) 이런 북한군의 계급구조는 구 소련군 계급의 영향을 어느 정도 받은 것으로 보입니다. 반면 중국군과는 다릅니다.

계급 상 국군과 북한군 체계의 가장 두드러진 차이는 영관급과 위관급 중에 계급이 하나 더 있다는 것과 우리에게는 없는 원수급이 있다는 것입니다. 김일성은 한국전쟁 중인 1953년 2월 최고인민회의 결정에 따라 최초로 '원수'가 되었다가 1992년 자신의 80회 생일을 앞두고 최초의 '대원수'로 추대되었습니다. 김정일은 사망 후인 2012년 2월 14일에 대원수로 추대되었고, 김정은은 2012년 7월 17일 원수 칭호를 부여받았답니다. 한편 '차수'는 오직 북한만의 군사칭호로 1953년 최용건 당시 민족보위상이 최초로 부여받았습니다.

이렇듯 북한군은 장성급 이상 계급의 종류도 많지만 인원수도 많아 한국군의 약 2~3배인 1,000여 명에 달한답니다. 말 그대로 계급 인플레 상황이지요. 이는 지도자에 대한 충성심 확보를 위해 정략적으로 군 계급을 수여하기 때문입니다. 주로 당 창건일, 김씨 부자 생일, 당 대회 등 주요 국가기념일이나 국가적 행사가 이루어지는 날에는 어김없이 장성 승진인사가 병행되고 있습니다.

그리고 북한은 연로한 장성이라도 큰 과오가 없는 한 퇴역시키지 않는 것으로 알려져 있는데, 이런 이유로 현재 북한의 군 수뇌부는 상당히 노령화되어 60대와 70대의 장성이 주축을 이루고 있습니다. 실효성 문제를 떠나 경로우대를 중시하는 것을 보면 역시 한민족이구나 싶네요^^.

▲ 2017년 공개된 북한군 특수작전군

북한군 티가 별로 안 나죠?

한편 북한은 김정은 위원장 집권 이후 전략군(이전 미사일지도국, 전략로켓군에서 2014년 전략군으로 변경)을 개편하고 각 군종별 특수전 병력들을 통합하여 새로 특수작전군을 조직(2017.4.15. 열병식 확인)했습니다. 이로써 현재 북한군은 5군 체계(육·해·공군, 전략군, 특수작전군)로 확대되었죠.

북한의 징병제

북한은 헌법 및 2003년 제정한 군사복무법을 통해 의무병제를 채택하고 있습니다. 남자는 만 14세가 되면 초모대상자로 등록하고 군 입대를 위한 두 번의 신체검사를 받은 뒤 고급중학교 졸업 후 입대하게 됩니다. 신체검사 합격 기준은 체중 43kg, 신장 148cm 이상이지만, 요즘은 입영 대상자가 부족해서 그 기준이 계속 완화되고 있다고 합니다.

물론 대상자 중 신체검사 불합격자, 성분 불량자(반동 및 월남자 가족 중 친가 6촌 및 외가 4촌 이내, 월북자 및 정치범 가족, 형 복무자 등), 적대계층 자녀 등

▲ 열병식하는 북한군

은 입대할 수 없다네요. 또 특수 분야 종사자 및 정책 수혜자(안전원, 과학기술·산업 필수요원, 예술·교육행정 요원, 군사학 시험 합격 대학생, 특수·영재 학교 학생, 부모가 고령인 독자 등) 등도 정책상 이유로 제외되고요. 어디든 예외는 다 있군요.

군 생활은 부대마다 좀 다른데, 애초에 지상군은 3년 6개월, 해·공군은 4년(실제로는 5~8년간 복무)이었다고 합니다. 그러다 이후 남자는 10년 → 12년→ 10년으로 재조정되었고, 여성이 지원하면 7년간 복무한다고 합니다. 반면 특수부대(경보병, 저격 부대 등)는 13년 이상 장기복무를 해야 하는데, 주특기나 특별지시에 따라 사실상 무기한 근무하는 경우도 있다고 하네요.

휴가는 연 1회 정기휴가(15일), 표창 수여 또는 결혼·부모 사망 시 10~15일의 특별 휴가가 있지만 제대로 지켜지지 않는 경우가 많다고 합니다.

복무와 관련해서는 김일성이 제시한 군무생활 관련 10대 준수사항이 있습니다. 이 중 '당 및 정치조직에서 준 분공의 어김없는 집행'과 '동지 간 사랑 및 상하 일치단결 미풍 확립' 항목이 좀 특이하게 보이네요.

선군사상의 영향으로 국가의 주머니 사정이 여의치 않던 시대에도 군의 배급은 비교적 넉넉함을 유지했다고 합니다. 그러나 2002년 개별 경제주체의 자율권 확대, 배급제 축소·폐지 등을 내용으로 하는 '7·1 경제관리 개선조치'가 실시되면서 상황이 확 달라졌습니다. 상당수의 부대가 운영을 자체적으로 하기 위해 외화벌이, 영리활동, 근로 동원 등 돈을 벌기 위한 경제활동을 하고 있다는 겁니다. 군생활의 팍팍함이 짠~합니다ㅠㅠ.

북한의 인민군, 당의 군대?

그런데 이 북한군은 북한의 군대가 아닙니다. 무슨 귀신 씻나락 까먹는 소리냐고요? 이상하게 들리겠지만 사실이랍니다. 앞서 설명한 대로 북한의 유일당인 노동당은 그 어떤 국가기관보다 상위에 위치하고 최고의 권한을 지니고 있지요. 모든 정책들은 당의 지도와 통제 하에 추진됩니다. 북한은 이러한 체제를 노동당 규약, 헌법 등에 명시하고 있습니다.

당 규약 53조에는 "인민정권기관은 당의 령도 밑에 활동한다"가, 북한 헌법 제11조에는 "조선민주주의인민공화국은 조선노동당의 영도 밑에 모든 활동을 진행한다"가 규정되어 있지요. 또 노동당 규약 47조에는 "조선인민군은 당의 위업, 주체혁명 위업을 무장으로 옹호·보위하는 수령의 군대, 당의 군대, 인민의 군대이며 당의 선군혁명 령도를 맨 앞장에서 받들어나가는 혁명의 핵심부대, 주력군이다"라고 하여 인민군을 '당의 군대'로 규정하고 있습니다.

여기서 중요한 점은, 이 '조선노동당'은 계급정당인 동시에 '수령의 당'이라는 것입니다. 노동당 규약 전문을 보면 '조선노동당은 김일성 동지의 당, 김정일 동지의 당'이라고 밝히고 있지요. 따라서 노동당은 '수령체제를 전제로 한, 수령의 영도 하에 인민대중을 지도하는 조직이자, 근로대중의 모든 조직들 가운데서 가장 높은 형태의 혁명조직이며, 기타 각종 정치조직들을 영도하는 주체'라고 볼 수 있겠습니다.

따라서 북한군, 즉 조선인민군은 조선노동당과 김정은 위원장의 군이지 우리와 같은 국군(國軍)이 아니라는 말씀! 국가보다 당이 위에 있는 사회주의 국가의 특징이라고 할 수 있겠슴다. 중국의 인민해방군도 마찬가지랍니다~.

노래 〈이등병의 편지〉가 가슴을 후벼 파던 군 시절은 필자에게도 있었답니다. 비록 국민의 의무지만 모든 한국 남자들에겐 "끌려간다"는 마음 또한 있는 게 사실. 이젠 북한의 군인들도 비슷한 심정인 걸(아니 우리보다 훨씬 더 힘들다는 걸) 알겠네요. 어서 빨리 남과 북이 (세계에서 가장) 친하게 지내는 날이 와서 군 생활도 따뜻해지길 바라봅니다.

49 _

북한 최대의 명절은 양력으로?

애인은 있니? / 결혼은 언제 하니? / 살 많이 쪘네 / 어디 취직
했어? / 얼마 버니? 등등등

…무슨 말일까요?ㅎ 설이나 추석에 가족, 친척들에게 듣기 싫은
말을 조사하면 항상 순위권에 오르는 말들입니다. 굳이 이런 말들
을 꼭 해야 하시는지ㅠ…. 그렇다고 명절인데 고향에 안 갈 수도
없고 그래도 온 가족과 친척들이 모이니 행복이 가득한 날임에 틀
림없죠?

그럼 북한은 어떨까요? 뿌리가 같은 한민족이니 당연히 우리와
같지 않을까요? 아니면 체제가 다른 만큼 명절도 완전히 달라졌을
까요? 정답은 '둘 다 맞다'입니다.

먼저 우리의 최대 명절인 설. 북한도 법정공휴일로 지정해 명절

▲ 설명절 줄넘기

로 기념하고 있지요. 다만, '구시대의 낡은 제도 타파'를 명분으로 북한은 양력 1월 1일을 설날로 지냈는데, 지난 1989년부터 음력설을 '휴식일(하루 쉰 것을 가까운 일요일에 출근해서 보충해야 한다네요)'로 지정했죠. 물론 세배나 덕담은 여전히 양력설에 주로 하지만요. 또 추석(1988년 지정)과 우리가 쉬지 않는 단오(1989년 지정)도 북한의 휴식일입니다. 그 외 정월대보름, 한식 등은 '민속 명절'로 부르고 있답니다.

그럼 다른 명절도 있을까요?

네 당근! 북한에서는 각종 기념일과 국경일을 모두 '명절'이라고 합니다. 크게는 '민속 명절'과 '국가적 명절(사회주의 명절)'로 구분하고 있어요. 수적으로 보면 국가적 명절을 더 많이 법정공휴일로 지정하여 기념하고 있는데요, 아무래도 사회주의체제라 그런 모양입니다. 한번 살펴볼까요~?

북한의 명절들

먼저, '광명성절(2월 16일)'이 있습니다. 1942년에 태어난 김정일의 생일을 기념하는 날입니다. 1982년부터 공휴일로 지정되어 원래는 '2월절'로 불렸는데 김정일 사후에 '광명성(光明星)절'로 개칭 되었죠. Why? Because 광명성은 김정일을 부르는 별칭이기 때문이 죠. 이 날은 각종 전시회와 체육대 회, 예술공연, 주체사상 연구토론 회 등의 행사가 열린답니다.

▲ 광명성절 기념 수중 발레

다음은 '태양절(4월 15일)'. 1912년 출생한 김일성의 생일을 기리 는 날입니다. 광명성절과 함께 북한의 최대 명절이죠. 1962년에 임 시공휴일 지정 후 60세 생일인 1974년에 '민족 최대의 명절(당일부 터 2일간 휴일)'로 정해졌답니다. 그리고 김일성 주석 사망일인 7 월 8일(아~, 때는 1994년 저의 군대 첫 휴가 복귀 전날인 7월 9일

토요일. 덕분에 복귀 후 한동안 군화를 신은 채 잠을 잤다는…)은 공휴일 은 아니지만, 주민들에겐 아주 중요한 날로 여겨지 고 있다네요.

▲ 태양절 기념행사

4월 25일은 1996년부터 공휴일로 지정된 '조선인민군 창건 기념 일'입니다. 우리로 치면 국군의 날에 해당되겠네요. 1977년까지는

2월 8일을 인민군 창건 기념일로 여겼다가 1978년부터는 1932년 4월 25일에 항일유격대가 조직됐다'는 근거를 들어 변경했답니다.

그리고 사회주의 체제인 만큼 5월 1일 '노동절'은 당연히 공휴일로 기념하고 있습니다. 이날엔 전국의 경기장과 유원지에서 운동 경기와 예술공연을 펼친다고 합니다. 지난 2001년 노동절에는 조선직업총동맹에서 우리의 양대노총(한국노총과 민주노총) 관계자를 금강산으로 초청하여 함께 대대적인 기념행사를 벌이기도 했습니다.

여름이 되면 '전승기념일(7월 27일)'이 돌아옵니다. 낯익은 날짜가 아닌가요? 혹시 6·25 한국전쟁 휴전일? 맞습니다. 맞구요~ㅎ. 북한은 1973년에 휴전협정 20주년을 기념하며 이 날을 '조국해방 전쟁승리기념일'로 정했습니다. 이 또한 인민군 창건 기념일과 더불어 1996년에 새로이 법정공휴일로 지정되었죠. 이는 사회 전반에 '군대'를 중시하는 면이 강해졌기 때문인데, 김정일 국방위원장이 1인자가 된 이후에 나타난 분위기랍니다(그때 '국방위원장'이란 낯선 명칭이 우리에게 많이 알려졌던 기억이 새록새록…).

그리고 광복절~. 북한에서도 중요한 날이죠. '조국광복의 날'로 부릅니다. 민속 명절을 제외하고 유일한 남북한의 공통 법정공휴일이네요.

다음으로 9월 9일은 '북한정권 창건 기념일'인데요, 흔히 '9 · 9절'이라고도 합니다. 1997년 이날부터 김일성 주석의 출생년도를 원년으로 하는 '주체연호'를 모든 공식문서에 표기하기 시작했다는군요.

▲ 9.9절 기념 열병식

10월 10일은 북한의 유일한 당(헌법에 '유일하게 영구적으로 국가의 정책을 수립하고 집행하는 지위를 누린다'고 되어 있다네요)인 '조선노동당 창건 기념일'입니다. 태양절, 광명성절, 9 · 9절과 더불어 특별히 북한의 4대 명절이기도 합니다.

마지막으로 12월 27일 우리나라의 제헌절과 같은 '헌법절'이 있습니다. 헌법을 제정한 게 아니라 기존의 것을 '사회주의 헌법'으로 고친 날이랍니다.

▼ 추석 맞이 씨름대회
상의를 입고 하는 게 우리랑 다르네요

이상 북한의 명절에 대해 알아보았습니다. 덧붙이자면 설날과 광명성절, 태양절, 조국광복의 날, 9 · 9절, 노동당 창건일에 북한 주민들은 술과 고기,

과일 등 특식을 받을 수 있다고 합니다.

어떤가요? 우리 명절과 비교하니 아주 많은 차이가 있다고 보이나요? 저는 그래도 반만년 역사 중 떨어진 지 100년도 안 된, 같은 뿌리의 우리 민족이라 생각됩니다. 아무리 다른 이념과 체제로 살아온 지 수십년이 흘러도, But! 핏속에 흐르는 한민족의 문화는 바꿀 수 없다는 걸 새삼 느꼈습니다. 그럼 우리 모두 '아리랑' 한번 부르면서 마무리해 볼까요?^^

50 ___
화면접촉수감식 지능형손전화

"애기타치로 광명망에 접속해 '조선대백과사전'으로 공부하고 나서
리 남은 시간은 '고무총쏘기'를 했더랬는데, 정말 재미있었습네다~"

북한의 스마트폰 사용 후기
입니다. '애기타치'라는 미니
스마트폰에 있는 앱을 사용
하고 게임을 했다는 내용이
죠. 북한은 기본적으로 인터
넷 접속이 불가능하고 내부

▲ 고무총쏘기

인트라넷 연결만 허용됩니다. 스마트폰 자체에 김일성과 김정일
생일이 기념일로 지정되어 있답니다(이건 지울 수도 없다네요…
이젠 좀 이해가 되죠?ㅎ) 그리고 아무리 봐도 앵그리버드의 복제판
같은 '고무총쏘기('분노한 새'로 표기된 단말기도 있습니다)'가 기본
적으로 내장되어 있다는 게 재미있네요.

'지능형손전화기', 북한에서 공식적으로 스마트폰을 부르는 말입니다. 여기에 '화면접촉수감식'이 붙으면 터치폰이란 의미가 플러스된다능…. 최근에는 비공식적이지만 '스마트폰'이란 표현도 쓰고 있다고 전해집니다.

북한의 스마트폰

그럼 운영체제는 무얼 쓸까요? 구글? 안드로이드? 둘 다 아니고요. 조선민주주의인민공화국이 자체 개발했다고 주장하는 모바일 OS인 '조선식 운영체제'를 쓴다네요(쉿! 근데 이건 남들 다 아는 비밀인데요. 실질적으론 구글 안드로이드 복제본이라네요. 절대 말하면 안 돼요!). 그리고 모든 단말기에 당국의 DRM(디지털 사용 제어 관리)이 걸려 있다고 합니다.

이 운영체제가 탑재된 폰은 구글의 기기 인증을 받을 수 없기에 Google Play를 포함한 구글앱이 하나도 없습니다. 당연 앱을 하나도 다운로드할 수 없겠죠. 그럼? 북한 내부 마켓인 '자료봉사'가 들어 있답니다. 여기서 받는 앱 외에는 당국의 별도 승인이 필요하죠.

기본적으로 당국에서 제공한 파일이나 직접 찍은 사진 이외의 파일들은 '인증되지 않은 파일'로 취급하여 열람이 불가능합니다. 따라서 허가되지 않은 APK는 설치할 수도 없습니다. 공유기능과 스크린샷까지 막아놓았죠. 또 개인의 이상 활동을 감지하여 당국으로 자동전송하는 별도의 앱과 통신 칩이 내장되어 있다고도 합니다.

하나 더!

텍스트 창에 '김일성, 김정일, 김정은'을 입력하면 자동으로 볼드체(굵은 글씨)로 전환된답니다. 예상하셨다구요? 이렇게 제약이 많은데도 과연 스마트폰이라 부를 수 있을까요? 고져 씁쓸합네다~.

그런데 부러운 것도 있네요. 바로 아리랑(121, 131, 141, 151, 금아리랑, 신아리랑 등), 평양(2404, 2417, 2418, 평양타치, 2423 등), 진달래, 애기타치, 삼지연(이건 판형콤퓨터 = 테블릿PC랍니다.

▲ 북한 스마트폰 '진달래6'

이 외에 룡흥, 묘향 등도 있데요) 등 북한의 스마트폰들 명칭입니다. 이름이 예쁘지 않습니까? 네? 세계화에 맞지 않다구요? 아니죠! 시대가 변했습니다. "가장 한국적인 것이 가장 세계적이다!" 전 세계를 휩쓸고 있는 BTS! 다 이유가 있습니다. 북한의 우리말 사랑은 우리가 본받아야 하겠습니다. 아무튼, 이 중에 아리랑과 평양이 대표적인 스마트폰이라네요.

북한의 휴대폰 보급

▲ 사진 보정용 앱

주민들이 휴대전화를 쓰기 시작한 건, 2008년 이집트의 오라스콤(통신회사)이 북한의 휴대전화 운영권을 따내면서부터(지금은 3개의 사업자가 경쟁하는 구도라네요)라고 합니다. 처음에는 가입률이 저조했고, 2010년대 초반에서야 가입자가 나타났죠. 하지만 이후 해마다 늘어 한때는 10만 명씩 증가하기도 해 지금은 600만명에 이른답니다. 평양 같은 대도시는 50~70%를 웃도는 가입률을 보인다고 하죠.

반면 북한 사정을 잘 아는 오라스콤의 나기브 회장은 "휴대전화 보급률은 15%(약 300만명) 정도이고, 외화로 지불해야 하는 단말기 값이 비싼 이유로 시장의 성장이 제한적"이라고 평가합니다. 북한의 GDP가 1,000~1,200달러의 수준인 걸 생각할 때 단말기 가격이 수백달러 이상이니 일리가 있지요? 휴대폰 판매와 가입은 당국에서 직접 관리하기에 그 돈이 다 국가로 들어가니 정부는 주민들의 이동통신 사용을 계속 장려하는 상황이기도 합니다.

현재 우리는 4G를 넘어 5G 상용화에 이르렀습니다. 하지만 북한은 현재도 3G를 사용하고 있습니다. 북한 주민들은 과학기술도서열람, 영어사전, 한자공부, 조선대백과사전 등 교육자료로 스마트폰을 활용하고 있는데, 그중에서도 게임과 지능놀이를 주로 한다고 하네요. 게임 앱 사용비중이 약 70%를 차지합니다. 공유기능이 없어서 그렇겠죠? 우리는 SNS를 가장 많이 쓰는 것 같은데…, 깨톡깨톡ㅎ~.

앱은 직접 다운로드하지 못하고 이동통신가입 판매소에 가서 돈을 내고 설치를 해야 하는데요, 노동신문을 보거나 중앙통신을 시청하는 것도 마찬가지랍니다. 하지만 최근 온라인 구매도 도입되었다고 하는 따끈따끈한 뉴스가….

또 폰이 워낙 고가이다 보니 보험증권이 포함되어 있는데, 최근엔 담보기간 2년짜리도 나온다고 합니다. 다만 피해액의 30%는 피해자가 부담해야 된다는 항목이 있습니다. 보험회사는 피해규모나 회수에 관계없이 보상기간 안에 보상을 해야 한다고 하죠. 음…, 요것도 본받을 만하디요? 고롬!

이미 2013년에 자체 생산을 통해 '지능형손전화기'를 내놓은 북한. 최근에는 통신대금을 충전해 온라인(물론 인트라넷입네다) 쇼핑몰인 '옥류', '만물상'에서 물건을 구매하는 경우가 늘어난 것으로 나타났습니다. 와우! 전혀 몰랐단 말입니다~. 게다가 우리에겐 너무나도 익숙한 '모바일금융'을 북한도 구상하고 있다고 전해지네요. 하지만 인프라는 여전히 부족한 게 현실입니다.

일반적으로 북한에서는 스마트폰 사용료로 월 850~2,550원의 기본요금을 내야 하고, 심지어 추가 요금은 20~30km나 떨어진 통신국이나 지정소에 직접 방문해서 지불해야 합니다. 헐~. 이건 뭐 '온라인 + 오프라인' or '20세기 + 21세기'?

51_
한반도 최초의 지하철은
지하 100m를 달린다

"땅 밑까지 내려온 군악대(軍樂隊)의 가열찬 선전선동에 고져
힘든 줄을 몰랐습네다~"

평양의 지하철(북한의 지하철은 평양
에만 있디요) 이야기입니다. 그런데 군
악대가 지하에? Why? 그건 지하철 운
영과 보수를 실질적으로는 군이 맡고
있기 때문입니다. 가끔씩 보수가 길어
질 때는 보름간 운영을 중지하기도 한
다네요. 헐~ 그럼 이땐 뭘 타고 출근하
지? 그럴 땐 자전거나 평양 시내를 순
회하는 궤도전차나 무궤도전차를 탄다
고 합니다. 요금은 지하철과 동일하게
노선에 관계없이 단돈 5원(북한돈으로)

▲ 무궤도 전차

되겠습네다.

이렇게 쌀 수가…. 물론 비싼 것도 있답니다. 2010년대 이후 활성화된 개인택시와 버스죠. 시내버스는 1,000원, 시외버스는 1,500~2,000원이라네요. 버스가 완죤 고급 아이템입니다. 물론 택시가 더 비싸지만요.

아무튼 군의 지하철 보수가 길어질 때는 작업을 격려하기 위해 군악대가 투입된다는 겁니다. 빰빠라 빰빰 빰 빰빠밤♪~ 어떤 음악이 연주될지 궁금하네요. 어쩌면 우리랑 비슷한 느낌일 수도….

북한의 지하철

▲ 평양지하철 마크

평양 지하철은 일반적으로 객차 4량을 연결하여 오전 5시 30분~오후 10시 30분 동안 운행합니다. 출퇴근 시에는 2분 간격, 평시에는 5~7분 간격으로요. 하지만 최근엔 전력난으로 인해 일부 피크타임에 한해 3량 7분 간격으로 운행하고 있다고 합니다. 전력 공급 부족과 고장 등으로 운행 도중 지하철이 멈추는 경우도 종종 발생하죠. 또한 매월 첫째 월요일에는 점검 등의 목적으로 운행하지 않는답니다.

개찰방식은 처음에는 '평양 지하철도'라고 새겨진 금속 토큰을 구입하여 자동개찰구에 투입하는 방식이었으나, 최근에는 IC태그를 이용한 전자개찰로 변경되었습니다.

▲ 지하철 부흥역 개찰구

신형 객차의 내부 역시 우리와 비슷합니다. 노약자석, 임산부석, 장애인석 등이 있고 운행과 생활정보 제공 모니터가 설치되어 있죠. 하지만 우리랑 다르게 예능프로그램이 방송되고 있는 화면과 내부를 순찰하는 여성 차장이 있습니다. 반면, 아직 대다수를 차지하는 구형은 승차 시 수동으로 문을 열어야 한다네요(헉~ 아마도 쉽게 잘 열리겠죠?ㅎ~). 그나마 다행인 건 닫힐 때는 자동이라는 거죠.

북한의 지하철은 실내가 어둡습니다. 그것도 많이! 또 곡선구간에선 심하게 흔들리고요. 지하철 차량은 '김종태전기기관차종합기업소' 등에서 자체 생산했다고 북한 당국은 주장하고 있는데요, 실제로는 중

▲ 지하철 객차 내부
어김없이 초상화가…

국이나 독일에서 생산한 것을 외장만 바꾸어 운행하고 있다고 전해집니다. 그리고 이 차량들이 지하철에서 은퇴한 뒤에는 국경의 철도에서 운행된다고 하죠. 재사용의 끝판왕! 안전에는 의심이 많이 가죠?

평양 지하철은 한반도 최초!

그런데 아시나요, 한반도 최초의 지하철이 어디에 있는지?

그건 바로 평양입니다. 북한은 1973년 9월 한반도 최초로 12km의 평양시 지하철 노선을 개통했습니다. 현재는 남북 2개 노선으로 총길이 34km에 달합니다. 우리 서울 지하철 1호선은 1974년 8월 15일에 개통했으니 북한보다 한발 늦은 셈이네요(앞에서 말씀드렸지만 이때만 해도 우리보다 북한이 잘살던 시절이었답니다).

그리고 놀라지 마세요! 북한의 지하철은 무려 지하 150~200m에 건설되었거든요(서울 지하철은 10~30m). 전시에 폭격 등을 막아 주민 대피를 위한 방공호 마련과 안전한 수송로 확보를 위해서라고 합니다. 그중 가장 깊다는 부흥역으로 가보면 얼마

▲ 부흥역 에스컬레이터
아래를 보면 아찔하겠네요ㅎㄷㄷ

나 깊은지 실감할 수 있는데, 내려가는 데만 4분이 넘게 걸립니다. 에스컬레이터의 길이는 무려 110m가 넘는답니다. 와우~.

승강장에 도착하면 한 번 더 놀라게 됩니다. 커다란 샹들리에나 고가의 대리석 및 대형벽화 등으로 꾸며져 있어 무슨 궁전에 온 듯

▲ 부흥역 승강장

착각할 정도. 이건 지하철 역사를 주민의 사상교양 장소 및 외국인에 대한 체제선전용 참관코스로 이용하기 위함이라 할 수 있습니다. 지금 평양 지하철은 남북노선인 천리마선에 8개, 동서노선인 혁신선에 9개 등 17개의 역이 있으며 천리마선의 전우역과 혁신선의 전승역이 환승역을 이루고 있습니다.

북한의 철도

북한의 육상운송은 '주철종도(主鐵從道)'의 구조로 이루어져 있습니다. 즉, 철도가 중심이고 도로수송과 해운수송이 이를 보조하는 구조인 거죠. 화물수송은 90%, 여객수송은 62%로 철도의 전체 수송 분담율이 86%인 반면, 도로는 12%, 해운수송은 2% 수준에 불과하답니다. 왜 그럴까요? 간단합니다. 철도가 자동차나 해운에 비해 규칙적이고 대량수송이 가능하며 수송시간도 짧고 원가 또한 싼 교통수단이기 때문이죠.

북한은 철도 부설에 내부에서 자체적으로 조달할 수 있는 자원을 이용함으로써 유사시에는 전쟁수행을 위한 자원동원이 가능하도록

했습니다. 2017년 기준 북한의 철도 총연장 길이 중 약 81%가 전기를 사용하는 전철로 되었는데, 이는 남한의 73.4%보다 높은 수치입니다. 이렇게 전철화에 힘을 기울이고 있는 이유는 무엇일까요?

그건 전기기관차가 디젤기관차에 비해 마력이 높기 때문에 산악지형이 많은 북한에 적합하고 열차 편당 수송능력이 2배 이상 증가하기 때문이랍니다. 더불어 수입에 의존해야 하는 석유류를 연료로 하는 디젤기관차와는 달리 수력발전 등으로 전력을 자급할 수 있다는 이유도 있지요.

하지만 북한의 철도는 98%가 단선(單線 : 선로가 하나)입니다. 또 70% 이상이 일제강점기에 건설된 것으로 개보수가 부진해 노후화가 심각합니다. 이로 인해 1990년대 중반 에너지난이 심각했던 시기 북한 열차의 평균 속력은 30km 이하를 유지해야만 했습니다(자전거가 더 빠르겠다. 그래도 주위 경관은 확실하게 눈에 들어올 듯). 최근에는 일부 개선되기는 했지만, 여전히 철도시설의 노후화 해결은 중요한 숙제입니다.

한편, 북한의 철도는 국외로는 중국과 3곳, 러시아와 1곳, 한국과 2곳이 연결되어 있습니다. 중국과는 신의주-단동(丹東), 만포-집안(集安), 남양-도문(圖們) 구간이 철교로 연결되어 있고, 러시아와는 나진-핫산 구간이 혼합궤도로 연결되어 있답니다.

하지만 뭐니 뭐니 해도 우리 민족끼리의 연결이 젤 중요하겠죠? 이미 경의선(문산-개성)과 동해선(고성-온정리) 철도 연결공사는 남북경협 차원으로 진행되어 시험운행까지 마쳤습니다. 그 뒤 남북화물열차는 '10·4선언' 합의에 따라 2007년 12월부터 문산-봉동 간 1일 1회 운행도 했습니다. 그러다 북한의 출입제한조치(2008년 12월)로 현재는 중단된 상태입니다ㅠ~.

하지만 꺼진 줄 알았던 불씨가 다시 살아났습니다. 남북은 2018년 4월 27일 '판문점선언'과 6월 1일 '남북고위급회담'에서 남북 철도·도로 연결 및 현대화에 합의했고, 이어 동해선과 경의선 철도 연결구간에 대한 공동점검을 실시했습니다. 이후 경의선 개성-신의주 구간(2018.11.30. ~ 12.5)과 동해선 금강산-두만강 구간(2018.12.8 ~ 12.18) 철도 현지조사도 실시했으며, 이어 2018년 12월 26일에는 개성 판문역에서 '동·서해선 남북 철도·도로 연결 및 현대화 착공식'을 개최했습니다.

북한의 도로

우리가 가장 많이 사용하는 이동수단은 자동차입니다. 하지만 북한 도로의 주된 용도는 철도역과 주변지역 간의 연결기능입니다. 그래서 북한의 도로는 주로 30km 이내의 단거리 운송 위주로 건설되어 있습니다. 2017년 기준 북한의 도로 총연장 길이와 이중 고속도로(6개 노선) 길이는 각각 한국의 23.8%, 16.4%에 불과하고,

전체 도로포장율은 26.5% 수준입니다. 더욱이 간선도로 대부분이 왕복 2차선 이하입니다. 통일을 대비해 미리 SOC 관련 주식이나 사볼까요?

이런 북한의 국도는 총 6급으로 분류합니다. 1급도로는 중앙의 수도와 도 사이를 연결하며, 2급도로는 도와 도 사이, 3급도로는 도와 군, 군과 군 사이, 4급도로는 군과 리 사이, 5급도로는 리와 리 사이, 6급도로는 리 안의 마을과 마을 사이를 연결합니다. 관리 주체도 급수에 따라 다르죠. 고속도로는 중앙이, 1·2·3급도로는 도가, 4·5급도로는 군이, 6급도로는 마지막 행정단위인 리에서 관리합니다.

기타 이동수단

그럼 북한 주민이 가장 사랑하는 교통수단은 뭘까요?

그건 바로 바로 자전거. 지하철이 장시간 운행중지하기도 하고, 거주지를 벗어나는 장거리 이동이 거의 없는 북한에서 자전거는 훌륭한 교통수단이 되고 있습니다. 1990년대 식량난 이후 가계의 생계를 책임진 여성에게 자전거는 장마당 장사를 위한 필수 아이템이

▲ 평양의 공유자전거 려명

었죠! 열풍이라고 할 정도였답니다.

하지만 1980년대 말 국방위원회 부위원장 오극렬의 딸이 자전거를 타고 가다 승용차에 치여 사망하는 사건이 있자, 1990년대부터 여성의 자전거 사용을 통제하기도 했죠. 반면, 연이은 사고로 남성들은 오토바이 사용을 통제당하기도 했답니다. 뭐, 이제는 다 옛날 이야기입니다~.

▲ 평양의 택시

그럼, 가장 고급 이동수단이라는 택시의 요금은 얼마일까요? 예를 들어, 양강도 혜산에서 함경남도 함흥까지(지도를 펼치시라우요) 간다면 2016년 기준으로 철도 요금은 520원(한화 66원), 택시요금

은 13만원(한화 16,700원) 되겠습니다. 헐~ 여기서 두 번 놀라네요. 택시가 정말 고급지다(?)는 것, 또 환율이 이렇게나 차이난다는 것.

고져 북한에 가면 지하철, 기차만 타고 다녀야지 말입네다^^. 아무튼 빨리 철길이 연결되어서 부산에서 시베리아를 거쳐 유럽까지 함 달려보길 기대합니다.

52 ___

컴퓨터 꿈나무가
세계 최고의 해커로…

유치원 쪽으로 ○○을 잘하는 어린이는
공부에서도 일등,
예능에서도 일등,
몸을 튼튼히 단련하는 데서도 1등이라고 합니다~.

평양교원대학 부속 개선유
치원이 만든 '영재교육 홍보
영상'의 자막 일부입니다. 여
기서 '○○'은 뭘 말하는 걸까
요? 바로 '주산'입니다. 지금
우리에게는 거의 잊힌 아날로

▲ 북한 유치원의 주산교육

그 계산기죠. 50대 이상에게는 조금은 익숙할지도 모르겠네요ㅎ.

모 방송 뉴스에 나온 관련 영상을 보면 유치원생이 6자리 숫자

계산도 척척! 입이 떡 벌어질 정도입니다. 아이들의 우뇌 계발에 좋은 주산의 영상화(주판을 머릿속에 그려 계산하는 것)는 4~12세 때 제일 잘 된다고 하죠? 이 때문에 북한에서도 지금 유아 대상으로 주산 붐이 일고 있다고 합니다. 저도 초등학생 때 주산학원에 다니는 친구들이 암산을 꽤나 잘했던 기억이 있는데, 나름 일리가 있다고 봅니다.

그런데 요즘엔 다니고 싶어도 주산학원이 어디에 있는지? 아시는 분~ 푸처핸섭!

북한의 영재교육

"1~2%의 우수한 두뇌가 나머지를 먹여 살린다"는 말이 있죠. 개인적으로는 동의하지 않습니다만, 새로운 패러다임을 창조하고 이끌어가는 소수의 사람들이 있긴 합니다. 스티브 잡스, 마크 저커버그, 빌 게이츠, 일론 머스크, 제프 베조스 … 쓰다 보니 다 미쿡 사람이네, 나참~.

아무튼 이런 사람들을 보면 어느 정도는 일리가 있는 것 같기도 하네요. 아마도 이 말은 미래로 갈수록 더욱 실감이 될지 모르겠습니다. 그래서 4차 산업혁명을 앞둔 지금 세계 여러 나라는 영재 발굴과 교육에 더욱 열을 올리고 있지요.

북한의 영재교육은 어떨까요?

없을 것 같지만, But! 사회
주의 이념에 기초한 '평등교
육'을 내세우는 북한에서도
우리와 이름은 다르지만 엄연
히 과학고, 외국어고, 예술고
가 있답니다. "3대에 걸친 정

▲ 북한 제1중학교 교육 현장

권 세습 기간 동안 재능이 뛰어난 학생을 조기에 발굴해 수재교육
을 한다는 방침은 변한 적이 없다"며 김일성종합대학 출신의 한 탈
북 교수가 전하기도 했는데요. 이는 "인적자원 없이는 체제유지가
어렵기 때문"이라고 하네요. 즉 북한의 수재교육 강화는 첨단 과학
기술 분야의 전문인력을 양성해 경제건설을 이루고 그를 통해 국가
발전을 이루겠다는 목적이 있는 겁니다.

대표적인 북한의 수재교육기관은 과학기술 중심의 평양 제1중학
교입니다. '제1중학교'는 "뛰어난 소질과 재능을 가진 학생들을 옳
게 선발, 체계적인 교육을 시키라"는 김정일의 지시에 따라 1984년
평양에 처음 설립되었습니다. 그리고 다음해인 1985년에는 남포,
개성, 청진, 혜산 등 각 도 소재지와 특별시에 세워졌고, 1999년에
는 전국 시·군·구역에 1개교씩으로 추가·확대되었습니다.

제1중학교의 교육목표는 과학, 수학, 물리 등 이과계통의 과학자를 양성하는 것인데, 여기에 입학하려면 '출신성분'만이 아니라 과학 및 수학 성적도 우수해야 합니다. 교과과목도 교육 목표에 걸맞게 일반 중학교와 다른 특수 교재(전문대 수준)를 이용한 자연과학, 컴퓨터, 영어 등에 집중되어 있습니다. 정규과정 외에도 수학이나 과학 관련 수재반을 편성하기도 하죠.

▲ 김일성종합대학 전경

이런 수재교육을 받은 제1중학교 졸업생들은 후에 김일성종합대학이나 김책공업대학에 진학해 1대 1 교육을 받습니다. 또 농촌지원 활동이나 군 입대에 있어 면제를 받는 등의 여러 혜택이 있죠.

북한의 교육체계

▲ 김책공업대학 전자도서관

그런데 북한에서는 소학교(5년제)를 졸업하면 6년제(초급 3년, 고급 3년) 중학교에 들어가게 되는데, 제1중학교가 아닌 일반 중학교에 진학하면 대학 입학자격이 주어지지 않는다네요. 이것도 개인적으로는 찬성! 진짜 공부가 하고 싶은 사람만 대학을 갈 테니까요. 물론 학력차별은 절대 No! No!

"자녀 교양은 어릴 때부터 짜고들어야(빈틈없이 계획을 세우고 실행해야) 자녀가 발을 헛디디지 않고 곧바로 걸어갈 수 있다"

북한 교육신문에 실린, 아이를 제1중학교에 보낸 한 부부의 말입니다. 이처럼 최근 북한 부모들의 자녀 조기교육에 대한 관심은 남한 못지않게 뜨겁습니다. 교육열! 이 또한 한민족의 고유한 특징이죠?

외국어를 전문으로 하는 특수교육기관으로는 '평양외국어학원'과 각 시·도에 설치·운영되고 있는 '외국어학원'이 있습니다. 먼저 평양외국어학원은 6년제 중학교 과정으로 혁명 유자녀, 영웅 칭호 수여자 및 영예군인 자

▲ 평양외국어학원 학생들

녀들 가운데 외국어에 소질이 있는 학생만 입학할 수 있습니다. 일단 여기에 입학하면 영어, 중국어, 일어, 러시아어 등 8개 외국어를 중점적으로 교육받습니다.

수업시간뿐 아니라 일상생활에서도 100% 외국어로 생각하고 말하는 몰입식 교육을 받죠. 태영호 전 주영 북한대사관 공사(서울

강남구갑 국회의원), 최선희 외무성 제1부상 등 엘리트 외교관이
바로 이 학원 출신입니다. 태영호 국회의원의 저서 〈3층 서기실의
암호〉를 보면 "어머니가 '간부 집 아이들은 다 외국어학원 시험을
준비한다'고 권해 응시했다"라고 기술한 부분도 나오지요.

▲ 금성학원 학생들의 공연

이 밖에도 김정은 위원장의 부
인 리설주가 졸업한 예술영재 교
육기관인 금성학원, 평양음악학
원, 남포중앙체육학원, 김정일
예술학원 등 예 · 체능계학교가
있습니다. 무용, 음악, 조형예
술, 교예 등에 소질이 있는 특기자들을 가르치고 있죠.

북한의 IT 교육

그런데 특이한 점은 2001년부터는 금성학원과 금성 제1중학교에
서 컴퓨터교육을 전문으로 하는 '컴퓨터수재반'을 편성하고 전국적
으로 11세의 영재들을 선발하여 프로그램개발 등 전문교육을 실시
하고 있다는 겁니다. 그 결과 매년 100명 정도의 전문가들이 배출
되고 있으며, 정찰총국과 국방과학원을 비롯한 군사 분야와 노동
당, 내각 등 각 분야에 배치되어 활동하고 있다고 합니다.

'북한이 세계 최고수준의 해커 보유국'이라는 평가를 받는 것은

바로 이들 때문에 가능했다는 게 정설이죠. 지금 북한의 사이버역량은 세계가 우려할 수준에 와 있고, 그 중심에는 오랜 기간 공들여 키워온 컴퓨터 수재들이 있다는 말씀!

실제로 정보통신을 활용하여 북한의 외화벌이를 도모해, 유엔 결의와 미국 행정명령을 위반한 혐의로 2018년 미국 재무부에 의해 북한으로 추방된 인물이 있습니다. 북한의 컴퓨터 전문가 정성화는 과거 북한 최대 정보기술조직인 조선콤퓨터센터(KCC) 산하 삼일포연구센터에서 20대 젊은 프로그래머들을 이끈 북한의 IT공작 책임자였죠. 그때 그의 밑에 있던 삼일포연구센터의 젊은 프로그래머들은 모두 평양 제1중학교를 나와 김일성종합대학과 김책공업종합대학을 졸업한 수재들이었답니다.

또 김정남 암살사건으로 말레이시아 경찰에 체포된 북한 공작원의 원래 임무는 '사실 불법도박 및 음란사이트 운영 등을 통한 외화벌이'였다고 합니다. 말레이시아 정보기술기업에 위장취업할 당시 서류에 김책공대 정보기술학과를 졸업했다고 기재되어 있었다네요.

이들의 존재는 우리에게도 낯설지 않습니다. 2011년 8월 국내 범죄조직이 북한 해커들과 짜고 국내 유명 온라인게임 서버를 해킹해 게임아이템을 수집하는 일명 '오토 프로그램'을 제작·배포해 거액을 편취하다 붙잡힌 사건이 있었습니다. 이 조직이 중국 헤이룽장성(黑龍江省)과 랴오닝성(遼寧省) 지역으로 북한 컴퓨터 전문가들을 대거 불러들였거든요. 여기에 동원된 북한 해커 30여 명 모두 김일성종합대학과 김책공대를 나온 20대 컴퓨터 수재들이었다고 합니다.

해외 사이버 전문기관도 북한의 고위급 지도부들이 정보기술에 대한 상당한 지식과 전문성을 갖추고 있다는 분석보고서를 내놓고 있습니다. 컴퓨터 수재들이 기술발전이 아니라 사이버 공격에 대거 가담하고 있다는 것은 조금 씁쓸하네요.

아무튼 컴퓨터 교육에 상당한 관심을 쏟았던 아빠 김정일 위원장에 이어 아들 김정은 위원장도 북한의 사이버 능력 증강에 대한 의지를 수시로 피력했습니다. 또 집권 이후 교육과정을 개편하면서 러시아어나 중국어가 아닌 영어를 필수화하고 정보기술 교육을 대폭 강화해오고 있답니다.

▲ 컴퓨터 교육을 받고 있는 학생들

누구보다 보편적인 교육을 추구할 것 같은 북한이 실제로는 1%의 영재교육을 중시하고 있는 겁니다. 또한 북한은 영재들에게 확실한 미래를 보장합니다. 출신성분을 극복할 수 있는 길이 되고 있는 것입니다. 그래서 북한 주민들 사이에서는 이런 교육학교에 들어가기 위한 과외가 성행하고 있답니다.

하지만 북한의 집중적인 영재육성책은 어쩌면 사회주의이기에 가능한 것 아닐까 싶네요. 영재교육의 강자, 북한. 하지만 인류의 미래를 이끌 '우수한 1%'는 조직의 획일화된 스파르타적 트레이닝으로 만들어지는 것이 아니라, 인권이 존중되는 자유로움 속에서 개성의 다양성이 어우러질 때 나타나는 게 아닐까요?

53 __

개혁개방 전에 사모아볼까?
북한돈

KRW, USD, EUR, CNY, JPY, GBP, EGP, AUD, CAD, HKD, SGD, CHF, RUB, INR, MXN, BRL, DKK, BOB, IRR, SAR, AED, VND….

헉헉~ 한 번에 말하려니 숨이 차네요. 뭘 이렇게 쭈욱 나열했냐구요? 어디선가 많이 본 듯한 알파벳 아닌가요? 좀 생소한 것도 있구요. 바로 각국의 '통화코드'입니다. 국제표준화기구가 'ISO 4217(제정된 통화의 이름을 정의하기 위해 3문자의 부호로 기술하는)'로 정의한 국제기준이죠.

순서대로 원(한국), 달러(미국), 유로(유럽), 위안(중국), 엔(일본), 파운드(영국), 파운드(이집트), 달러(호주), 달러(캐나다), 달러(홍콩), 달러(싱가폴), 프랑(스위스), 루블(러시아), 루피(인도), 페소(멕시코), 헤알(브라질), 크로네(덴마크), 볼리비아노(볼리비

아), 리알(이란), 리얄(사우디아라비아), 디르함(아랍에미리트), 동
(베트남)입니다. 정말 나라마다 다양한 돈을 쓰고 있군요.

북한의 화폐

여기서 잠깐! 그럼 북한은? 앞서 교통편에서 우리 돈 기준 북한
돈의 환율에 대한 언급이 있었죠. 북한 돈에 대해 좀 더 자세히 알
아볼까요?

▲ 현행 북한 지폐

KPW. 북한의 통화코드입니다. '원'이 기본단위인데, 와~ 우리
와 똑같죠? 하지만 보조단위로 전(錢)(1원 = 100전)을 씁니다. 지
폐 9종(5원, 10원, 50원, 100원, 200원, 500원, 1,000원, 2,000
원, 5,000원), 주화 4종(1전, 5전, 10전, 50전)이 있고요. 그중 최

고액권인 5,000원 권에는 김일성 주석의 얼굴과 생가가, 2,000원 권에는 김정일 국방위원장의 생가와 백두산이 그려져 있답니다.

1947년 12월, 처음으로 화폐개혁을 하여 북한의 원은 조선민주주의인민공화국의 공식통화로 지정되었는데, 이전까지는 조선은행 권인 '엔'과 붉은군대 사령부의 전표인 '원'이 사용되었답니다.

북한의 무리한 화폐개혁

비교적 최근인 2009년에는 권력 세습 공고화 및 체제 단속을 목적으로 제5차 화폐개혁을 단행해 구권 100원을 신권 1원으로 바꿔주었습니다. 숨어 있는 재산을 끌어내기 위해 실시한 개혁이었지만, 세대 당 교환 가능금액을 10만원으로 제한하고 나머지 돈은 사실상 국가가 가져가는 방식을 취하면서 부작용이 많았습니다. 장마당에서, 또 국경 밀수교역 등을 통해 힘들게 돈을 모았던 북한 주민 상당수가 재산을 잃게 되었고, 이마저도 교환기한을 단 일주일로 한정해 엄청난 반발을 몰고 왔습니다.

주민들은 자기나라 돈에 대한 믿음을 완전히 잃어버렸고, 특히 장마당에서는 북한 원 대신 미국 달러나 중국 인민폐가 더 활발하게 유통되었습니다. 결국 이듬해인 2010년 3월, 노동당 재정경제 부장이 개혁실패의 책임을 지고 물러났죠(처형되었다는 소문이…).

그러다 2015년 중국중앙은행도 인민폐를 평가절하하는 조치를 취하자 불확실한 중국 돈보다 지금은 달러를 더 선호하는 추세로 변하고 있다고 합니다. 자기나라 안에서 외국돈을 더 선호한다? 음, 최근의 남미 베네수엘라가 떠오르는군요. 아무튼 바람직하지 않은 거죠!

고정환율제로 인한 낮은 신뢰도

▲ 외환태환권 50원

예전에 쓰이던 외국인 전용 화폐.
역시 우리말 사랑은 인정!

한편 북한의 조선무역은행은 재정성이 정한 고정환율을 기초로 하여, 외화교환 시세표를 작성·고시하고 있습니다. 북한의 환율은 타국과의 협정이나 국제금융시장에서의 수요·공급에 따라 정해지지 않고 중국처럼 국가가 인위적으로 결정하기 때문이죠. 이 때문에 공식 환율과 실제 환율의 가치 괴리가 큽니다.

과거에는 공식과 실제의 환율 괴리가 지금보다 더 컸다고 합니다. 그런데 2002년 '7·1조치'로 지나치게 고평가되어 있던 공식 환율을 현실화했지요. 1달러당 2.2원선이었던 걸, 150원선으로 70배 이상 인상했습니다. 이는 외환의 가치를 산정함에 있어 시장기능을 어느 정도 반영했다는 점에서 주목을 받았습니다.

그러나 환율을 현실화시켰음에도 불구하고 지속적인 화폐가치 하락으로 비공식 환율은 큰 폭으로 상승한 반면 공식 환율 변동은 소폭 상승에 그쳤습니다. 다시금 북한의 공식 환율이 비공식 환율(암시장 환율)에 비해 과대평가됨에 따라 외화가 비공식 경제로 유출되는 현상이 나타났죠. 당국은 이러한 폐단을 억제하기 위해 비공식 환율로 환전해주는 외화교환소를 설치·운영했습니다. 하지

만 주민들은 환전수수료가 높고 달러만을 교환해주는 외화교환소
보다 암거래상을 더 선호한다네요.

외화암거래는 주로 대도시 외화상점 부근에서 이루어지며 중국
인민폐, 일본의 엔화, 미국 달러, 유로화 등과의 환전이 가능합니
다. 실제 환율은 2012년경에 1달러당 북한 돈 8,000원대에 도달했
고, 이후 지금까지 8,000원 내외를 유지하고 있답니다.

향후 북한돈의 가치는?

남북 화해모드에 한반도 비핵화를 둘러싼 미국과 북한 간 정상회
담 이후 특히 주목받고 있는 것이 남북 경제협력 관련 분야죠. 전
기, 철도 등 기본적인 인프라뿐 아니라 이와 연계된 금융도 활발한
움직임을 보일 것으로 예상되고 있습니다.

앞으로 비핵화 논의가 크게 진전돼 유엔이 북한에 대한 제재수
위를 낮춰주고 북한에 대한 민간투자 범위가 확대될 경우 여러 국
제기금들이 투자할 것으로 전망됩니다. 이때 본격적으로 부상할
문제가 바로 '환율'입니다. 현실적으로 북한 안에서도 '죽은 화폐'
로 통하는 '북한 원'의 가치를 얼마로 인정할지의 문제는 개발사업
뿐 아니라 향후 이어질 통일프로세스에서도 중요한 과제가 될 것
입니다.

▲ 북한이 제작한 것으로 추정되는
위조지폐 슈퍼노트(위)와 진짜 100달러(아래)

현재 북한 돈의 실질가치는 '0'에 가깝습니다. 세계에서 가장 지폐 위조를 잘하는 나라로 알려진 북한에서조차 '자기 돈을 위조하는 범죄는 절대 일어날 일이 없다'고 할 정도라네요(…웃픈). 심지어 북한 돈은 밀수 담배를 말아 필 때 쓰는 종이로 더 많이 쓰인다고 할 정도입니다. 한마디로 북한 돈의 가치가 휴지보다 못하다는 것이죠.

이렇다 보니 통일 이후 북한 돈이 과연 어떤 가치를 받을지는 미지수입니다. 통일 독일은 과거 동독과 서독의 마르크화를 정치적 통합을 목표로 1:1로 통합했습니다. 당시 서독과 동독의 경제는 3배 정도, 시장에서 서·동독 마르크화의 가치는 10배 정도 차이가 났지만 서독정부가 과감하게 화폐통합을 한 거죠. 1:1로 통합하지 않을 경우 다수의 동독 주민들이 서독 지역으로 대거 이주하고, 이에 따른 경제통합도 매우 어려워질 것을 감안한 정치적인 결단이었답니다.

하지만 우리의 경우에는 일단 독일식의 1대1 화폐통합은 아마도 불가능할 것으로 보고 있습니다. 달러 환율을 적용했을 때 한국 돈 1원과 북한 돈 1원의 차이가 8~9배 정도인 것도 문제지만, 그보다는 북한에서도 북한 돈을 거의 안 쓰고 있기 때문이지요. 때문에 어느 정도 경제격차가 줄어들 때까지는 '1국가 2화폐' 체제가 필요하다는 주장도 제기되고 있습니다. 한 나라에서 두 가지의 돈을 쓴다? 잘 이해가 되지 않는군요. 공부를 더 해야…ㅜㅜ~.

그래도! 지금 사두면 최소 몇 배의 이익은 되지 않을까? 하는 분들도 있을 거예요. 통일 후를 바라보고 말이죠ㅎ.

54 _

북한의 길거리 음식

'요즘 핫한' 북한 먹거리는 무엇이 있을까요? 우리는 외국여행을 가면 진정한 현지의 맛을 느끼기 위해 그곳의 길거리 음식을 찾곤 합니다. 어느 나라든 시대를 가장 잘 반영하는 곳은 거리의 맛집이라잖아요? 북한도 예외는 아니랍니다. 요즘 장마당과 메뚜기시장(불법 노점상)에서 파는 음식들이 아주 인기를 끌고 있다고 합니다.

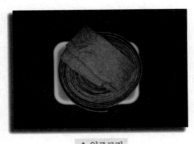

▲ 인조고기

먼저, '인조고기와 인조고기밥'입니다. 한마디로 콩고기입니다. 대두 기름을 짜내고 남은 찌꺼기를 납작하게 만든 것인데요, 말 그대로 인조(人造), 즉 '사람이 만든 고기'라는 뜻입니다. 인조고기를 삶아서 그 속에 밥을 넣고 고추 또는 생선 소스를 곁들여 먹는다고 합니다.

인조고기는 식량난을 겪던 시절 북한 주민들이 단백질 공급을 위한 자구책으로 만들어진 음식입니다. 구황음식이라고나 할까요? 그런데 시대가 바뀌고 생활이 비교적 풍족해지면서 오히려 장마당에서 인기리에 팔리는 길거리 음식이 된 거죠.

인조고기는 칼로리는 적지만 단백질과 섬유소가 많아 근육 성장을 돕고 배고픔을 막을 수 있다고 하더군요. 게다가 1인분이 50센트 정도로 아주 저렴하기까지 하고요. 다만, 단백질 덩어리 때문에 식감은 좀 질기답니다. 다이어트에 안성맞춤이죠?

콩을 주재료로 하는 길거리 음식이 또 있습니다. 바로 '두부밥'입니다. 두부밥은 튀긴 두부 속에 밥을 채워 넣고 그 위에 매콤한 북한식 고추장 소스를 묻힌 간식거리라네요. 두부밥 역시 식량난이 심각해졌을 때 생긴 음식인데요. 함경도에서 시작해 유행을 타면서 전국적으로 퍼져나갔다고 합니다.

아참, 북한에서 내용물을 쌀, 그러니까 밥을 이용하는 음식이라고 하면 순대를 빼놓을 수 없답니다. 우리에게도 인기 좋은 순대. 그런데 북한 순대는 대부분 당면이 아닌 쌀로 만든답니다.

다음 타자는 '눈깔 알사탕'과 '콩사탕'. 북한의 길거리 눈깔사탕은 노점상이 즉석에서 만드는 수제 사탕이라는 점이 특징입니다. 갈색 설탕과 식초가 주원료라고 하네요. 콩사탕은…, 음, 네, 또, 콩입니다ㅎ. 바로 설탕 옷을 입힌 튀긴 대두가 콩사탕의 정체랍니다. 설탕이 부족하면 포도에서 추출하는 글루코스를 대신 쓴다고도 하네요. 건강한 치아를 위해서는 아무래도 눈깔 알사탕보다 콩사탕이 더 나을 듯합니다.

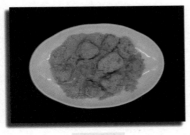

▲ 속도전떡

그리고 떡도 있습니다. '펑펑이떡' 또는 '속도전떡'이 되겠습다. 무슨 군대에서 나오는 특식이냐고요? 그게 아니고요, 후다닥 순식간에 만들어지기 때문에 '속도전(速度戰)'이라는 이름이 붙었다고 합니다. 옥수수가루와 물을 섞어 만든 떡에 고물을 묻혀 먹는데, 쌀이 아닌 옥수수가루를 사용한 건 아무래도 쌀이 귀하기 때문이겠죠? 옥수수 알갱이가 통째로 보이는 게 독특합니다.

이외에 다른 건 또 뭐 없을까요? 음, 이건 어때요? 여인의 손가락을 닮아 붙은 이름, '손가락과자'…. 밀가루반죽을 튀긴 후 설탕과 포도 글루코스를 묻혀 맛을 낸 건데, 겉은 바삭하고 속은 쫄깃쫄깃합니다. 또 밀가루 반죽을 얇게 구워 닭고기와 채소, 된장을 넣고 만든 패스트푸드 '밀쌈'은 단백질, 탄수화물, 지방의 균형이 맞고 맛도 좋아서 젊은이들이 즐겨 찾는다고 합니다.

그런데 떡이며 밥이며 사탕까지 먹고 있다니 슬슬 목이 메네요. 이럴 땐 '탄산단물'을 같이 마셔줘야 완성. 탄산단물이 뭐냐고요? 우리식으로 말하자면 탄산음료가 되겠습니다. 그럼 주스는 뭐라고 할까요? '과일단물'이 되지요. 그런데 탄

▲ 북한의 단물

산단물에 탄산이 있게요, 없게요? 없으니깐 문제를 냈겠죠? 북한의 단물은 탄산 대신 사카린과 식용 빙초산을 섞는다고 합니다ㄷㄷ.

이외에도 평양 중심가 노점에서는 우리처럼 김밥, 떡볶이, 어묵, 부침개 등도 파는데요. 하지만 길거리 음식인데도 주민들이 사먹기엔 비싼 게 사실입니다.

유엔 세계식량계획과 식량농업기구에서는 북한 주민들이 필수 단백질과 지방이 부족한 식단으로 식생활을 한다고 전하고 있습니다. 하지만 지금까지 나열한 길거리 음식들의 원재료를 생각해보면 부족한 영양소를 보충하는 역할을 북한의 길거리 음식들이 톡톡히 해내고 있다는 생각이 드네요. 빨랑 먹어봤으면…. 우리 동네에도 팔면 얼마나 좋을까요? ^^;

55 __
비날론,
북한이 고집한 합성소재

♪♪ 누난 내 여자니까 너는 내 여자니까~~~♬

이 노래 아시나요? 인기 많았던 유명 가수의 데뷔곡이죠? 연기도 잘하고 예능 프로그램에서도 자주 볼 수 있는 종합엔터테이너 이승기 씨입니다. 그런데 갑자기 왜 북한 이야기에 이승기 씨를 소환하냐고요?

▲ 윌리스 캐로더스

음… 이유는, 동명이인인 다른 승기 씨를 소개하려는 겁니다. 당근 북한과 관계가 있는 것은 두말할 것도 없죠. 비단보다 질기고, 면보다 가볍고, 신축성도 뛰어난 기적의 섬유 '나일론'은 다들 잘 아실 겁니다. 혹시 모르는 분들을 위해 간단히 설명하자면 나일론은 미국 듀퐁사(社)의 캐로더스(Carothers W. H.)

가 1935년에 발명한 세계 최초의 합성섬유입니다. 스타킹이나 양말에서 시작하여 지금까지도 곳곳에 많이 쓰이고 있는 역사적인 개발품이죠.

합성섬유는 나일론 뒤로도 다양하게 개발되었습니다. 그럼 나일론의 뒤를 이어 두 번째로 개발된 합성섬유 '비날론'은 들어본 적 있나요? 이 비날론은 바로 북한이 개발한 합성섬유입니다.

리승기의 비날론 개발

'리승기(李升基)'는 1905년 전라남도 담양에서 태어났습니다. 1928년 일본 교토대학공업화학과에 입학하여 합성섬유 연구를 시작했고, 1939년 합성섬유 제1호(요게 바로 '비날론'이지비, 고럼)를 완성하여 한국인으로서는 최초의 공학박사가 되었지요.

▲ 리승기 박사(1905~1996)

해방 후에는 서울대학교의 제2대 공대학장 등으로 재직했는데, 한국전쟁이 일어난 1950년 7월 가족과 제자들과 함께 월북했습니다. 그 이유인 즉, 남한의 후진적인 연구 환경을 안타까워하던 차에 북한이 흥남에 대규모 비료공장의 설비를 마련할 것과 비날론의 공업화를 전폭 지원할 것을 약속했기 때문이라네요. 과학자에게 이념은 그다지 중요하지 않았던 듯해요. 그에겐 연구 그 자체가,

아니면 민족과 인류에게 보다 발전된 삶을 주고 싶은 마음이 더 컸을지도 모르겠습니다.

▲ 비날론 공장을 시찰하는 김정일 위원장

비날론은 1961년 마침내 흥남의 대규모 공장에서, 북한의 풍부한 석회석과 무연탄을 주원료로 하여 생산에 성공했습니다. 가볍고 질기면서 자연섬유에 가까운 특성을 지닌 비날론은 순식간에 북한의 의생활을 바꾸어 놓았죠. 반면, 남한에서는 이 무렵 미국에서 들어온 나일론이 큰 인기를 끌었는데, 안타깝게도 나일론을 생산할 수 있는 기술이 없었기 때문에 외국으로부터 원사(原絲)를 수입하여 직물을 짜거나 아니면 아예 완제품을 수입해야 했답니다(믿기지 않지만, 북한보다 못살던 시절이랍니다ㅠㅠ).

아무튼 비날론에 대한 북한의 자부심은 대단했습니다. 그래서 '주체섬유'로도 불렸습니다. 북한이 원천기술을 갖고 있는 데다가 북한의 자원을 이용해 만들었으며, 민족 전통의 면제품에 가장 가까운 섬유였기 때문이죠.

한편 비날론의 공업화 이후 북에서는 '주체과학'이란 말도 생겼습니다. '북한의 원료와 기술을 바탕으로 하여 인민에게 필요한 물품을 만든다'는 것이 핵심이었죠. 이런 기조 아래 무연탄을 이용하여 가스를 생산하는 공장이 지어졌고, 한의학과 서양의학의 접목도 시도되었습니다.

경쟁력 부족에도 비날론을 고집한 북한

하지만 비날론은 나일론과 폴리에스테르 등 석유화학 계통의 합성섬유 제품에 비해 품질과 생산성이 크게 뒤떨어진다는 한계가 있었습니다. 이와 달리 남한은 1965년, 동양나이론(지금의 효성)이 드디어 나일론 원료를 만드는 데 성공해, 1968년에는 대규모 공장이 울산에 세워져 국내는 물론 외국으로 수출하기 위한 나일론까지 만들어낼 수 있게 되었습니다. 이렇게 세계시장을 향했던 대한민국의 섬유공업은 기술혁신을 이뤄 점차 경쟁력을 갖춰나갔습니다.

반면 북한의 주체과학은 인민생활과 생산현장을 과도하게 중시한 탓에 세계 변화 기류에 둔감하고 기초과학 성장에는 무관심했죠. 결국 나일론에서 시작한 남한의 섬유공업은 현재 세계 최고의 생산기술을 가지게 된 반면, 1960년대 초 세계적 수준에 위치했던 북한의 섬유공업은 날로 세계의 수준 높은 기술과 멀어지고 말았습니다.

　결과는 좋지 못했지만, 리승기 박사는 1961년부터 35년에 걸쳐 국가과학원 함흥분원장을 맡으며 북한에 경공업과 화학공업을 일으키는 데 주도적인 역할을 했습니다. 그 공로를 인정받아 1959년 제1회 인민상을, 1962년에는 사회주의권의 노벨상이라 불리던 레닌상을 받았고, 1968년에는 북한에서 최초로 소련과학원 명예원사의 칭호까지 얻었지요.

7부

민 족

- 글 자코뱅 -

56 __
사헌부와 사간원,
조선의 언론

흔히 "펜은 칼보다 강하다"라는 말을 많이 씁니다. 누군가를 찍어 누르는 무력이나 힘보다는, 진실을 전하는 글이나 언론의 힘이 훨씬 강할 때를 비유할 때 많이 쓰지요. 그러나 '언론'은 진실을 전하는 '언로(言路)'의 역할을 맡기도 하지만, 잘못될 경우 '권력의 시녀'가 되기도 합니다. 이러한 이치는 왕조가 있던 때에도 변함이 없어서, 언론의 역할을 했던 기관은 막중한 권한과 함께 막중한 책임이 따라왔습니다.

대간

사실 언론의 역할을 했던 기관은 신라시대부터 있었지요. 이 역할을 했던 관리를 '대간(臺諫)'이라고 불렀는데, 이는 관리를 감찰하는(감사원의 역할을 했던) '대관(臺官)'과, 국왕의 과오를 비판(간쟁 : 諫諍)하는 '간관(諫官)'을 합쳐서 이르는 말입니다. 통일신라와

발해에는 각각 '사정부(司正府)'와 '중정대(中正臺)'라고 하여 관리를 감찰하는 기구가 있었고, 발해의 3성 중 하나인 '선조성(宣詔省)'은 간쟁의 역할을 맡았습니다.

사헌부

고려시대에는 '사헌대(司憲臺)'가 관리 감찰의 역할을 수행했는데, 이 사헌대가 이름을 바꾼 것이 '어사대(御史臺)'였지요. 또한 중서문하성에 3품 이하의 관리인 '낭사(郎舍)'가 있어 간쟁의 역할을 맡았답니다. 어사대는 고려 공민왕 때에 '사헌부(司憲府)'라고 이름을 바꾸고, 이 사헌부라는 이름이 조선 왕조 때까지 이어지게 됩니다.

사헌부의 경우 '상대(霜臺)'라는 별칭이 있는데, 이는 '서릿발같이(霜) 엄정한 규율을 가졌다.'는 뜻이 있어요. 그만큼 관리의 부패를 막기 위해서 한겨울의 서리처럼 냉엄하게 판단해야 하는 사헌부의 성격과 역할을 잘 드러냈다고 볼 수 있지요.

대간(시대를 막론하고 감사를 맡는 관직은 대간이라 불렸죠)의 대표적인 권한에는 '간쟁, 봉박(封駁 · 왕의 명이 잘못되었을 시 되돌릴 수 있는 권한), 서경(署經 · 관리 임명 시 대간의 서명을 거치도록 하는 권

▲ 대사헌 양성지

1415~1482, 대사헌 재직 시절 휘하의 사헌부 부하들에게 탄핵을 당했죠. 아이구 무슨 망신이야 ㅜㅜㅜ

한)'이 있는데, 조선시대 사헌부의 경우 이 업무들 중 서경권에 초점이 맞춰져 있었습니다. 심지어 임명뿐만 아니라, '탄핵' 역시 가능했습니다. 감찰 담당이었으니, 그 관리를 직접적으로 내칠 수 있도록 왕에게 요구하는 것 역시 가능했던 것이죠.

조선 후기에는 붕당정치 및 세도정치로 인해 투명성이 그만큼 퇴색되었지만, 그 이전의 사헌부는 청렴함이자 엄격함 그 자체라는 특성을 이어갈 정도의 '상대' 그 자체였습니다.

사간원

앞에서 고려시대의 낭사를 이야기했죠. 이 낭사가 조선시대에는 '사간원(司諫院)'이라는 이름으로 바뀝니다. 독특한 점이라고 한다면, 낭사는 재신(宰臣) 휘하에 있는 중서문하성 '소속' 관리였지만, 사간원은 '별도의 기관'으로 분리가 된 것이지요. 자연스럽게 활동에 있어서 자율성을 보장받을 수 있고, 권력에 대한 견제 기능 역시 훨씬 강화되었습니다.

위에서 사헌부가 서경권에 초점이 맞춰져있었다면, 사간원의 경우 간쟁과 봉박에 초점이 맞춰져 있었습니다. 물론 사헌부와 사간원의 영역이 명확히 구분된 것은 아니었고 서로의 역할에 어느 정도는 참여할 수 있었죠. 실제로 탄핵의 경우에는 사헌부와 사간원이 다 같이 나서는 경우가 많았습니다.

사헌부와 사간원, 홍문관을 합쳐서 '삼사(三司)'라고 지칭하는데, 특히 사헌부와 사간원은 별도로 떼어서 '양사(兩司)'라고도 부릅니다. 조선시대의 대간은 이 양사의 관리들을 지칭했죠. 이들 관직에 들어가는 것은 "자신이 목숨을 걸고서라도 바른말을 하겠다"는 의미로서 해석이 됐고, 자연스럽게 이들은 사회적 대우를 받았습니다.

　이들은 바른말을 하는 만큼 청렴해야 하기에, '청렴할 필요가 있는 직책'이라는 뜻의 '청요직(淸要職)'이라고 불리게 되었습니다. 이런 대우와 책임 덕분에, 율령 체제를 받아들이고 있는 왕조들 중 조선의 양사처럼 권력의 견제에 있어 자율성을 보장받은 단체는 거의 없었다고 봐도 될 정도입니다.

　하물며 서양의 왕조와는 비교가 될 수 있을까요. 이러한 점에서 양사의 존재 가치 및 역사적 의미는 이야기하면 입이 아플 정도라고 볼 수 있습니다.

57 __
교과서 속 '주먹도끼',
한반도에서는 쓴 적이 없다고?

오늘날 한국사 교과서를 펴면, 구석기시대가 제일 먼저 나오고, 그 부분에서 좋든 싫든 봐야 하는 것 중 하나가 '주먹도끼'입니다. 사진에 나오는 저 석기 도구, 모두들 눈에 익숙하시죠? 그런데 이러한 주먹도끼가 우리나라에서 발견될 수 없는 석기 도구라는 학설이 있었다는 걸 알고 계셨나요? 이게 무슨 소리인가 싶겠습니다만, 실제로 한동안 고고학계에서 정설로 받아들였다는 사실!

우리에게 흔히 알려진 주먹도끼의 형태는 처음 발견된 프랑스의 마을(St. Acheul) 이름을 딴 '아슐리안형 주먹도끼'라고 합니다. 이는 손으로 쥐기 좋게 돌의 한쪽 또는 양쪽 면을 잘 다듬은 형태의 주먹도끼이죠.

▲ 아슐리안형 주먹도끼

이와 대비되는 석기 도구 형태가, '올두바이 공작(Oldowan industry)', 또는 '올도완 문화(Oldowan culture)'의 '찍개'입니다. 마찬가지로 처음 발견된 탄자니아의 마을(Olduvai) 이름을 땄죠. '찍개'는 돌을 떼어내어 한쪽 또는 양쪽 면에 날을 세운 형태의 석기 도구입니다.

아슐리안형 주먹도끼는 아프리카와 유럽에서 많이 발견되었고 아시아까지 이동하기는 쉽지 않았던 특성상, 자연스럽게 아시아에서 발견될 가능성은 그

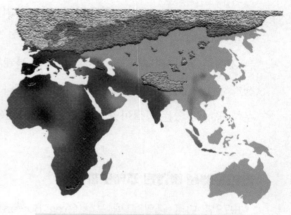

▲ 모비우스 학설에 따른 아슐리안형 주먹도끼 사용 지역

리 높지 않다는 결론이 나왔습니다. 이를 바탕으로 미국의 고고학자 '할럼 모비우스(Hallum Movius)'는 1948년 논문을 통해 하나의 가설을 발표하는데요. "동아시아에서는 주먹도끼가 나올 수 없다!"를 핵심으로 하는 이 가설은, 인도를 중심으로 그어진 '모비우스 선(Movius line)'을 토대로 선의 서쪽에서는 아슐리안형 주먹도끼 문화가 형성되고 동쪽에서는 올도완 문화를 바탕으로 한 찍개의 사용이 주류를 이루게 된다는 내용을 담고 있습니다.

▲ 올도완 문화의 찍개

이쯤에서 올도완 문화의 찍개를 한 번 살펴보겠습니다. 찍개는 두 손으로 사용해야 할 정도로 크기가 꽤 크고 딱 봐도 주먹도끼에 비해 사용하기 불편한 도구입니다. 주먹도끼는 찍개와 달리 손잡이 부분을 고려했으며, 편리하게 다양한 용도로 활용될 수 있는 고차원의 석기 도구인 것이죠. 그런데 우리 조상은 주먹도끼는 만들지 못 하고 찍개만 썼다는 것이니 동아시아의 입장에서는 상당히 불쾌한 일이겠지요? 지금 생각하면 "이게 무슨 말도 안 되는 소리야!"하겠지만, 당시에는 충분히 공신력 있는 학설이었습니다. 적어도 1978년까지는 말이죠.

한반도에서 발견된 주먹도끼

1978년 미국 군인 그렉 보웬(Greg Bowen)은 여자친구 이상미 씨(상미 보웬)와 한탄강 일대로 데이트를 나갔는데요. 우연히 여자친구가 주워온 돌을 유심히 보고 있던 그렉 보웬은 이 돌이 보통 돌이 아니라는 것을 알고 이것을 고고학을 연구하던 서울대의 김원룡 교수에게 보내게 됩니다. 이 돌은 모비우스의 이론에 따르면 한반도에는 존재하지 않아야 할, 아슐리안형 주먹도끼였던 거죠. 이 돌의 존재가 밝혀지자, 전 세계 고고학계는 그야말로 난리가 났습니다. 정설로 인식되던 모비우스의 이론이 한국에서 발견된 돌 하나로 단번에 박살나는 순간이었던 겁니다.

"보고 있나, 모비우스?"

이 연천 전곡리에서의 발견은 구석기시대 선진적인 주먹도끼 제작 기술이 한반도에도 있었다는 것을 알렸다는 점, 구석기 연구의 흐름을 바꿔 세계 고고학 역사에 있어 큰 획을 그었다는 점에서 그 의미를 찾을 수 있지요. 정말로 모비우스에게 "보고 있나?"라고 한 마디를 날려줄만한, 엄청난 사건이었음은 틀림없다고 볼 수 있겠습니다.

58 _

"나는 매일 세 번 스스로를 반성한다"

曾子曰 : "吾日三省吾身: 爲人謀而不忠乎? 與朋友交而不信乎?
傳不習乎?"

증자가 말하기를, "나는 매일 세 번 나 (스스로)를 반성한다.
다른 이들을 위해 일을 하면서 충실하지 않았는지? 벗과 더불
어 사귀면서 미덥지 않았는지? (제자들에게 지식을) 전하면서
스스로 (이에) 익숙해지지 않았는지?"

〈논어〉의 학이편에 나오는 말입니다. 여기에 나오는 "나는 매일
세 번 나 스스로를 반성한다"에 주목해볼까요? 사실 보통 사람들
이 실제로 이를 행하기란 쉽지 않죠. 그런데 이러한 일을 어릴 때
부터 쭉 해오고, 그것을 토대로 기록을 만든 '왕'이 있었습니다. 이
사람의 묘지문(墓誌文)은 "왕은 성인이었다"는 말로 시작할 정도이
며, '불취무귀(不醉無歸 : 취하지 않은 사람은 돌려보내지 않는
다…?)'로 기억되는 이 사람, 바로 정조 임금이었습니다.

정조

　세손 때부터 〈존현각일기(尊賢閣日記)〉라는 이름으로 왕이 자신을 반성하며 썼던 일기는, 왕이 되고 나서부터는 일상과 함께 국정에 대한 기록까지 동시에 들어가게 되었습니다. 사소하지만 세심하게 쓴 이 일기는 후대에 '하루를 반성하며 쓴 기록'이라는 뜻의 〈일성록(日省錄)〉이라 불리죠. 정조는 〈일성록〉에 신하들이 올린 소차(疏箚, 상소)와 윤음(綸音, 임금의 말씀) 및 동정, 정사(政事)와 관찬 서적, 강무(講武)와 진휼(賑恤), 죄수에 대한 심리와 격쟁(擊錚, 임금에 대한 백성들의 직접적인 상소) 등을 담아냈고, 신하들 역시 이를 국가 기록으로서 파악하고 인식했습니다.

▲ 정조(1752~1800)

　이 때문에 정조가 승하한 뒤 후대 왕 대에도 계속해서 작성되었고, 정조가 676권을 포함한 총 2,329권이 작성되어 현재까지 전해지고 있습니다. 당연히 이러한 기록의 중요성으로 인해 국보 제153호로 등재되었고, 2011년 유네스코 세계문화유산에 등재되기도 했습니다.

정조의 문집 〈홍재전서〉

조선시대뿐만 아니라 그 전의 신라시대, 고려시대를 포함하여 사대부 및 양반층, 문벌귀족들은 대부분 자기 자신의 문집을 남겼습니다. 예를 들면 고운(孤雲) 최치원(崔致遠)의 〈계원필경(桂苑筆耕)〉, 백운거사 이규보의 〈동국이상국집(東國李相國集)〉, 다산(茶山) 정약용(丁若鏞)의 〈여유당전서(與猶堂全書)〉 같이 말이지요.

특이하게도 정조 역시 문집을 가지고 있었습니다. 〈홍재전서(弘齋全書)〉라는 이름이 붙은 이 문집은 계속해서 복간될 때마다 문집이 체계화된 걸 넘어서, 왕의 문집치고는 드물게 어마어마할 정도로 양이 늘었다는 게 독특합니다. 초간(初刊)될 때는 60권 60책이었던 문집이 최종적으로 완성되었을 때는 184권 100책이 된다면 그게 믿어지실까요?

정조는 유독 책을 좋아했습니다. 보통 경연을 하면 신하가 왕을 가르치는데, 정조의 경우 왕이 신하를 가르쳤습니다. 관등이 낮으나 똑똑하고 유망한 신하가 있으면 직접 가르치기도 했으며(抄啓文臣制, 초계문신제), 직접 쓴 책이나 주석을 단 책의 권수만 네 자리 수에 육박할 정도이니 말 다했죠.

59 __
서울의 궁

경복궁

청와대 바로 아래 자리를 잡고 있는 '경복궁(景福宮)'은 옛날 조선 왕조의 정궁이었습니다. 태조 이성계는 본래 개경에 있는 수창궁을 정궁으

▲ 경복궁 경회루

로서 활용했으나, 1394년 한양으로 천도하면서 이 궁을 지었다고 해요. 경복궁의 이름 '경복'은 사서(四書) 중 하나인 〈시경〉의 〈기취(旣醉)〉에 나오는 구절 중 하나인 '군자만년 개이경복(君子萬年 介爾景福)'에서 나온 말입니다. '군자시여, 만년간 큰 복을 누리소서(君子萬年 介爾景福)'라는 뜻으로 삼봉 정도전이 이름을 지었다고 합니다.

경복궁의 구조를 보면, 정전(正殿)인 근정전(勤政殿) 그리고 그 뒤에 업무를 보는 곳인 사정전(思政殿), 천추전(千秋殿), 만춘전(萬春殿)이 붙어있고, 바로 뒤에 왕의 침소인 강녕전(康寧殿)이 붙어 있습니다.

특이하게도 경복궁의 경우, 정궁임에도 불구하고 왕들이 머물렀던 기간이 그렇게 길지 않은데요. 경복궁 자체가 정궁의 특성상 굉장히 경직된 느낌의 배치도를 보이고 있었기 때문에 왕들이 경복궁을 편하게 생각하긴 힘들지 않았을까 싶습니다 ㅎㅎ;;.

창덕궁과 창경궁

▲ 동궐도

이 그림의 이름은 〈동궐도(東闕圖)〉입니다. '동궐'은 창덕궁뿐만 아니라, 창경궁까지 포함해 부르는 명칭이라고 해요. '창덕궁(昌德宮)'의 경우 1405년 건설된 이래 공식적으로 이궁(離宮, 왕이 잠시 머무는 궁)의 역할을 해왔으나, 건축 과정에서 자연에 동화되는 설계를 함으로써 정궁인 경복궁과는 다른 독특함을 보여줍니다. 어쩌면 이것이 조선 왕들이 창덕궁을 선호했던 근거이겠지요. 창덕궁이 유네스코 세계문화유산에 '세계의 일정 문화권 내에서 건축이나 조경 디자인에 있어 인간 가치의 중요한 교환을 반영' 등의 이유로 등재(1997)된 것도 이런 점 때문이 아닐까 생각됩니다.

'창경궁(昌慶宮)은' 본래 창덕궁 옆에 세종이 상왕전(上王殿)으로서 지은 궁궐입니다. 본래 이름 역시 수강궁(壽康宮)이었다가 성종 14년(1483) 오늘날의 이름인 창경궁으로 바뀌게 되지요. 창경궁의 경우 별궁(別宮)으로 취급되었기에 실제로 왕이 정사를 본 적은 별로 없었지만, 유독 시련을 많이 겪은 궁전으로 기억됩니다. 현재 남아 있는 창덕궁의 파괴 및 복원 기록만 해도 임진왜란(1592~1598) 이후, 이괄의 난(1624) 이후, 그리고 1830년의 대화재 이후, 이렇게 총 세 건입니다. 그러나 창경궁이 겪었던 가장 큰 시련이라고 한다면, 역시 일제강점기에 동물원이 세워지면서 '창경원(昌慶苑)'으로 격하된 일이라고 할 수 있겠습니다. 일제가 궁내에 조성한 동물원과 벚꽃들은 1983년부터 1986년까지 창경궁을 복원하면서 자연스럽게 사라지게 되었습니다.

경희궁

서궐(西闕)이라는 별칭이 붙은 '경희궁(慶熙宮)'은 앞에서 언급했던 세 궁궐보다 조금 늦은 시기에 지어졌습니다. 광해군 9년(1617)에 창건되었죠. 특이하게도 경희궁의 경우 광해군이 '왕기(王氣)'를 누르기 위해 지었다고 합니다. 당시 경희궁 터에는 정원군(定遠君) 추존왕 원종(元宗), 즉 인조의 아버지가 살던 집이 있었습니다. 역사를 따져보면 1623년 광해군은 반정으로 물러나고 정원군의 아들인 능양군이 인조로 즉위했으니, 광해군이 미래를 예측했던 걸까요? 굉장히 묘하면서도 신기하지요.

경희궁 역시 창덕궁과 함께 고초를 많이 겪은 궁궐이에요. 흥선대원군 때부터 이미 훼철이 시작되고 있었는데, 일제가 궁궐을 헐고 경성중학교를 지으면서 돌이킬 수 없게 되었습니다. 광복 후 경성중학교는 서울고등학교로 바뀌었고, 서울고등학교는 1980년 강남으로 이전했습니다. 그리고 옛 서울고등학교 터는 현재까지 서울역사박물관 부지로 사용되고 있죠. 그럼에도 불구하고, 여전히 경희궁복원사업은 진행 중입니다.

경운궁

'경운궁(慶運宮, 덕수궁)'은 본래 성종의 형이었던 월산대군(月山大君)의 저택이었습니다. 경복궁에서 서울역 쪽으로 쭉 가면 있는 비교적 작은 규모의 궁이죠. 대부분의 궁궐들이 임진왜란 때 역사가 끊겼지만, 경운궁은 임진왜란 때부터 그 역사가 시작되었다고 할 수 있습니다. 선조 때 월산대군의 저택을 '정릉동 행궁'으로 삼았던 것이 그 시작이었습니다.

여기서 "어? 정릉은 서울 성북구에 있는데, 왜 정릉동이에요?"라는 질문이 나올 수도 있을 거예요 ㅎㅎ. 태종의 둘째 부인인 신덕왕후 강씨의 능인 '정릉(貞陵)'은 현재 성북구에 있는 게 맞으나, 처음에 조성되었던 곳은 취현방(聚賢坊), 즉 오늘날의 영국대사관, 미국대사관 인근(경운궁 바로 뒤!)이었습니다. 이 때문에 '정릉동(貞陵洞)'이라고 이름이 붙었죠. 이 구역은 현재 서울특별시 중구 정동(貞洞)으로 불립니다.

오늘날 우리가 알고 있는 경운궁의 별칭 '덕수궁(德壽宮)'은 순종 때 이름 지어졌습니다. 1907년 고종이 퇴위한 이후, 순종이 '덕을 누리며(德) 오래 사시라(壽)'는 의미에서 붙인 이름이었지요. 덕수궁은 1910년 서

▲ 덕수궁 돌담길

양식 건물인 석조전이 들어서고, 이후 미소공동위원회 회의가 개최되는 등 역사의 전면에 등장하곤 했습니다.

위에서 언급한 다섯 궁은 모두 한양에 있으면서, 최소한 한 번씩은 정궁의 역할을 했던 곳입니다. 지금의 서울과 달리 과거의 한양은 종로 및 을지로 일대로 한정되어 있었던 데다가, 3~5개의 궁궐들이 빽빽하게 들어서 있었으니 백성들에게 다가오는 궁의 느낌이란 오늘날과 달리, 가히 엄청나지 않았을까 싶습니다.

오늘날 어떤 궁은 사람들이 많이 찾고 어떤 궁은 한산하지만, 이러한 궁궐의 존재를 인식하고 그 원형이 어느 정도 보전되어 있으며 현재까지도 복원이 진행되고 있다는 사실만으로도 이들 다섯 궁궐이 우리에게 주는 역사적 의미는 충분하다고 볼 수 있습니다.

60 _

"박제가 되어버린 천재를 아시오?"

　　자신을 '박제가 되어 버린 천재'라고 비유한 한
작가가 있었습니다. 시에 띄어쓰기를 빼버리고,
시에 수학과 그림을 넣는 실험을 하기도 했습니
다. 일본어로 시를 쓰기도 하고, 우리말도 시를
쓰기도 하고, 그것도 아니면 두 언어를 섞어서
쓰기도 했습니다. 폐가 안 좋은 작가는 자신의
작품에 그것을 반영하기도 했고, 사랑과 무기력
함이 작품에 반영되어 있는 경우도 있었습니다.
지금 작품을 보아도, 그 당시에 쓴 것 같지 않은
것 같은 세련됨과 전위성, 그리고 천재성으로 돋

▲ 이상(1910~1937)

보이는 이 작가, '김해경(金海卿)'이라는 본명을 가진 작가였죠. 바
로 '이상(李箱)'입니다.

박제(剝製)가 되어버린 천재를 아시오? 나는 유쾌하오. 이런 때 연애까지가 유쾌하오.

육신이 흐느적흐느적하도록 피로했을 때만 정신이 은화(銀貨)처럼 맑소. 니코틴이 내 횟배 앓는 뱃속으로 스미면 머리 속에 으레 백지가 준비되는 법이오. 그 위에다 나는 위트와 패러독스를 바둑 포석처럼 늘어놓았소. 가증할 상식의 병이오.

                                   – 이상 〈날개〉 中 –

　이상의 처녀작은 〈12월 12일〉이지만, 사실 우리에게 가장 잘 알려진 시는 〈건축무한육면각체(Au Magasin de Nouveautes)〉와 〈오감도〉입니다. 본래 이상은 경성고등공업학교 건축과(現 서울대학교 공과대학 건축학과)를 졸업한 건축학도였습니다. 그의 나이 스무 살이었던 1929년 조선총독부 건축과 기수로 근무하면서 표지 도안 현상모집(건축 공모전과 비슷)에 1등으로 당선되기도 했죠.

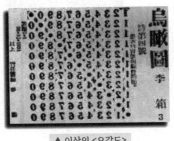

▲ 이상의 <오감도>

실제로 본인이 쓴 시집 〈건축무한육면각체〉와 조선중앙일보에 연재했던 〈오감도〉 등을 보면 건축과 수학의 요소가 '다다이즘(dadaism, 가치부정형식)' 안에 녹아서 시로 구현된 것을 볼 수 있습니다.

이상의 작품에서는 굉장히 독특한 예술성과 시도가 눈에 띄는데, 이는 어렸을 때부터 받은 엄격한 교육에 대한 반발과, 그 과정에서의 이공학적 소재에 대한 탐구가 결합된 결과라고 볼 수 있겠습니다.

그러나 다음 순간 실로 세상에도 이상스러운 것이 눈에 띄었다. 그것은 최면약 아달린 갑이었다. 나는 그것을 아내의 화장대 밑에서 발견하고 그것이 흡사 아스피린처럼 생겼다고 느꼈다. 나는 그것을 열어 보았다. 똑 네 개가 비었다.

나는 오늘 아침에 네 개의 아스피린을 먹은 것을 기억하고 있었다. 나는 잤다. 어제도 그제도 그끄제도…… 나는 졸려서 견딜 수가 없었다. 나는 감기가 다 나았는데도 아내는 내게 아스피린을 주었다. 내가 잠이 든 동안에 이웃에 불이 난 일이 있다. 그때에도 나는 자느라고 몰랐다. 이렇게 나는 잤다. 나는 아스피린으로 알고 그럼 한 달 동안을 두고 아달린을 먹어 온 것이다. 이것은 좀 너무 심하다.

- 이상 〈날개〉 中 -

허나 앞에서 이야기했듯이 이상은 자신에 '박제가 되어버린 천재'라고 이야기를 했지요. 이것의 근거라고 하면 대략 그가 가지고 있던 병과, 불안정한 연애 관계 등으로 잡을 수 있습니다. 오늘날 사람들은 이상을 건축기사가 아닌 시인이자 소설가로 기억하고 있지요. 1933년 어느 날, 우연히 피를 토하고 병원에 간 이상은 폐결핵을 진단받게 됩니다. 이 폐결핵은 이상의 건축기사 생활을 끝내버림과 동시에, 이상이 1937년 사망할 때까지 평생 동안 이상을 괴롭히게 되지요.

불안정한 삶

다방을 여러 번 운영하면서 금홍과 권순옥 등 여급(女給)들과의 불안정한 연애를 반복합니다. 이로 인한 심리적 불안정 역시 이상의 마음을 편하게 두진 않았습니다. 이 불안함은 1934년 '구인회(일제강점기 문학단체)'에 들어가서 문인들과 교류하고, 1936년을 전후해 변동림과 결혼하면서 어느 정도 나아지기 시작했지요.

가야 하나? 그럼 어디로 가나?
이 때 뚜우 하고 정오 사이렌이 울었다. 사람들은 모두 네 활개를 펴고 닭처럼 푸드덕거리는 것 같고, 온갖 유리와 강철과 대리석과 지폐와 잉크가 부글부글 끓고 수선을 떨고 하는 것 같은 찰나, 그야말로 현란을 극한 정오다.

– 이상 〈날개〉中 –

그러나 일본으로 넘어간 뒤, 이상의 몸과 마음은 완전히 망가져 버렸습니다. 1937년 4월, 서울 서촌에서 첫 빛을 본 시인 이상은 도쿄에서 변동림의 품에 안겨 이상을 찾아 떠났습니다. 그의 나이 스물일곱.

음악계에서는 스물일곱에 세상을 떠난 천재들을 따로 분류해 '27세 클럽(Forever 27 Club)'이라는 말로 부릅니다. 영원히 스물일곱에 남게 되었다는 말이죠. 뮤지션들에게 주로 쓰는 말이지만, 문학가들도 포함한다면 아마 이상도 그 목록에 들 수 있지 않을까 생각해봅니다.

천재이자 문제아였던 그도, 후대 학자들에게 몇몇 편린만으로 수많은 고민을 안겨준 그도 말이지요. 이상이라는 인물은 한국 문학사에서 과연 이 사람만큼의 천재가 나올 수 있을지, 이 사람의 작품이 어떻게 쓰였으며, 시뿐만 아니라 그의 시어 하나하나가 그 당시에 어떤 의미를 가지고 있을지에 대해 오늘날까지 끊임없이 생각을 해보게 만듭니다.

나는 불현 듯이 겨드랑이가 가렵다. 아하, 그것은 내 인공의 날개가 돋았던 자국이다. 오늘은 없는 이 날개, 머리 속에서는 희망과 야심의 말소된 페이지가 딕셔너리 넘어가듯 번뜩였다.

날개야 다시 돋아라. 날자. 날자. 날자.
한 번만 더 날자꾸나. 한 번만 더 날아 보자꾸나.
— 이상 〈날개〉 中 —

61_
이항복의 후예가
독립운동 거물로

서울특별시 종로구 신교동, 청와대에서 인왕산 방면으로 가다보면 인물기념관이 하나 있습니다. 이 기념관은 '우당(友堂) 이회영 선생'을 모신 기념관인데요. 과연 우당 이회영이 누구길래 이렇게 존경을 받고 있는 걸까요?

조선시대의 명문가를 하나 꼽으라면 '경주 이씨'를 꼽을 수 있겠죠. 잘 알려진 인물로는 '오성과 한음'의 주인공이자 영의정을 지내기도 했던 백사 이항복(白沙 李恒福)이 있습니다. 이회영은 이 이항복의 10대손입니다.

▲ 이회영(1867~1932)

유교적 인습을 타파한 지식인

이회영은 옛 양반들과는 다르게 당시로서는 아주 개방적인 사람이었습니다. 누이동생이 과부가 되자, 누이가 죽었다고 거짓 부고를 내고 재가(再嫁)를 시키는 한편, 노예를 면천시키고 상인에 차별과 서자에 대한 차별을 없애기도 했지요. 개방적이면서도 강직하고 대인배 같은 그런 사람이었습니다.

1907년 '신민회'의 중심인물은 도산 안창호와 남강 이승훈, 그리고 우강 양기탁 선생이었는데, 이들과 함께 이회영 또한 신민회를 조직하는 데 지대한 역할을 했지요. 또한 신민회뿐만 아니라 '서전서숙'의 설립에도 관여하였고, '애국계몽운동'에도 참여를 하게 됩니다.

대한제국 시기까지도 어마어마한 대부호였던 그의 집안에서 경술국치(庚戌國恥)를 맞자, 우당은 형제들에게 하나의 제안을 합니다. 만주로 가자고 말이죠. 그의 말에 건영, 석영, 철영, 시영, 호영 등 집안의 여섯 형제(본래 7형제이나, 1905년 여섯째인 이소영(李韶榮)의 사망으로 6형제가 만주로 갔음)와 50여 명의 식솔들이, 명동 일대에 있던 집과 전 재산을 급하게 처분하고 만주로 갔습니다. 급처분을 했어도 그 금액은 오늘날 기준 무려 600억에 달했죠.

만주에서의 독립운동

만주로 넘어간 뒤, 이들에게는 험난한 시련이 기다리고 있었습니다. 모든 기반을 처분한 채 완전히 새롭게 개척을 하는 것이었고, 재산을 독립군 양성과 민족교육에 그야말로 쏟아부었으니, 시련은 당연했지만 그만큼 아주 힘들었지요.

1911년 '경학사'와 1912년 '신흥강습소'를 설립했고, 1924년과 1930년에는 '재중 조선무정부주의자연맹'과 '남화한인청년연맹'을 조직하는 등 무정부주의에 기반한 독립운동 행보를 이어갑니다. 여기서 신흥강습소는 훗날 '신흥무관학교'로 바뀌는데, 이 신흥무관학교에서 배출한 군인들이 바로 1920년 청산리대첩에서 독립군을 승리로 이끌게 됩니다.

1930년대에 들어오면서 일제의 탄압과 경제적인 어려움으로 인해 악조건에 시달리게 되고, 형제들 간의 크고 작은 갈등도 일어납니다. 이후 형제들은 한명한명 순국하시게 되죠. 셋째 이철영은 1925년에, 막내 이호영은 1933년에, 둘째 이석영은 1934년에, 첫째 이건영은 1940년에 그만 순국하셨죠.

넷째인 이회영 역시 1932년 순국했는데, 둘째형인 이석영의 차남 이규서의 밀고로 인해 모진 고문 끝에 순국하게 되었습니다. 오직 다섯째 이시영만이 1940년대 이후로 끝까지 살아남아 일곱 형제 중 유일하게 조국의 광복을 보게 되지요.

환국, 이후

1945년 11월 임시정부 요인들이 환국하던 날, 상하이 공항에서
찍은 사진을 보면 일흔여섯 고령의 한 노인이 환국 중에 눈물을 훔
치는 장면이 보입니다. 중절모를 쓴 채 눈물을 훔치는 이 노인,
1910년에 만주로 건너간 여섯 형제 중 다섯째인 '성재(省齋) 이시
영(李始榮)' 선생이었습니다. 일곱 명의 형제들 중 오직 자신 홀로
살아서 조국의 광복을 보셨으니, 만감이 교차하셨을 듯합니다.

▲ 이시영(1868~1953)

이시영은 1948년 대한민국 정부가 수립되었을
때 초대 부통령을 맡았죠. 1947년에는 '성재학당
(省齋學堂)'을 설립해 이를 '신흥전문학관'으로
발전시켰습니다. 오늘날 서울특별시 동대문구 회
기동에 있는 '경희대학교'가 이를 계승한 학교입
니다.

흔히 상류층에게 사회적 책임이 뒤따른다는 말을 '노블리스 오블
리주(noblesse oblige)'라고 하죠. 이것 말고도 '부유층'에게 사회
적 책임이 뒤따른다는 말이 있습니다. '리세스 오블리주(richesse
oblige)'라는 말이지요. 우당의 집안 같은 경우, 대대로 참판 이상
의 관직을 이어간 명문가이자, 명동 일대에 어마어마한 크기의 땅

을 소유한 부유층 가문이었습니다. 우당과 그 형제들은 어찌 보면 노블리스 오블리주와 리세스 오블리주, 그 모두를 실천한 가문이라 할 수 있겠습니다. 비록 이들은 떠났지만, 이들이 가졌던 독립의 정신은 오늘날까지 남아 있습니다.

62 ___

민족 문화를 지키고자 한
예술품 수집가

▲ 간송 전형필(1906~1962)

　서울특별시 성북구는 저명한 인물들의 흔적이 많이 남아있는 동네 중 하나로 손꼽힙니다. 국립중앙박물관 관장이자 저명한 미술사학자였던 '혜곡(兮谷) 최순우(崔淳雨)' 선생의 집, '한국의 모파상'이라고 불렸던 소설가 '상허(尚虛) 이태준(李台峻)' 선생의 집(수연산방), 〈불교유신론〉과 〈님의 침묵〉을 쓰기도 했던 시인이자 독립운동가 '만해(萬海) 한용운(韓龍雲)' 선생의 집(심우장)이 모두 모여 있지요. 이 곳에 또 하나의 흔적이 있으니, 바로 '간송미술관(澗松美術館)'입니다.

문화재 수집가 '간송(澗松) 전형필(全鎣弼)'

　간송은 옛 배우개(지금의 종로4가에서 5가 일대) 일대를 휘어잡았던 집안의 아들이었습니다. 남부러울 것 없는 부자 집안이었으나, 간송은 20대 때 가족들과 일가친척들을 차례로 잃는 시련을 겪게 됩니다. 이런 시련 속에서 자신을 문화재 수집의 길로 이끌어준 사람들을 만나는데요. 그의 곁에 있어줬던 이종사촌 형이자 역사소설로 유명했던 '월탄(月灘) 박종화(朴鍾和)', 최초의 서양화가이자 간송의 미술선생이기도 했던 '춘곡(春谷) 고희동(高羲東)', 그리고 당대의 한학자이자 춘곡의 스승, 나아가서 간송의 스승이기 되었던 '위창(葦滄) 오세창(吳世昌)이 바로 그들입니다.

1928년 춘곡과 함께 위창을 찾아뵌 간송은 문화재와 골동품 수집에 관심을 가지게 됩니다. 그의 호인 '간송(澗松)' 역시 위창에게 받은 호지요. 부친의 사망 후 막대한 재산을 고스란히 물려받은 간송은 본격적으로 문화재를 수집하기 시작했습니다. 정선, 신윤복, 김정희, 김득신, 심사정, 김홍도의 그림들이 그의 수집 목록에 포함되었고, 영국 귀족 출신 수집가 '존 개즈비(John Gadsby)'의 컬렉션을 사들여 고려의 청자들을 우리 품에 되돌려오기도 했지요.

이외에도 수많은 고서화와 고서적, 자기를 수집합니다. 이러한 수집품들을 모아두기 위해 간송은 당시 화신백화점을 설계하기도 한 건축가 '박길룡(朴吉龍, 우리나라 최초의 근대 건축가)'에게 박물관의 건축을 의뢰하고, 1938년 8월 상량식(건물의 마룻대를 올릴 때 고사를 지내는 것)을 진행하면서 완공합니다. 위창은 이 건물에 '빛나는 보물을 모아둔 집'이라는 뜻의 '보화각(葆華閣)'이라는 이름을 붙이는데, 이 건물이 오늘날 간송미술관이 되지요.

훈민정음 해례본 간송본

1942년 국문학자 김태준으로부터 훈민정음 해례본이 있다는 소식을 전해들은 간송은 1,000원 가치라고 평가받던 해례본을 10,000원(당시 기와집 10채에 상당하는 돈)에 매입합니다. 그리고 그는 이 해례본의 영인본(복제물)을 제작해 배포하기도 했죠. 1950년 한국전쟁이 터졌을 때는 직접 품에 끼고 대피하는 등 목숨 걸고 해례본을 지켜냈습니다. 해례본 외에도 혜곡과 '소전(素荃) 손재형(孫在馨)'의 도움을 받아 북한군으로부터 보화각의 문화재들을 지켰죠.

간송은 또한 1940년 '보성학교'를 인수해 민족사학의 명맥을 유지시키기도 했으며, 전쟁 이후에는 문화재보존위원회에서 보존위원으로 근무하기도 했으며((1954), 고고미술동인회를 결성해 학계의 발전에 큰 기여를 했지요(1960). 이 당시 고고미술동인회의 주축을 이뤘던 학자로는 간송뿐만 아니라 혜곡, 우리나라 1세대 고고학자인 '삼불(三佛) 김원룡(金元龍)', 대한민국 동양사학계의 '비조(鼻祖)'로 꼽히는 '동빈(東濱) 김상기(金庠基)' 등을 꼽을 수 있습니다.

1962년 57세의 나이로 사망할 때까지 간송은 후학들을 양성하고 문화재 보존의 기준을 세우는 데 주력했고, 그의 제자들은 '한국민족미술연구소(韓國民族美術硏究所)'를 세워 미술사 연구의 명맥을 이어가고 있습니다.

　르네상스 시기 피렌체의 메디치 가문, 미국의 구겐하임 가문과 같이 예술을 후원한 가문들은 많았습니다. 허나 민족문화를 수호하겠다는 큰 뜻을 가지고 작품을 수집한 경우는 전 세계를 통틀어서도 그렇게 많지 않습니다. 특히 개인이 단독으로 수집한 경우는 말이죠! 간송은 '석당(石堂) 정재환(鄭在煥)'과 함께, 문화재를 수집해 미술사 연구에 독보적인 공헌을 한 사례로 꼽힙니다. 간송이 수집한 유물 하나하나에 대해서도 연구할 만한 가치가 충분하죠.

63 __
무신 집권자 최우,
당대의 명필이었다?

예나 지금이나 예쁜 글씨는 좋은 인상을 주기에 좋습니다. 특히 나 서예를 중시했던 동양 문화권에서는 글씨의 중요성이 더 했지 요. 오죽했으면 당나라에서 인재를 뽑을 때 봤던 4대 기준, '신언서 판(身言書判·몸가짐, 말솜씨, 글씨, 판단력)'에도 '글씨'가 들어가 있었겠습니까?

▲ 이규보

글씨가 중요했던 우리나라에서 흔히 '명필'을 이야기한다면 '신품 사현(神品四賢)'과 '조선조 4대 명필(석봉 한호, 자암 김구, 봉래 양사언, 안평대군)'이 있는데, 이 번 파트에서는 신품사현을 다뤄 보겠습니다. 이 신품사현은 '백운 거사(白雲居士) 이규보(李奎報)'가 자신의 문집인 〈동국이상국집

〈東國李相國集〉〉 중 11권에서 선정한 네 명의 명필들이며, 네 명 모두 신라와 고려시대의 명필들입니다.

신품사현의 경우, 비록 한 문인이 꼽은 것이고 어느 정도의 주관성도 포함되어 있으나, 후대에도 중요한 기준으로 언급된다는 점에서 의미가 있다고 할 수 있겠습니다. 이는 신라와 고려의 명필들을 측정하는 대략의 시금석이 됩니다.

김생

신품사현 중 제1로 꼽는 사람은 신라의 '김생(金生)'입니다. 그는 불교에 탐닉했다고 알려져 있으며(頭陀行), 여든이 넘도록 글씨를 연마하여 예서(진나라 때 고안된 서체), 행서(반흘림체), 초서(흘림체)에 모두 통달했다고 알려져 있습니다. 경복궁에 있다가 국립중앙박물관으로 옮겨진 '태자사 낭공대사 백월서운탑비(太子寺朗空大師白月栖雲塔碑)'는 김생의 글씨를 집자(集字 : 글자를 모음)한 것이죠.

▲ 김생의 글씨 탁본

송나라 관리들이 김생의 글씨를 보고는 '왕우군(王右軍, 왕희지 : 중국의 명필가)'의 글씨라고 끝까지 믿었던 일화는 유명합니다. 후대에 그를 '해동서성(海東書聖 : 신라의 왕우군이라는 의미)'이라고 불렀을 정도입니다. 이규보는 그의 글씨에 대해 "김생과 왕희지는 몸은 비록 다르나 솜씨는 같다. 신기하고 기이하며 말로서 전하기 어렵다"고 평했습니다.

탄연

▲ 탄연의 글씨 탁본

김생의 글씨보다
유려함이 느껴지죠?

제2로 꼽는 사람은 고려의 '탄연(坦然)'입니다. 탄연 역시 불교에 탐닉했던 승려였고, 고려 인종의 왕사(王師 : 왕의 스승)로 책봉되었을 정도로 명성이 높았던 인물이었습니다. 탄연의 글씨는 1130년 세워진 '청평사문수원중수비'와 1172년 단속사에 건립한 '단속사대감국사비'에 잘 나타나있으며, 지금은 없어진 서울 북한산의 '승가굴중수비(僧伽窟重修碑)'에도 역시 탄연의 흔적이 남아 있었습니다.

'사가정(四佳亭[호]) 서거정(徐居正)'은 자신의 책인 〈필원잡기〉에서 "우리나라의 필법은 김생이 제일이요, 학사 요극일과 승려 탄연, 영업이 그 다음으로 버금갔다"라고 탄연의 글씨를 칭송했을 정도지요. 이규보는 그의 글씨에 대해 "연하고 약하나 미부인과 같다고 이르지 말라. 밖은 아름답고 사랑스러우나, 가운데에는 근육이 박혀 있다"고 평했습니다.

최우

제3으로 꼽는 사람은 고려의 '최우(崔瑀)'입니다. 이상한 느낌이 드신다면 아마 맞을 겁니다. 무신정권 때의 집권자이자, 최충헌의 아들이었던 그 최우니까요. 문제는 이규보 시대의 집권자가 최우였다는 것이죠. 이규보가 최우에 의해서 등용되었기에 그에게 아첨할 목적으로 최우를 신품사현에 넣었다는 얘기가 많습니다. 하지만 최우도 글씨를 최소한 못 쓰지는 않았고, 그래도 보통 이상은 쓰지 않았을까 생각해봅니다. 다만 확인할 방법이 없을 뿐이지요.

이규보는 최우를 '진양공(晉陽公)'이라고 하며, 그의 글씨에 대해서 "더없이 연약하나 그 중에는 강함이 있고, 더없이 강하나 도리어 유연함이 있다. 기골과 풍류를 오직 공이 겸했으니, 천부와 신계를 오직 자연에서 얻었도다"라고 평했습니다.

다만 이 평에 대해서는 조선시대에 들어와서 후대 유학자들의 비판 역시 존재했는데요. 서거정은 〈필원잡기〉에서 "이규보가 일찍이 논평하기를, 최충헌(최우와 최충헌을 헷갈렸나봅니다)을 신품제일(神品第一)로 삼고, 탄연을 둘째로 삼았으며, 유신(柳紳)을 셋째로 삼았으니, 이는 권세가에게 아부한 것이요 공정한 여론이 아니다"라고 말했던 것으로 보아 알 수 있습니다.

유신

   제4로 꼽는 사람은 고려의 '유신(柳伸)'입니다. 독특하게 이 사람은 벼슬이 그렇게 높은 편이 아니었습니다. 별칭이 '원외랑 유신'이었는데 이는 당시 유신의 벼슬이 정6품 원외랑(員外郎)에 이르렀기에 불렸던 별칭이었습니다.

   현재 순천 송광사에 가면 '보조국사비(松廣寺普照國師碑)'가 있는데, 고려시대 문신 김군수가 칭찬했던 이 비석의 내용은 당시 종9품 문림랑(文林郎)이었던 유신이 썼다고 합니다. '불일보조국사탑비(佛日普照國師塔碑)'라고 알려진 바로 그 비석이지요. 이규보는 〈동국이상국집〉에서 이 사람에 대해 "행서와 초서 두 서체를 혼용하여 쓰기를 좋아했으며, 그 사람이 썼던 글씨체를 초서도 행서도 아니라고 하며 행초(行草)라고도 했다"고 기록했습니다. 또한 그 글씨에 대해서는 "칼날과 송곳은 순전히 강철이로다. 그 사람의 시대는 점점 멀어지는데 그 글씨는 더욱 빛나는구나"라고 평했지요.

64 _
조선의 화가,
삼원만 있는 게 아니었어?

여러분들은 조선의 화가라고 하면 누구를 떠올리시나요? 김홍도? 신윤복? 김득신? 뭐 다양하죠 ㅎㅎ. 보통 조선시대의 화가하면 가장 인지도가 높은 사람은 '삼원(三園)'이라고 통칭되는 사람들입니다. 세 명의 화가 모두 호가 원(園)으로 끝나 '삼원'이라고 불리죠. 단원(檀園) 김홍도(金弘道), 혜원(蕙園) 신윤복(申潤福), 오원(吾園) 장승업(張承業)입니다.

그런데 삼원만큼이나 화단에서 인지도가 있는 화가로 '삼재(三齋)'라고 통칭되는 화가들도 있었습니다. 이 삼재는 누구를 꼽느냐에 대해 의견이 분분하지만, 대략 두 명은 의견이 모아집니다. 반면, 나머지 한 명에 대해서는 서로 다르게 짚는 경우가 많지요.

정선

▲ 정선 〈금강전도〉

삼재 중 별 이변 없이 선정되는 첫 번째 화가는 '겸재(謙齋) 정선(鄭敾)'입니다. 흔히 '진경산수화(眞景山水畵)'로 잘 알려진 겸재는 "시에서는 이병연, 그림에서는 정선"이라는 세간의 평과, "화가로서 이름이 너무 알려져 학문이 알려지지 않은 것이 안쓰럽다", "조선의 산수화는 정선에서 비로소 새롭게 출발하였다"는 관아재(觀我齋) 조영석(趙榮祏)의 평 등으로 설명할 수 있습니다. 당대 화풍의 새로운 개척자였다는 것이지요.

겸재 이전에는 고려와 조선시대 초중반에 존재했던 '실경산수화(實景山水畵)'와 중국의 화풍들이 따로 놀고 있었습니다만, 겸재는 이 실경산수화로 대표되는 화풍과 중국의 화풍들을 섞어 '진경산수화(眞景山水畵)라는 하나의 화풍을 확립했습니다. 그리고 이를 주류로 정착시키는 데 성공했다는 점에서 그 의미가 있습니다. 서양 철학으로 따지면 독일 관념론을 창시한 임마누엘 칸트(Immanuel Kant) 정도의 입지가 될 수 있다고 이야기할 수 있죠. 겸재의 작품 중에는 그 유명한 〈인왕제색도〉와 〈금강전도〉가 있습니다.

심사정

두 번째 화가는 '현재(玄齋) 심사정(沈師正)'입니다. 사실 심사정의 경우는 살아생전 그렇게 성공적인 삶을 살았던 화가는 아니었어요. 오히려 불행했던 화가였습니다. 증조부가 영의정이었고 조부가 효종의 사위가 되는 등 최고의 가문에서 태어났으나, 조부인 심익창(沈益昌)이 연잉군(延礽君, 영조) 시해 모의 사건에 연루되어 극

형에 처해지는 바람에 역적 가문이라는 낙인이 찍혔죠. 심사정의
신분은 최고 가문의 자제에서 역적의 자제로 곤두박질쳤습니다.

겸재의 제자로 그림에 천부적인 재능을 가지고 있었으나, 심사정
에게 붙은 오명은 그의 벼슬길을 영원히 막아버렸습니다. 마흔둘
의 나이인 1748년 어진 제작에 참여할 것을 관아재 조영석과 함께
명받았으나, 역적 가문의 자손이라는 상소 때문에 5일 만에 파출

▲ 심사정 〈파교심매도〉

(罷黜)당했다는 슬픈 일화도 있지요.
대신 그는 '표암(豹菴) 강세황(姜世晃)'
등의 문인 · 화가들과 개인적으로 교류
하며 그림을 그리는 것으로 평생을 보
냅니다.

중국의 남 · 북종 화풍을 모두 수용했
던 그는, 겸재와는 다르게 '조선식 남
종화'를 개척해 단원 김홍도 등 후대에
큰 영향을 주었을 뿐만 아니라, 초충
및 화훼도 역시 세밀한 느낌을 살려내
극찬을 받기도 했지요. 대표적인 작품
으로는 〈강상야박도〉, 〈파교심매도〉,
〈촉잔도권〉 등이 있습니다.

나머지 1인은?

삼재에 겸재와 현재가 들어가고 남은 자리에 대해서는 의견이 분분합니다. 보통 꼽히는 화가들로는 관아재(觀我齋) 조영석(趙榮祏)이나 공재(恭齋) 윤두서(尹斗緖), 긍재(兢齋) 김득신(金得臣)이 있죠.

겸재의 지음(知音, 마음이 통하는 친구)이자 심사정에 앞서 남종화풍의 산수를 처음 그려냈던 화가인 관아재는 〈송하기거도〉와 〈방당인필어선도〉 등의 작품을 남겼습니다.

당쟁의 회오리에 휘말리는 삶을 살면서도 자신의 사상을 그림에 담아냈던 화가 공재는 〈자화상〉(국보 제 240호) 등의 그림을 남겼습니다.

도화서의 화원이자 단원 못지않게 풍속화를 잘 그렸던 긍재는 〈파적도(야묘도추)〉를 비롯한 그림이 담긴 화첩 〈긍재풍속화첩〉, 〈풍속팔곡병〉 등을 남겼습니다.

세 명 모두 삼재(三齋)에 완벽하게 들어가지는 못하더라도 조선의 저명한 화가로 지명받을 만한 가치는 충분하다고 볼 수 있습니다.

65 __
시대별 민주화운동,
빠짐없이 알아보자!

하지만, 사람의 온도는 잴 수가 없어. 지금 몇 도인지, 얼마나 더 불을 떼야 되는지. (필자 주 : '때야'의 오타인 듯하다) 그래서 불을 떼다가 지레 겁을 먹기도 하고 원래 안 끓는 거야 하며 포기를 하지. 하지만 사람도 백도씨(100℃)가 되면 분명히 끓어. 그것은 역사가 증명하고 있네.

— 최규석, 〈100℃〉 中 —

대한민국 헌법 제1조의 내용은 '대한민국은 민주공화국이다. 대한민국의 주권은 국민에게 있고, 모든 권력은 국민으로부터 나온다'입니다. 이는 대한민국이 임시정부로부터 계승된 민주정치의 형태를 고스란히 물려받아 운영되고 있으며, 그에 따라 국민이 '권력'을 행사할 수 있는 것을 의미하지요. 허나 이 형태가 제대로 정착되기까지, 대한민국의 민주주의는 소위 민초들의 '희생'이라는 비료가 필요했습니다.

제1공화국 민주항쟁

먼저 1960년대로 가볼까요. 우리가 흔히 아는 1960년은 3월 15일의 부정선거와 마산에서의 시위, 김주열 열사의 실종과 사망, 4월 19일부터 27일까지의 4월 혁명(4 · 19혁명)으로 기억됩니다.

하지만, 그 이전 자유당에 항거해 학생들이 대구에서 2월 28일에, 대전에서 3월 8일에 각각 거리로 뛰쳐나온 일도 있었습니다. 2018년과 2019년에 각각 국가기념일로 등록된 이 운동은 학생들이 주도적으로 참여하

▲ 2·28 대구 학생의거

였고, 이승만을 수반으로 한 제1공화국 붕괴의 효시가 되었다는 데에서 큰 의미를 가집니다.

제3공화국 민주항쟁

제3공화국 시기의 항쟁으로는 1964년의 '6 · 3 항쟁'을 들 수 있습니다. 한일 간의 국교 정상화가 비밀리에 추진되어오다가 1964년 3월 정부에 의해 발표되었고, 이에 온 국민이 들고 일어났습니다. 이 때 항쟁의 주축을 이룬 사람들을 흔히 '6 · 3 세대'라고 부르죠. 오늘날까지도 그 당시 항쟁에 참여했던 세대들의 반일감정은 꽤 강하다고 볼 수 있습니다. 당시 고려대학교 상과대 학생회장이

었던 이명박 전(前) 대통령이 대표적인 6 · 3 세대라고 할 수 있습니다.

비록 항쟁은 실패로 끝났으나, 이때 한일 간에 맺어진 '한일기본조약(1965)'은 국민들의 반일감정을 강화시켰고 오늘날까지 이어지는 박정희와 민주공화당에 대한 비판 여론이 등장하게 된 계기라고 볼 수 있습니다.

제4공화국 민주항쟁

이번엔 1979년으로 가보겠습니다. 제4공화국, 그리고 제5공화국 시기에는 군부독재가 최고조에 달했고, 한국 현대사에서 민주화운동이 가장 치열했습니다. 유신 정권 시기, 박정희는 긴급조치를 시행하고 '민청학련 사건(1974)'과 '인혁당재건위 사건(1974)'을 일으켜 민주화운동을 대거 탄압했고 이는 '3 · 1 민주구국선언(1976)'의 발표와 'YH 사건(1979)' 등으로 이어져 유신 정권에 대한 반발이 지속되고 있었습니다.

김영삼 의원의 제명 파동이 있던 직후인 1979년 10월 16일, 경제적으로도 조금씩 불만이 터져나오고 있었던 부산 지역에서 정권에 대한 불만이 폭발했습니다. 부산대학교, 동아대학교 학생들이 주축이 되었던 항쟁은 마산까지 확산되어 이른바 '부 · 마 항쟁'이라는 이름을 얻게 됩니다. 이 항쟁은 첫 시작 열흘 뒤, 궁정동에서 김재규의 총알에 국가 원수가 살해당하는 결과로 귀결되지요.

1968년 체코슬로바키아에서는 스탈린주의 정권에 반발하여 민주화운동이 일어났습니다. 당시 체코슬로바키아 수도의 이름을 따서 이 사건은 '프라하의 봄'이라고 불리게 되었지요. 박정희 시해와 12 · 12사태 이후 신군부에 반발한 민중들은 12년 전 프라하가 그랬던 것처럼 들고 일어났으니, 이것이 이른바 '서울의 봄'이었습니다. 항쟁이 절정에 도달한 1980년 5월 15일, 10만여 명이 서울역에 모여서 시위를 했으나, 당시 서울대 학생회장이었던 심재철이 해산을 결정했던 사건이 벌어졌습니다. '서울역 회군'이라고 불린 이 사건 후, 신군부는 비상계엄을 전국으로 확대하고 끝까지 저항하는 광주를 피로 물들인 뒤에 정권을 잡습니다.

제5공화국 민주항쟁

제5공화국 시기 가장 유명한 항쟁이라고 하면, 역시 6월 민주항쟁 (1987.6.10. ~ 6.29. 혹은 7.9.)을 들 수 있으나, 1986년에 일어난 항쟁역시 빼놓을 수 없습니다. 1986년 5월 3일 인천에서 벌어진 민주항쟁은

▲ 5·3 인천 민주화운동

이러한 항쟁들 중 가장 대표적이고 중요한 사건입니다. 당시 1만여명의 시위대는 주안동(당시 경기도 인천시 남구 주안동)에 운집해

'군부독재 타도'와 '국민헌법 개정'을 요구했습니다. 그런데 독특하게도 이때 시위대는 야당이었던 '신한민주당의 각성' 역시 요구했습니다.

신한민주당이 당시 여당에 협조적 성향을 보였기 때문이었는데, 이 시위는 여당이었던 민주정의당에게도 큰 영향을 줬습니다. 여당 측에서 야당과 협치하여 제도적 민주화를 이룩할 것을 고민하기 시작한 것이지요. 여당과 야당 모두에게 경각심을 일깨워줬으니, '5 · 3 인천민주항쟁'은 '6월 민주항쟁'으로 이어지는 민주화 열기의 불씨를 살렸다고 볼 수 있겠습니다.

대한민국이라는 국가가 성숙한, 그리고 잘 갖춰진 민주주의 정체로서 작동할 수 있었던 데에는 이러한 민주화운동들의 열기가 있기에 가능했습니다. 여기에 언급하지 못한 수많은 운동들, 민주화를 위해 희생된 열사들이 많지만, 이들이 있었기에, "대한민국의 모든 권력은 국민으로부터 나온다"고 당당하게 얘기할 수 있지 않을까요.

8부

생 활

- 글 자코뱅 -

66 __
와이파이,
언제부터 쫙 깔린 걸까?

아침에 일어나서 출근을 하는데, 이런… 박 과장이 카톡을 보냈다.

"김 대리! 어제 업무 파일 지금 당장 보내줄 수 있어요?"

"아 네… 알겠습니다"

큰일 났다. 용량이 10GB나 되는 파일을 보내기에는 내 데이터가 부족하다. 지하철은 타야겠고, 출근은 해야겠고, 이래저래 난감하다.

일단 지하철은 탔는데, 어떻게 해야 하지? 데이터를 쓸까… 아니면 그냥 출근을 할까?

아, 맞다. 와이파이가 있었지! 속도는 괜찮을까?

지하철을 타고 갈 때면 일상적으로 스쳐가는 것에는 무엇들이 있을까요? '교통카드'를 찍고 들어가는 개찰구? 내 앞을 막아서는 '스크린 도어'? 그것도 아니면 회사로 가는 '기나긴 길'과 '짜증나는 환승 줄', 그리고 가끔씩 보이는 '노점상'들? 모두 맞아요. 이것들이 없으면, 뭔가 출퇴근길에 지하철을 타는 느낌이 안 들지요.

지하철역에 있거나 지하철을 탔을 때 없으면 너무나 허전한 느낌이 드는 것이 또 하나 있지요? 바로 쫙 깔려 있는 와이파이입니다. 굳이 없어도 상관없지만, 필요할 때는 꼭 찾게 되는 바로 그 '와이파이' 말이지요.

국내에 와이파이 서비스가 본격적으로 도입된 것은 2000년대 중반입니다. 2007년 LG U+에서 최초로 가정용 와이파이 서비스를 도입한 것이 그 시작이지요. 이후 SK, KT 등도 와이파이 서비스를 도입했고, 공공 와이파이가 열리기 시작한 2010년대부터는 KT가 주도적으로 공공 와이파이 서비스에 참여했습니다. 흔히 말하는 핫스팟(Hot-spot)을 만들기 시작한 것이죠.

와이파이의 도입

대중교통 중 와이파이가 완전하게 정착된 곳은 아직 지하철뿐이죠. 2010년대 초반부터 지하철에 들어서기 시작한 와이파이는 처음 3G로 구축되었을 때는 느린 속도로 악명이 높았지요. 그 때문에 와이파이가 잡히면 일단 끄고 본다는 사람들이 아주 많았습니다.

하지만 4G(LTE)가 도입되고 상용화되면서, 와이파이 역시 LTE로 구축되었습니다. 이후 와이파이에 대한 평은 상대적으로 나아져서, 지금은 지하철에서 와이파이를 사용하는 사람들을 많이 볼 수 있습니다. 현재는 수도권, 부산, 대구, 광주, 대전 지하철 모두에서 빠른 속도로 아주 편리하게 와이파이를 쓸 수 있지요.

▲ 부여군에 설치된 공공 와이파이

최근에는 시내버스에도 와이파이를 구축하려는 지방자치단체들이 많이 보이고 있습니다. 충남 천안시, 전남 순천시, 경남 진주시, 세종특별자치시, 인천광역시 등이 대표적이죠. 2018년 9월에는 과학기술정보통신부 주도로 공공 와이파이 서비스를 구축하는 등 문재인 정부가 이를 국정과제로 수행하려는 노력을 보이기도 했습니다. 그 일환으로 2019년에는 전국 시내버스 30,265대에 공공 와이파이를 구축하는 사업이 이뤄지기도 했지요. 부산 같은 대도시에서부터, 서천·남원 같은 소도시들까지 버스에서 모두 와이파이를 쓸 수 있게 한 겁니다.

KTX의 경우 2011년부터 기존에 유료였던 와이파이를 무료로 개방했습니다. 속도 역시 개선되어 오늘날 KTX에서 쓰는 와이파이의 속도는 예년에 비해 상당히 빨라지게 되었지요.

대중교통에 공공 와이파이를 구현한다는 건 쉬운 일이 아닙니다. 대부분의 국가에서 우리나라의 대중교통 와이파이 시스템을 부러워하고 있습니다. 당장 외국에서는 교통수단에서 와이파이를 쓴다는 게 그야말로 화중지병(畵中之餠), 그림의 떡 같은 이야기니까요. 그런 점에서 버스에서 와이파이를 쓸 때, 지하철에서 와이파이를 쓸 때, 아니면 KTX에서 와이파이를 쓸 때, 이것이 얼마나 대단한 혜택인지를 한 번쯤은 생각해볼만 하지 않을까요.

67 —
6자리에서 5자리 우편번호로,
번호 속에 담긴 의미

파일을 무사히 보내고 출근한 김 대리, 일을 하다가 보낼 서류가
생겼다. 우체국을 안 간 지 5년여 넘은 김 대리는 난감해한다.
과연 내가 제대로 잘 보낼 수 있을까… 우체국을 간 김 대리는
우편번호가 6자리가 아닌 것을 확인했다.
"잠깐? 우편번호가 6자리가 아니었어? 정부는 대체 또 뭘 바꾼
거야…? 5자리로 바뀌긴 한 거 같은데, 이거 뭐 어떻게 해야 해?"

우체국에 가서 편지를 보내려고 하면 우편번호가 꼭 필요하죠.
우편번호는 우체국에서 편지를 쉽게 분류하기 위해 쓰입니다. 현
재는 5자리 우편번호를 쓰고 있지만, 우리에게 익숙한 우편번호는
6자리일 것입니다.

그런데 본래 1970년 7월 우편번호 제도가 처음 시행될 때 우편
번호는 5자리였습니다. 그러던 것이 1988년 한 차례의 정비를 거

치게 될 때 6자리로 바
뀌게 됩니다. 1970년
대부터 수차례 있었던
행정구역 변화(지역구
통합 및 분리)와 건설
(고속도로 등) 등을 우
체국 단위로 배정되어

▲ 1988년까지 사용한 5자리 체계 우편번호

있는 기존의 우편번호 체계로는 제대로 반영하지 못했던 이유 때문
입니다.

6자리 우편번호는 '발송번호 3자리 – 배달번호 3자리'로 구성해,
기존 우체국 단위의 구분에서 벗어나 실제 행정구역을 반영하도록
하였습니다. 이러한 변경은 꽤나 효과가 있어, 이 번호 체계가 25
년 가까이 이어지도록 하는 배경이 되었지요.

도로명주소 시행

그런데 약간의 반전이 생겼습니다. 계기는 '도로명주소의 시행'
이었죠. 이 제도는 사실 이전에도 시행되었던 적이 있었습니다.
1995년에 기본계획이 수립되고 김대중 정부 때인 2001년에 시행
되었죠. 허나 중앙정부에서 주도적으로 나서지 못하여 사실상 백
지화되었습니다. 그 후 2011년 중앙정부에서 기준을 잡고 2014년
부터 본격적으로 시행하여 오늘날까지 이어지고 있습니다.

이렇게 되니 주소 체계를 토대로 하는 우편번호 체계에 칼을 들이대는 것은 불가피했습니다. 2015년 8월에 도로명주소를 토대로 '기초구역번호'를 시행했고, 6자리 체계에서 다시 5자리 체계로 회귀하게 되었죠. 5자리의 번호는 '광역 시·도 및 시·군·구 자치구 일련번호(앞 세 자리)와 시·군·구 일련번호(뒤 두 자리)'로 구성되어 있습니다.

기초구역번호 체계는 '구역번호'의 역할과 '우편번호'의 역할을 겸하는 것이 특징입니다. 경찰서·소방서 등에서도 행정 업무를 처리할 때 이 번호로 구역을 구분한다는 것이죠. 기존 6자리 우편번호 체계에서는 각 행정기관별로 구역을 구분하는 번호가 달랐다는 점을 고려해야 합니다. 이 불편을 줄이기 위해 만든 것이지요. 이렇다보니 기존의 6자리 우편번호는 더 이상 설 자리를 잃게 된 것이지요.

그렇다고 해서 단점이 없는 것도 아닌 게, 서로 다른 행정구의 두 지역이 같은 구역번호로 묶이는 경우가 생깁니다. 그 반대의 경우도 있죠. 이런 경우가 발생하면 시민들이 혼란스러워 하는 경우가 생깁니다. 그럼에도 불구하고 지속적으로 쓰인다는 것은 이 번호가 도로명주소를 고려했다는 점입니다. '맞는 옷'이라고 하더라도 그 옷이 몸에 완벽하게 착 맞기까지는 시간이 걸린다는 것을 고려했을 때, 이러한 단점들은 정부에서 지속적으로 대안을 마련해나간다면 해결될 것으로 보입니다.

68 _

'대가리', '구라리'
마을 이름이래요…

우편을 보내고 회사로 복귀하면서, 김 대리는 자신의 새내기 시절을 떠올렸다. 그 날이 언제였더라… 아마 개강총회 때였던 것 같다.

"안녕하십니까, 선배님! 경영학과 10학번 김××입니다. 잘 부탁드립니다!"

"그래 반갑다. 야, 너 어디서 왔냐?"

"저 충주에서 왔습니다!"

"충주 어디?"

"야동리입니다!"

이 말을 들은 선배들과 동기들은 아주 뒤집어졌다.

"야, 뻥치지 마라 ㅋㅋㅋㅋㅋㅋㅋㅋ 그런 동네가 어디 있냐? ㅋㅋㅋㅋ"

"너 야동 보고 싶냐? 뭐 그런 동네에서 살아 ㅋㅋㅋㅋㅋ"

나도 함께 웃어보지만, 속은 씁쓸했다.

"쳇… 우리 동네 이름이 뭐가 어떻다고!"

우리나라뿐 아니라 세상 어디에서든 '특이한 이름'은 있기 마련입니다. 정말 좋은 의미가 있어도 발음이 웃기거나 특이한 의미를 가진 동음이의어가 있는 경우가 생기죠. 그 중에는 "이것도 특이한 이름이야?"라고 생각이 드는 것들도 있지만, 누가 봐도 특이한 이름들도 있습니다.

무언가의 '이름'이 아니라고 생각하고 봤을 땐 특이한 이름으로 전혀 느껴지지 않는 경우를 볼까요? 대표적으로는 '고모', '도덕', '목도리', '백수', '방학' 뭐 이런 이름들이 있습니다. 흔히 쓰이는 단어들이지만 이게 지명에 들어가면 한 번쯤 고개를 갸웃하게 됩니다. 물론 실제로 그렇게 낯선 이름이 아닌 경우들은 정말 많습니다. 〈비 내리는 고모령〉으로 유명한 대구의 '고모동'이나, '학생들이 제일 좋아하는 동네'라는 우스갯소리가 나오는 서울의 '방학동' 등이 어느 정도 잘 알려진 경우지요. 기타 다른 이름, 예를 들면 리(里)의 이름이 정말로 '목도리'인 경우나, 읍의 이름이 '백수읍', 산의 이름이 '도덕산'인 경우 역시 의아해면서도 피식하기에 좋은 이름들이 되겠습니다.

반면 마을 이름이 정말 웃긴 경우가 있죠. 예를 들면 '구라리', '대가리', '야동리', '방구리'… 이런 것들 말입니다. 그런데 한 번 생각해봅시다. 여러분들이 사는 마을에 '구라', '대가리', '대변', '방구', '야동', '함정'… 이런 것들이 이름으로 붙는다면, 그대로 그 마을에 살고 싶으신가요? 아니면 이름이 부끄러워서 그 마을을 떠나고 싶으신가요? 그것도 아니면, 이름을 바꿔달라고 요청하고 싶으신가요? 이런 것들에 대해 별로 신경 쓰지 않는 경우도 많지만, 실제로 행정절차를 통해 이름을 바꿔낸 사례가 있습니다.

부산광역시 기장군에 있는 '대변리'라는 마을에는 마을의 이름을 딴 '대변초등학교'가 있었습니다. 당연하다면 당연하겠지만, 마을

이름이 웃기면 주변에서 그 이름이 회자되는 경우가 많은데, 하물며 아이들 사이에서는 더하겠지요. 이 학교에 다니는 아이들에게는 그 놀림 하나하나가 상처가 되었습니다. 결국 2017년 학교 이름을 바꾸기로 공약을 건 부회장 5학년 하준석 군과 학생들, 학부모의 주도로 교명 변경이 추진되었고, 2018년 3월 1일부로 행정절차에 의해 '용암초등학교'로 교명을 바꿔낸 사례가 있습니다.

69 —

국경일, 기념일, 공휴일의 차이는?

"야, 오늘 연차 쓸 거냐?"

절친인 정 대리가 물어본다. 김 대리는 살짝 망설인다.

"아, 모르겠다. 이번이 징검다리 연휴이긴 한데… 아, 잠깐 이
번 달에 국경일 끼지 않아?"

"무슨 말이야, 이번 달 6월인데?"

"현충일 있잖아. 현충일"

"현충일이 무슨 국경일이야. 기념일이지"

"국경일 아니었냐?"

정 대리가 한숨을 쉰다. 대체 뭐가 잘못된 거지?

국경일, 공휴일, 기념일… 얼핏 세 이름은 들으면 비슷해 보입니
다. 특별한 날이라는 범주로만 따지면 비슷하게 느껴질 수 있겠고,
쉬는 날이라는 범주로 따져도 비슷하게 느껴지는 분들이 많을 겁니
다. 하지만 이 세 단어가 가지는 의미는 엄밀히 따지면 다르며, 법

으로도 이들을 구분해놓고 있습니다.

　먼저 국경일의 경우를 예로 들어보겠습니다. 현재 대한민국의 국경일은 총 5개입니다. 3월 1일 삼일절, 7월 17일 제헌절, 8월 15일 광복절, 10월 3일 개천절, 10월 9일 한글날이지요. 이 날들은 나라에 있어(國) 경사스러운(慶) 날(日)이라고 하여 법률 제53호에 의거 '국경일(國慶日)'로 지정된 것입니다. 당연히 6월 6일 현충일은 '경사스러운 날'이 아니므로, 국경일에 포함되지 않겠죠?

　'공휴일(公休日)'은 말 그대로 '공적으로(公) 쉬기로(休) 한 날(日)'을 가리키는 개념입니다. 대부분의 국경일 역시 포함되는 이 공휴일은 설날, 추석 같은 명절 역시 들어가기 때문에, 매년 달라지곤합니다. 매년 늘어나거나 줄어들거나 하는 게 바로 이 공휴일이죠. 10여 차례 넘게 바뀐 끝에 지금은 어떤 날들이 공휴일인지 살펴볼까요? 〈관공서의 공휴일에 관한 규정(대통령령 제28394호)〉 제2조의 내용입니다.

　관공서의 공휴일은 다음 각 호와 같다. 다만, 재외공관의 공휴일은 우리나라의 국경일 중 공휴일과 주재국의 공휴일로 한다.

　1. 일요일
　2. 국경일 중 3 · 1절, 광복절, 개천절 및 한글날

3. 1월 1일

4. 설날 전날, 설날, 설날 다음날 (음력 12월 31일, 1월 1일, 2일)

5. 삭제 〈2005. 6. 30.〉 (저자 역 : 식목일)

6. 부처님오신날 (음력 4월 8일)

7. 5월 5일 (어린이날)

8. 6월 6일 (현충일)

9. 추석 전날, 추석, 추석 다음날 (음력 8월 14일, 15일, 16일)

10. 12월 25일 (기독탄신일)

10의2. 「공직선거법」 제34조에 따른 임기만료에 의한 선거의
선거일 (저자 역 : 대통령선거, 국회의원선거, 지방선거)

11. 기타 정부에서 수시 지정하는 날

자세히 보면 '국경일≠공휴일'입니다. 제헌절은 국경일이지만 공휴일이 아니죠. 2008년부터 공휴일에서 제외되었기 때문입니다. 그리고 위에서 언급했다시피 2005년 6월 30일부터는 4월 5일 식목일 역시 공휴일에서 제외되었습니다.

▲ 1969년 식목일 광화문 세종로 녹화 사업

공휴일에 관한 규정 제3조에는 2013년 11월 15일부터 시행된 '대체공휴일' 제도가 명시되어 있습니다. 설날과 추석이 다른 공휴일

과 겹칠 경우, 혹은 어린이날이 토요일과 다른 공휴일과 겹칠 경우에 공휴일 이후의 첫 번째 비공휴일을 공휴일로 하는 제도인데, 보통 우리에게는 설날, 추석이 일요일이거나 어린이날이 토요일일 때, 직후에 오는 월요일에 쉬는 제도로 인식되고 있습니다.

'기념일(記念日)', 말 그대로 '기념하기 위한 날'입니다. 여기에서의 '기념일'은 〈각종 기념일 등에 관한 규정(대통령령 제29562호)〉이나 별도의 법률에 의해 규정된 '법정 기념일'을 지칭합니다. 정부에서 어떤 기념행사를 주관하기 위해선 꼭 그 날을 '법정 기념일'로 지정해야 하도록 법률(대통령령 제 29562호 제5조)에서 규정하고 있지요. 문재인 정부에서 추가했다는 2·28 민주화운동, 3·1 민주의거, 동학농민혁명기념일(5월 11일), 부마항쟁 기념일(10월 16일) 등은 모두 '법정 기념일'로 등록이 되어 있습니다. 대통령령 제29562호에 등록되어 있는 대한민국의 법정 기념일은 모두 합해 총 51개이며, 개별 법률로 등록된 기념일까지 모두 합하면 총 99개가 됩니다.

이것을 통해 보면, 6월 6일 현충일은 국경일은 아니지만 공휴일이고, 동시에 기념일이지요. 5월 5일 어린이날 역시 마찬가지입니다. 기념일은 기쁜 일과 슬픈 일 모두 포함하는 개념이니까요.

70 _
#강남역카페 #아메리카노
#허니브레드 #JMT

"야, 됐고 커피나 마시러 나가자"

점심시간이 거의 반 지날 때 즈음, 정 대리가 한 마디 내뱉었다. 김 대리는 말없이 따라나섰다. "저희도 사 주세요!"라며 부하 여직원들도 뒤따른다. 젠장, 조용히 마시긴 글렀네.

"아메리카노 세 잔에 카페라떼 한 잔이요"

커피를 주문하고 잠시 카페를 둘러본다. 공부하는 사람들, 떠 드는 사람들, 스마트폰을 사용하는 사람들, 그리고 나와 같은 직장인들까지…

"휴, 나도 이랬던 시절이 있었지…"

김 대리는 공부하던 취준생들을 흘깃 봤다. 자소서와 토익, 면 접에 목맸던 기억이 주마등처럼 스쳐 지나갈 때, 알바생의 외 침이 들렸다.

"주문하신 아메리카노 세 잔에 카페라떼 한 잔 나왔습니다"

다양한 이색 카페

우리나라 어느 동네를 가나 체인점이 아니더라도 조그마한 동네 카페 하나쯤은 있기 마련입니다. 카페 없는 동네를 찾기가 힘들 정도죠. 또 우리나라의 카페 문화는 다양하게 발달했습니다. 번화가로 나가면 북카페, 애완동물카페, 심지어 방탈출카페 같은 이색 카페들까지 생겨나기도 했지요. 동시에 카페를 이용하는 사람들의 목적도 다양화되었습니다.

요즘 카페에서는 단순히 커피만 마시지 않습니다. 카페에서 공부를 하는 '카공족'이라는 말이 등장했듯이, 공부나 업무를 하는 사람들도 생겨났지요. 물론 카페 본연의 취지에 맞게 커피를 즐기거나, 만남과 사교의 시간을 가지는 사람들 역시 카공족들과 함께 카페에 공존하고 있습니다.

또한 다양한 요소들을 접목한 카페가 많이 생겨나고 있습니다. 대표적인 예로 보드게임을 즐길 수 있는 보드게임카페, 방 형태로 되어 있는 룸카페(멀티방), 여러 동물들과 같이 즐길 수 있는 동물카페, 안에서 낚시를 할 수 있는 낚시카페, 반지나 디퓨저, 향수, 가죽제품 등을 만들 수 있는 공방 형태의 카페, 밀실에 들어가 추리하여 탈출하는 방탈출카페 등을 들 수 있지요.

카페의 역사와 오늘

커피가 처음 들어온 건 고종 임금 때입니다. 커피를 '가배(加排)', '양탕국(洋湯麴)'이라고 부르기 시작한 것이 바로 이 때부터였지요. 커피 애호가였던 고종을 노리고 커피에 아편을 넣는 사건(김홍륙 독차사건, 1898)이 벌어졌을 정도로 고종에게 커피는 떼려야 뗄 수 없는 음료였지요. 그리고 1902년 서울의 손탁 호텔에서 커피를 팔기 시작한 이후로 다방 문화가 우리나라에 확산되기 시작했습니다.

일제강점기 때부터 다방은 서서히 경성에 확산되기 시작합니다. 시인 이상은 1923년 생계유지를 위해 '제비다방'을 차리기도 했죠. 다방은 청년들과 지식인들이 모여서 건설적인 대화를 나누는 문화 공간의 역할을 수행했습니다. 광복 이후 1950년대에 들어서면서 이런 경향이 더욱 짙어지게 되는데, 그 중심지였던 곳은 다름 아닌 일제강점기 당시의 명치정(明治町), 오늘날의 '명동(明洞)'이었습니다. 당시에는 거목이었던 미당 서정주와 동리 김시종(김동리)을 비롯해 김수영, 박인환, 공초 오상순 등이 오갔던 문인들의 중심지였지요. 1960년대가 되면서 이 중심지는 '대학로'로 옮겨가게 됩니다. '학림다방' 등이 대학로를 빛냈던 대표적인 다방이었지요.

1990년대부터 최근까지는 '스타벅스', '이디야', '투썸플레이스', '카페베네', '빽다방' 등의 커피 체인과 개인 카페들이 우후죽순 생겨나면서 하나의 문화를 형성하였습니다. 그러다 2019년 5월 처음 우리나라에 '블루보틀'이 들어와 센세이션을 일으키는데, 이것이 마치 애플과 삼성을 연상케 하는 구도를 보여주며 카페의 인기를 더욱 끌어올리는 역할을 담당했지요.

71__

퇴근 후를 책임지는 프로스포츠

일하느라 정신없는 와중에 어느덧 다섯 시다.

"야, ○○ 또 졌더라? 아휴… 작년에 반짝 가을야구 하면 뭐 하냐…"

정 대리가 넋두리를 풀어놓는다. 같은 동네에서 자란 김 대리와 정 대리는 ○○팀의 골수팬이기도 하다.

"ㅋㅋㅋ 야 우리 우승한 지도 딱 20년 됐다. 아마 또 20년 기다려야 할 걸?"

이렇게 이야기를 하는데, 옆 부서의 조 대리가 끼어든다.

"김 대리님, ○○ 또 졌다면서요? △△는 이겼는데 ㅋ"

순간 욱한 김 대리와 정 대리는 이구동성으로 조 대리에게 쏘아붙인다.

"조용히 해라. 꼴찌인 주제에"

프로야구, 프로축구, 프로농구, 프로배구, 프로핸드볼, 프로아이스하키… 우리나라에는 다양한 종류의 프로스포츠가 있습니다. 각 종목을 대표하는 선수들과 최고가 되려고 노력하는 선수들이 다 함께 경쟁하는 곳이지요. 직업으로서 스포츠를 즐기는 선수들이 팬들과 함께 교감하며, 서로 발전해온 역사를 반추해보려면 일단 광복 직후로 돌아가 봐야 합니다.

물론 일제강점기 때도 없는 것은 아니었지만, 이는 실업야구, 고교야구, 축구 등에 국한되어 있었고, 광복이 되면서 프로복싱, 프로레슬링 등의 프로스포츠와 함께 다른 스포츠들 역시 동시에 활성화되었지요. 물론 프로화가 된 종목은 당시에는 복싱과 레슬링, 바둑 등이었고, 야구와 축구 등은 아직 프로스포츠가 활성화되기 전이었습니다.

프로리그의 시작

▲ 1982년 서울종합운동장 야구장
개장 기념 경기

본격적으로 프로스포츠가 활성화된 것은 1980년대, 즉 제5공화국 때였습니다. 이 때에 처음 프로스포츠로서 발족한 종목이 바로 야구와 축구였지요. 야구는 1982년, 축구는 1983년이었습니다. 다만 이는 '5공' 때 펼쳤던 우민화 정책인 3S 정책(Sports, Screen, Sex)의 일환이라 그 이면을 들여다보면 씁쓸한 면이 없지 않습니다. 그래도 연고지를 중심으로 잘 정착하여 국민들의 주요 여가로서 기능하고 있는 것은 나름의 순기능이자 유의미한 일이라고 볼 수 있겠지요.

1990년대에는 프로아이스하키 리그(1995)와 프로농구(남자 1997, 여자 1998)가 시작되었습니다. 그리고 또 하나의 중요한 대사건이 일어나는데, e스포츠가 본격적으로 태동한 것 역시 바로 이때(1999)입니다. e스포츠가 본격적으로 시작되어 전 세계로 뻗어나가고, 우리나라의 프로스포츠가 정립되어 중흥기를 열어젖힌 게 바로 이 때라고 볼 수 있지요. 2000년대에는 프로배구(시범시즌 2004, 정식시행 2005)가 시작되었고, 야구와 축구 등의 부흥과 함께 프로스포츠가 본격적인 흥행 가도에 진입하기 시작했습니다.

2002년 한·일 월드컵 때의 선전과, 2006년과 2009년의 월드 베이스볼클래식(WBC), 그리고 2008년 베이징 올림픽에서 야구 대표팀의 금메달 획득이 이러한 부흥을 이끈 사건들이었죠. 실제로 베이징 올림픽 때 야구를 시작한 '베이징 키즈'라는 말이 나왔고, 이 베이징 키즈가 최근 프로야구의 주축이 되고 있는 것이 대표적인 예입니다.

승부조작 문제

다만 문제가 없는 것은 아닙니다. 대표적인 경우로 불공정 조작 행위를 들 수 있습니다. 승부에서는 공정함이 가장 중요시되는데 프로스포츠에는 '돈'이 걸려 있다 보니 '승부조작'이 일어날 경우 제일 큰 논란이 될 수밖에 없습니다. 우리나라에서도 예외는 없었습니다.

프로축구에서는 2011년과 2016년(심판 매수 발각), 프로농구에서는 2013년과 2015년(불법도박), 프로야구에서는 2012년 · 2013년(심판의 뇌물 파동) · 2016년, 프로배구에서는 2012년에 각각 승부조작이 일어났고, e스포츠에서도 2005년(워크래프트3), 2010년(스타크래프트), 2011년(카트라이더), 2015년(스타크래프트2), 2018년(스타크래프트 리마스터)에 각각 승부조작이 일어난 사례가 있었습니다. 물론 사건 발생 후 가담자들이 100% 가까이 제명 및 퇴출 처리가 되었지만, 그렇지 않은 경우도 있어 아쉬움으로 남습니다. 프로스포츠에 있어 '공정성'은 최대의 덕목으로, 이를 제대로 처리하지 못하면 팬들이 등을 돌리는 사태가 벌어질 수도 있으니까요.

72 __
직관을 좋아하던 민족,
아이돌 산업도 뿜뿜!

집에 오니 와이프가 유튜브 영상을 보고 있다.

"저 때 나 저기서 방방 뛰었잖아 ㅋㅋ"

"아, 맞다. 그 때 노엘 갤러거 내한공연이 있었지(2019.5)"

"그 때 어땠어?"

"말도 마. 난리도 아니었어. 저 때 나 목 나갈 뻔했잖아"

푸흡. 그거 가지고 목이 나가나… 라고 생각하던 찰나에, 김 대리도 4년 전을 떠올린다.

"뭐 생각해? 자기 그거 생각하지?"

"언제?"

"4년 전에, 뮤즈 내한 공연 왔을 때"

맞다. 그 때(2015.9)였다. 그 날 맨 앞자리에 서서 진짜 목이 터지도록 '떼창'을 했었다. 아마 내 자식이 태어난다면 흥은 넘칠 것 같다. 나랑 와이프를 닮아서.

흔히 우리나라 사람들을 '흥의 민족'이라고 하지요. 삼국시대 이전부터 제천 행사를 통해 음식과 가무를 즐겼고, 전통적으로 마당놀이를 통해 흥을 돋우었습니다. 이 때문일까요? 춤추고 노래를 부르는 것을 좋아하는 우리나라 사람들은 공연에서 '따라부르는 문화'의 선두 주자가 되었고, 그렇게 발전된 음악 문화는 자연스럽게 우리나라의 아이돌 문화와 'K-pop'이라는 하나의 이름으로 각인되고 있습니다.

아이돌 문화의 시작

대한민국의 아이돌 문화는 1990년대 한 사람, 아니 한 그룹의 등장으로부터 시작됩니다. 바로 1992년 가요계에 혜성처럼 나타난 '서태지와 아이들'이지요. 이들의 등장은 기존의 아티스트 문화를 그야말로 갈아엎고, 아이돌 신드롬의 시작을 알립니다. 행보 하나하나가 화젯거리가 되고, 말 한마디로 청소년들에게 영향을 주는 사람들이 탄생한 것이지요.

이들의 충격적인 해체 이후 1996년부터 '핑클', 'H.O.T', '젝스키스', '베이비복스' 등의 1세대 아이돌들이 등장하면서 자연스럽게 패러다임의 전환이 이루어집니다. '서태지의 아이들'이 지각변동을 일으켰다면 1세대 아이돌들이 그 지각변동을 바탕으로 전성기를 열어젖힌 것이지요.

2세대 아이돌의 시작은 '동방신기'였습니다. 2004년 데뷔한 이들은 잠시 대두되었던 발라드의 시대를 뒤흔들며 아이돌의 재부흥을 알렸지요. 2007년 '원더걸스'의 〈Tell me〉의 유행과 '카라', '빅뱅',

▲방탄소년단

'소녀시대', '슈퍼주니어' 등의 등장은 지금까지 아이돌들이 음악을 주도할 수 있도록 하는 원동력이 되었습니다. 이들의 등장을 밑바탕으로 'f(x)(에프엑스)', 'miss A(미스에이)', 'Apink(에이핑크)', 'AOA', 'EXID' 등의 걸그룹과 'EXO(엑소)', '비스트', '2PM', '2AM', '샤이니', '인피니트' 등의 보이그룹이 등장하기 시작했지요. 이 때의 걸그룹과 보이그룹들은 매년 우후죽순 등장해서 리스트를 하나하나 열거하기 힘들 정도로 수가 많아집니다. 물론 이들 중 상당수 그룹들이 사라지는 것은 당연한 일이고요. 이들 그룹 중 2014년 이후 가장 대세가 되었던 그룹이라고 한다면 걸그룹의 경우 '레드벨벳', '트와이스', 'BLACKPINK(블랙핑크)', '모모랜드', 'I.O.I', 'IZ*ONE(아이즈원)' 정도를 꼽을 수 있고, 보이그룹의 경우 'WINNER(위너)', '세븐틴', 'WANNA ONE(워너원)', 그리고 두말할 것 없이 '방탄소년단'을 꼽을 수 있습니다.

이러한 아이돌 문화는 '직관', '덕질', '굿즈' 등의 용어 탄생과 함께 아이돌 팬카페로 대표되는 하나의 거대한 조류인 팬덤(fan-dom) 문화로 확장됩니다.

싱어롱… 떼창 문화?

우리나라 사람들과 공연에 가면 외국인들이 굉장히 놀라는 점 하나를 발견하게 됩니다. 최근 대두된 '싱어롱(sing along)' 문화의 원류인, 소위 '떼창' 문화가 있다는 점입니다. 특히 이러한 문화는 바로 옆 나라인 일본과 적극적으로 비교되는데요. 박자에 맞춰서, 곡의 하이라이트 부분에 맞춰서, 곡의 리듬에 맞춰서 하는 어마어마한 떼창은 아티스트들에게, 특히 내한공연을 오는 외국 아티스트들에게 어마어마한 감동을 안겨주기에 충분합니다.

에미넴(Eminem)이 감동을 받아 하트 모양을 그린다든지, 이디나 멘젤(Idina Menzel)이 관객의 격한 호응에 감격해 70분짜리 공연을 120분 동안 한다든지… 하는 반응을 불러오지요. 마당놀이 때부터 이어진 가무 문화의 긍정적인 적용이라고 볼 수 있겠습니다.

73 __

심심한데 점이나 보러 가볼까?

"자기, 이거 봤어? 송가인 엄마가 굿하는 사람이래. 씻김굿이라나?"

엥? 어쩐지 한복 입고 나오는 게 예사롭지 않다 했다. 기사를 찾아보니 거짓말이 아니었다.

"자기는 내가 굿한다고 하면 옆에서 응원해줄 수 있어?"

아내가 갑자기 묻는다.

"으… 응? 당연히 해줘야지"

"야 ㅋㅋㅋㅋㅋ 망설이는 거 봐라? 어?"

아내가 장난을 친다. 허허… 이 비글미를 어쩔까. 내일은 타로나 보러 가야겠다… 라고 생각하는데 아내가 갑자기 한 마디 한다.

"자기, 오늘 타로점 보러 갈까?"

"응? 그래, 가자"

이거 참… 말 안 해도 이리 통하니 역시 결혼하길 잘 했다는 느낌이 든다.

신석기시대부터 한반도에서는 무생물에도 신이 깃들어있다고 생각하는 '애니미즘(animism)', 자연의 상징물(주로 동물)을 신성시하여 숭배하는 '토테미즘(totemism)', 그리고 초자연적 존재와 소통하는 자, 즉 '무당(shaman)'을 중심으로 하는 신앙인 '샤머니즘(shamanism)'이 발달했습니다. 그 중에서 '샤머니즘'의 중심이 되는 '샤먼'은 신과 인간 사이의 중재자이자 전달자로서, 농경사회에서 핵심적 역할을 수행했지요.

농경사회가 끝나고 산업화가 되고 나서는, 샤먼이 중심으로 나설 일은 없어졌습니다. 허나 이것이 샤먼의 소멸을 의미하지는 않았습니다. 도교 등의 종교와 결합해 오늘날까지도 우리나라에서는 여전히 무당을 찾는 사람들이 많죠. 오늘날에는 주로 신이 몸에 직접 강림해 무업을 하는 강신무(降神巫)를 많이 찾지만 전통적인 '굿'의 형태로 남아 신의 말을 대리로 전달하는 세습무(世襲巫) 역시 존재합니다.

각 지방별 굿

현재까지 남아 있는 지방의 굿은 서울의 새남굿(국가무형문화재 제104호), 경기도 지방의 도당굿(중요무형문화재 제98호), 함경도 지방의 망묵굿(망자의 넋을 천도), 평안도 지방의 다리굿, 황해도 지방의 호살량굿, 충청도 지방의 단잡이굿(내지리 단잡기, 부여에서 전승, 충청남도 무형문화재 제29호)과 은산별신제(국가무형문화재 제9호)에서 행해지는 굿, 전라도 지방의 씻김굿(진도에서 전승, 국가무형문화재 제72호), 경상도 지방의 별신굿(거제 및 통영에서 전승, 중요무형문화재 제82-라호), 강원도 지방

▲ 제주도 칠머리당영등굿

의 심청굿과 오구굿, 제주도 지방의 영등굿(칠머리당영등굿, 중요무형문화재 제71호) 등이 대표적입니다.

점(占)

어딜 가나 사주(四柱), 관상 보는 곳 한 군데쯤은 있기 마련이지요. 서양에서 들어온 타로카드(Tarot)를 이용하는 것도 점의 일부라고 볼 수 있습니다. 이는 '점'의 정의가 '초자연적인 현상이나 우연을 해석하거나 이용하여 미래를 예측하는 것'이기 때문이지요. '예측'이 들어가는 만큼, 해석자(점술가)의 관점 및 판단에 따라 같은 요소를 가지고도 결과가 다르게 해석될 수 있습니다.

현대인들은 왜 점을 보는 것일까요? 그 이유들을 추측해보자면, 기술의 발전에 따른 미래의 불안함 때문에 점을 보면서 '그 해석에 따른 공감'을 얻고자 하는 측면이 있을 것으로 생각합니다. 그리고 점은 〈주역〉 등의 고전과도 관련이 있습니다. 인생에 대한 공부의

측면에서 접근하는 부분도 무시할 수 없겠지요. 그래서일까요?

4차 산업혁명이니 인공지능이니 하는 와중에도, 그 안티테제 (antithese : 반정립)에 위치한 점을 접하고 찾는 사람은 계속해서 늘고 있습니다.

74 __

에버랜드, 롯데월드만 있는 게
아니다!

주말이 되었다. 오늘은 아내랑 에버랜드에 가기로 한 날이다.
유독 차가 밀리는 도중 아내가 정적을 깬다.
"에버랜드 옛날 이름이 자연농원이었던가?"
"응, 맞아. 근데 자기는 그 때 기억이 없을 텐데?"
"유치원 때 갔었어. 그 때는 에버랜드가 에버랜드가 아니었거든"
유치원 때라면 어느 정도 맞을 거다. 에버랜드로 바뀐 게 1996
년이니 말이다. 그나저나 차가 너무 밀리는데… 이럴 줄 알았
으면 버스 타고 갈 걸 그랬나. '아니다… 어차피 밀리는 건 똑
같을 테니'라며 김 대리는 애써 자기위로를 해본다.

  학창시절에 체험학습을 하거나 친구들과 놀기 위해 한 번쯤은 테
마파크를 가본 경험이 있을 거예요. 지금의 어른들에게나 지금의
아이들에게나 어린 시절 부모님의 손을 잡고 신나게 놀던 테마파크
의 기억은 잊을 수 없는 하나의 추억으로 마음 한 켠에 잠들어 있

을 것입니다. 우리나라에서 테마파크는 누군가에게는 놀이 공간, 누군가에게는 사랑을 확인하는 공간, 누군가에게는 추억을 만드는 공간으로 기억이 되고 있죠.

한국 테마파크의 역사

우리나라에서는 광복 이후 곧바로 테마파크가 생겨난 것은 아닙니다. 1950년대와 1960년대에는 한국전쟁 직후라 테마파크를 만들 겨를이 없었으니까요. 그 당시 서울에는 일제가 훼손시켜놓은 창경원(본래 창경궁)을 보수하여 그대로 유원지의 용도로 활용했습니다.

▲ 경주월드

1970년대에 들어서 부산 어린이대공원(1971)과 서울 어린이대공원(1973)이 들어섰지만 창경원 역시 유원지의 한 축으로서 존재했습니다. 본격적으로 테마파크가 들어서기 시작한 건 1970년대 중후반에서부터 1990년대까지였습니다. 이 때에 우리가 알고 있는 테마파크들이 대거 들어서기 시작하지요. 수도권에 에버랜드(옛 이름 용인자연농원, 1976)와 서울랜드(1988) · 롯데월드(1989), 경주에 경주월드(개장 당시 '도투락 월드', 1985), 광주에 광주어린이대공원(1981), 대구에 이월드(1995),

양산에 통도환타지아(1993)가 들어선 것이 바로 이 때였지요.

2000년대에는 대전 오월드(2002) 등이 들어섰고, 테마파크 나름대로 퍼레이드 등 저마다 특징을 살린 각종 이벤트를 기획해 손님들을 끌어 모으기 위한 노력을 하기 시작했습니다. 현재 국내에서 가장 인기 있는 테마파크인 에버랜드, 롯데월드, 경주월드를 예로 들어볼까요?

롯데월드는 다른 테마파크에 비해 입장권 할인혜택이 상당히 많고 실내 테마파크라는 이점을 살리고 있으며, 에버랜드의 경우 국내 최대의 테마파크답게 즐길 수 있는 놀거리들을 모두 모아놓고 거기에 퍼레이드, 꽃놀이 등의 이벤트로 고객 유치에 주력하고 있습니다.

특히 에버랜드에 있는 티 익스프레스(T-express)의 경우, 이것만 타러 한국에 오는 사람이 있을 정도로 전 세계적인 인기를 자랑하고 있지요. 경주월드의 경우 드라켄, 파에톤 등 아이들이 즐기기에는 상당히 무섭지만 어른들이 보기에는 어마어마한 스릴감을 가진 어트랙션들로 사람들에게 사랑을 받고 있습니다.

　오늘날의 테마파크는 위에서 이야기한대로 놀이 공간이자 사랑을 확인하는 공간이자, 추억을 만드는 공간이 되었습니다. 한 마디로 이야기하면, 일상에서 벗어날 수 있는 공간이 되었지요. 테마파크가 오늘날까지 사랑을 받는 이유라고 하면, 어트랙션들과 다채로운 이벤트들로 젊은 층에게 매력적이라는 점과 접근성이 좋고 전 연령층을 아우를 수 있기에 가족 단위 손님들에게 어필하기 좋다는 점을 들 수 있겠습니다.

75 _

근, 관…
대체 이건 몇 그램이야?

잘 놀고 집으로 돌아가는 길. 집에 들어가면 한 7시쯤 되려나?
문득 시장을 봐야 한다는 게 생각났다.

"자기 근데, 오늘 시장 들를 거야?"

"응, 들러야지. 우유 1.8L짜리랑 고기 몇 근 사야지"

잠깐, 이상한데? 왜 1L가 아니고 1.8L지?

"자기, 근데 뭔가 이상하지 않아?"

"응?"

"이상한데 ㅋㅋㅋ 그냥 2L 담으면 될 걸 왜 1.8L만 담는 거지?"

"몰라 나도. 됐고 얼른 내려서 고기나 사 와. 나 잠깐 연락해야 해"

결국 아내 등쌀에 못 이겨 고기를 사러 간다. 아니 대체 왜
1.8L만 담는 거야 왜…?

들어가기 전에 잠깐 생각해봅시다. 여러분들에게는 '미터', '킬로
그램', '제곱미터' 등의 단위가 더 익숙한가요? 아니면 '척', '근',

'평' 등의 단위가 더 익숙한가요? 아마 시장을 볼 때, 무언가를 잴 때 등 상황에 따라 다를 것입니다.

우리가 흔히 쓰는 '미터', '킬로그램' 등의 단위는 흔히 '미터법'으로 잘 알려져 있지만, 정확한 명칭은 'SI'라고 부릅니다. 프랑스어로 '국제단위계(Système international d'unités)'를 줄여 쓴 명칭이죠. SI가 우리나라에 도입된 것은 1963년이었습니다. 국제단위계를 사용하기로 협의한 협약인 '미터 협약(Convention du Mètre)'에 우리나라가 가입한 것은 1959년 7월 28일, 공식적으로 전면 시행된 것은 1964년 1월 1일부터였습니다. 오늘날 전 세계가 미터법을 사용하지만 미국과 라이베리아, 미얀마는 아직도 미터법을 공식적으로 사용하지 않고 야드파운드법을 채택하고 있습니다.

우리 무게 단위 '척관법'

한편 동아시아 문화권에서 전통적으로 가장 익숙한 단위는 '리', '섬', '평' 등이지요. 이런 단위를 '척관법(尺貫法)' 또는 '척근법(尺斤法)'이라고 합니다. 여기서 '척(尺)'은 길이의 단위, '관(貫)'은 무게의 단위입니다. '내 코가 석 자(吾鼻三尺)'에서 '자'가 곧 '척'이고, 이는 약 30.3cm의 길이가 됩니다. '관'은 본래 중국 당나라에서 사용되던 개원통보(開元通寶) 1,000개를 기준으로 정한 무게 단위입니다. 원래 4,175g이었다가 3,730g이 되었지요. 이 단위는 다시 대한제국 시기에 들어와서 1,000돈쭝이 1관이 되어 3,750g으로 바뀌게 됩니다.

시장에 가면 자주 쓰는 단위에는 어떤 것이 있을까요? 보통 시장에는 부피나 무게를 나타내는 단위가 많습니다. 우선 부피부터 보면, 척관법에서 쓰이는 모든 부피 단위는 '밀리리터(mL)', '리터(L)'와 대응됩니다. 척관법에서는 여러 단위가 부피에 쓰이지만, 그 중 가장 많이 쓰이는 단위를 꼽으라면, 역시 '되(升)'를 꼽을 수 있겠지요. 우유나 콜라 등을 살 때 보면, 1.8L (페트)병을 많이 보실 수 있을 것입니다. 이 용량이 사실 오늘날 사용되는 '되'에 가장 가까운 용량으로서, '1되'는 대략 1.8039L라고 볼 수 있습니다.

그런데 옛날에 쓰였던 '되'의 용량은 사실 이보다 더 적었다는 것을 아시나요? 사실 중국 상고시대와 우리나라의 삼국시대부터 조선시대까지 '되'의 용량은 대략 300~596.4mL 선을 오갔습니다. 대한제국 이후로 일본의 단위가 도입되면서 현재 1.8L로 정착이 된 것이죠.

다만 단위가 인식되던 당시 신문에는 약간 다르게 표기된 것으로 보입니다. 1902년 10월 24일자 〈황성신문〉에서 도량형을 궁내부에서 정했다는 기사(〈度量衡規則〉)를 보면 "升 二萬一千六百零九 立方分(승 이만일천육백영구입방분)"이라고 나오는데, 입방분이 '세제곱데시미터(dm³)'을 의미하므로 이 단위를 오늘날 기준으로 표기하면 '21.609L'라는 값이 나옵니다. 우리가 아는 '되(升)'의 단위보다는 오히려 '말(斗)'의 단위에 가깝긴 하지만, 저 역시 왜 이렇게 정했는지는 잘 모릅니다.

척관법에서의 모든 부피 기준은 '되'를 기준으로 합니다. '홉', '말', '섬' 등의 척관법 단위는 '되'를 늘리거나 줄인 값이지요. '홉(合)'은 '되'의 1/10배, '말(斗)'는 '되'의 10배, '섬(石)'은 '되'의 100배 값입니다.

무게를 재자 '돈, 냥, 근, 관'

다음으로는 무게를 보겠습니다. '돈(錢)'과 '냥(兩)', '근(斤)', '관(貫)'이라는 단위가 익숙하지요. '돈'은 보통 귀금속, 특히 금반지 등의 무게를 잴 때 쓰입니다. '돈쭝'이라고 부르기도 하고, 약 3.75g 정도의 무게를 가집니다. '냥'은 '돈'의 10배, '근'은 '고기 몇 근'할 때의 그 '근'입니다. 600g으로 알려져 있으며, '냥'의 16배지요. '관'은 3.75kg의 무게로, 척관법에서 모든 무게의 기준이 됩니다.

그런데 조금만 생각해봅시다. 보통 척관법에서 한 단위가 새로운 단위로 바뀔 때는 10배 단위로 바뀌는 경우가 많습니다. 하지만 '근'의 경우는 갑자기 16배가 증가합니다. 굉장히 특이한 경우입니다만, 사실 '근'도 본래는 '냥'의 10배입니다. 즉 375g이죠. 그럼 그 단위가 지금 바뀐 것이냐, 그건 또 아닙니다. 375g(과일이나 채소 등)의 단위와 600g(고기)의 단위가 혼재하는 것이라고 보면 되겠습니다. 비슷한 예로 '냥'도 본래는 돈의 10배인 37.5g입니다만, 약재 등을 잴 때는 돈의 4배인 15g을 의미하는 단위로 쓰고 있습니다.

나는 여태 이것도 모르고 한국인인 척했다

초 판 발 행	2020년 08월 10일(인쇄 2020년 06월 22일)
발 행 인	박영일
책 임 편 집	이해욱
저 자	한국퀴즈협회
편 집 진 행	김준일 · 김명은 · 이세경 · 조재연
표지디자인	이미애
편집디자인	임아람 · 장성복
일 러 스 트	조하은
발 행 처	시대인
공 급 처	(주)시대고시기획
출 판 등 록	제 10-1521호
주 소	서울시 마포구 큰우물로 75 [도화동 538 성지 B/D] 9F
전 화	1600-3600
팩 스	02-701-8823
홈 페 이 지	www.edusd.co.kr
I S B N	979-11-254-7339-8(13030)
정 가	16,000원